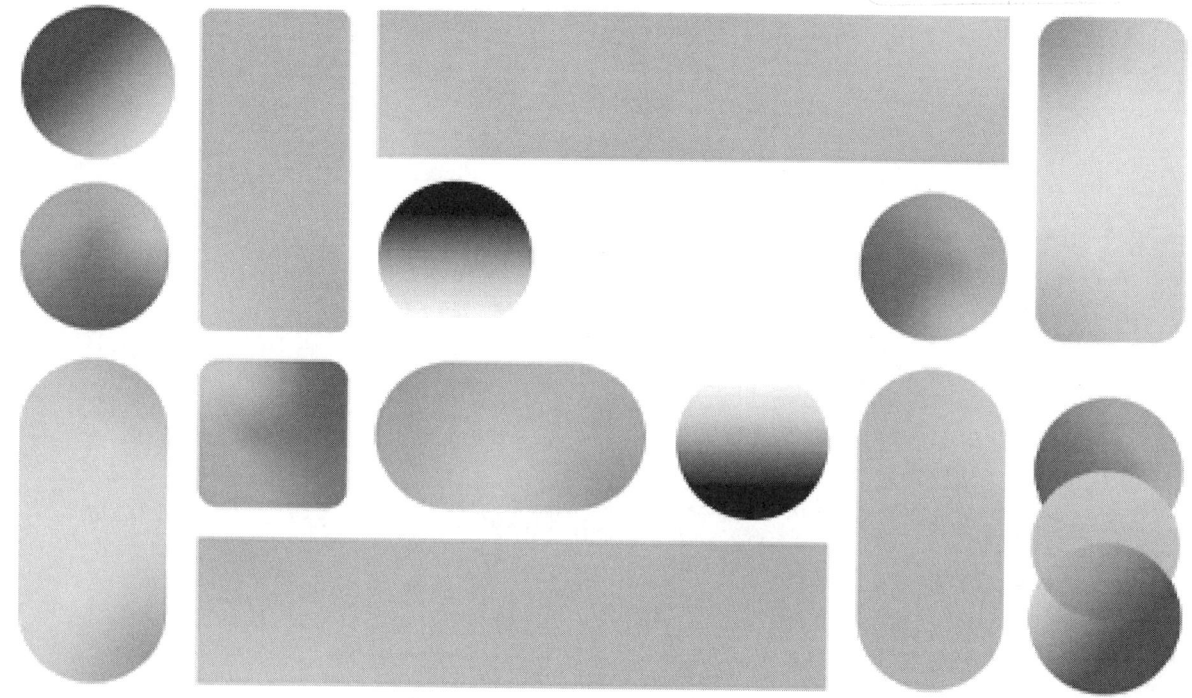

청원경찰 시험대비

청원경찰법
[경찰관직무집행법 포함]
과년도 기출문제수록

|이원식 홍미숙|

머리말

　우리나라에서만 유일하게 제도화 되어 시행되고 있는 청원경찰제도는 청원경찰법이 1962년 제정된 이래로 국가중요시설이나 각급 법원, 지방자치단체, 정수사업소, 발전소, 각 은행, 그리고 기타 주요기관에서 방호·방비와 출입차량·인원 통제 및 주·야간 순찰과 소내 시설물 불법사용 및 훼손행위 지도단속, 기타 소속기관의 운영에 따른 질서 유지관리 등을 담당하는 중요한 직책을 담당하여 왔다.

　이처럼 청원경찰은 청원주와 배치된 기관의 시설 또는 사업장 등의 구역을 관할하는 경찰서장의 감독을 받아, 경비구역만의 경비를 목적으로 필요한 범위에서 '경찰관직무집행법'에 따른 경찰관의 직무를 수행하게 된다.

　청원경찰은 여러 방면에서 활동하고 있는데 채용 시 필기시험을 치르게 될 경우 청원경찰법과 그 세부규칙, 그리고 경찰관직무집행법과 그 세부규칙도 함께 출제 되고 있어 본서에서는 제 1편에는 청원경찰법과 그 세부규칙 및 적중예상문제를, 제 2편에는 경찰관직무집행법과 그 세부규칙 및 적중예상문제를, 제 3편에는 1997년부터 2021년까지 경비지도사 시험에 출제되었던 청원경찰법과 경찰관직무집행법 기출문제를 개정된 법률을 반영하여 상세한 해설을 수록하였고 관계법령을 쉽게 찾아볼 수 있도록 일목요연하게 정리하여 부록에 함께 수록하였다.

　이와 같은 "청원경찰법"이 청원경찰 시험을 준비하는 모든 수험생들에게 보탬이 되어 합격의 영광이 있기를 기원하는 바이다.

저자.

제 1 편　청원경찰법

　　제 1 장　서설　　　　　　　　　　　9
　　제 2 장　의의와 지위　　　　　　　11
　　제 3 장　직무　　　　　　　　　　　13
　　제 4 장　배치 및 배치폐지　　　　17
　　제 5 장　임용과 면직　　　　　　　20
　　제 6 장　의무 및 복무　　　　　　　29
　　제 7 장　복제　　　　　　　　　　　32
　　제 8 장　감독 및 권한　　　　　　　37
　　제 9 장　교육　　　　　　　　　　　40
　　제10장　청원경찰 경비　　　　　　42
　　제11장　무기휴대 및 관리수칙　　46
　　제12장　문서와 장비의 배치양벌규정　50
　　제13장　상벌제도　　　　　　　　　52
　　제14장　양벌규정　　　　　　　　　55
　　적중예상문제　　　　　　　　　　　57

제 2 편　경찰관직무집행법

　　제 1 장　서설　　　　　　　　　　111
　　제 2 장　직무　　　　　　　　　　112
　　제 3 장　경찰장비 및 장구　　　　121
　　제 4 장　손실보상　　　　　　　　127
　　제 5 장　공로자 보상　　　　　　　136
　　제 6 장　소송지원 및 형의 감면　　140
　　제 6 장　벌칙　　　　　　　　　　141
　　적중예상문제　　　　　　　　　　142

제 3 편　기출문제

　　제 1 회　경비지도사(1997. 2. 23. 시행)　161
　　제 2 회　경비지도사(1999. 10. 31. 시행)　163

제 3회 경비지도사(2001. 12. 9. 시행)	172
제 4회 경비지도사(2002. 11. 10. 시행)	180
제 6회 경비지도사(2004. 11. 21. 시행)	184
제 7회 경비지도사(2005. 11. 13. 시행)	190
제 8회 경비지도사(2006. 11. 19. 시행)	194
제 9회 경비지도사(2007. 11. 18. 시행)	200
제10회 경비지도사(2008. 11. 09. 시행)	205
제11회 경비지도사(2009. 11. 08. 시행)	213
제12회 경비지도사(2010. 11. 14. 시행)	219
제13회 경비지도사(2011. 11. 13. 시행)	227
제14회 경비지도사(2012. 11. 17. 시행)	235
제15회 경비지도사(2013. 11. 16. 시행)	244
제16회 경비지도사(2014. 11. 15. 시행)	252
제17회 경비지도사(2015. 11. 21. 시행)	261
제18회 경비지도사(2016. 11. 19. 시행)	270
제19회 경비지도사(2017. 11. 18. 시행)	278
제20회 경비지도사(2018. 11. 17. 시행)	287
제21회 경비지도사(2019. 11. 16. 시행)	296
제22회 경비지도사(2020. 11. 21. 시행)	304
제23회 경비지도사(2021. 11. 6. 시행)	311

부 록

청원경찰법	321
청원경찰법 시행령	327
청원경찰법 시행규칙	336
경찰관직무집행법	360
경찰관직무집행법시행령	371

제1편 청원경찰법

이론 및
적중예상문제

제1장 서설

1. 목적

청원경찰법은 청원경찰의 직무·임용·배치·보수·사회보장 및 그 밖의 필요한 사항을 규정함으로써 청원경찰의 원활한 운영을 목적으로 제정·시행되고 있는 법률이다.

2. 청원경찰제도 도입의 필요성

청원경찰제도는 '내 직장은 내가 지킨다'는 자위방범 사상과 북한의 남침 위협으로부터 국가기관·중요시설 등을 보호하기 위하여 1962년 청원경찰법을 제정·시행하게 되었다.

청원경찰의 시행으로 경찰이나 군에서 전담하던 국가기관·중요시설 등의 경비는 국가의 인력 및 경비를 절약하게 되고 국가안보를 강화하게 되는 등 민간경비가 정착하게 되었다.

3. 청원경찰관련법의 구성

1) 청원경찰법

   1962년 4월 3일 법률 제1049호로 제정·공포되어 2020년 12월 12일 법률 제17689호까지 수차례 개정되었다. 전문 12조 및 부칙으로 되어 있다.

2) 청원경찰법 시행령

   1962년 4월 23일 각령 제7674호로 제정·공포되어 수차례 개정

제1장 서 설

을 거쳐 2021년 8월 24일 대통령령 제31948호로 일부 개정되었으며 전문 21조와 부칙으로 되어 있다.

3) 청원경찰법 시행규칙

1967년 11월 9일 내무부령 제22호로 제정·공포되어 수차례 개정을 거쳐 2021년 12월 21일 행정안전부령 제298호까지 수차례 개정되었으며 전문 24조와 부칙으로 구성되어 있다.

제 2장 의의와 지위

1. 의의

    (1) 청원경찰

    청원경찰은 다음의 어느 하나에 해당하는 기관의 장 또는 시설·사업장 등의 경영자가 청원경찰경비를 부담할 것을 조건으로 경찰의 배치를 신청하는 경우 그 기관·시설 또는 사업장 등의 경비를 담당하게 하기 위하여 배치하는 경찰을 말한다.
    ① 국가기관 또는 공공단체와 그 관리 하에 있는 중요 시설 또는 사업장
    ② 국내 주재 외국기관
    ③ 그 밖에 행정안전부령으로 정하는 중요 시설, 사업장 또는 장소

    (2) 경찰공무원과의 관계
    ① 일반경찰은 경찰공무원법 등의 적용을 받고 국민 전체를 위해 일반적인 경찰업무를 처리하는 데 반하여, 청원경찰은 청원경찰법에 의거 청원주가 경비를 부담하고 그 배치된 경비구역 내에서 경비 임무만을 수행한다는 점에서 다르다.
    ② 청원경찰은 그 경비구역 만의 경비를 목적으로 필요한 범위에서 국가경찰공무원의 직무수행에 필요한 사항을 규정한 경찰관직무집행법에 따른 경찰관의 직무를 수행하게 된다.
    ③ 청원경찰이 직무를 수행할 때에는 경비 목적을 위하여 필요한 최소한의 범위에서 하여야 하며 청원경찰은 경찰관직무집

제 2장 의의와 지위

행법에 따라 직무 외의 수사 활동 등 사법경찰관리의 직무를 수행해서는 안 되므로 수사 활동 등은 금지된다.
④ 이러한 직무수행은 경비구역 안에서 청원주와 관할경찰서장의 감독 하에 경찰관직무집행법에 의한 직무수행이 제한적으로 적용된다.

2. 청원경찰의 지위

청원경찰은 형법이나 그 밖의 법령에 따른 벌칙을 적용하는 경우와 청원경찰법 및 시행령(대통령령)으로 특별히 규정한 경우를 제외하고는 공무원으로 보지 않는다.

제 3장 직무

1. 직무의 특성

청원경찰은 청원경찰의 배치 결정을 받은 청원주와 배치된 기관·시설 또는 사업장 등의 구역을 관할하는 경찰서장의 감독을 받아 그 경비구역만의 경비를 목적으로 필요한 범위에서 경찰관직무집행법에 따른 경찰관의 직무를 수행하는 특별경찰집행기관이다.

일반경찰이 일반적인 경찰사무를 담당하는 것과는 달리 청원경찰은 경비구역 안에서만 경찰관직무집행법에 의한 경찰사무를 담당하는 점에서 서로 다르다.

2. 직무상 경비구역

청원경찰이 직무를 수행하는 경비구역은 기관·시설·사업장 등이 위치하고 있는 경비구역 안을 말하는데, 구체적으로 청원경찰 배치신청서에 첨부된 '경비구역 평면도'로 구획된 구역을 말한다.

경비구역 밖에서 그 기관이나 시설·사업장 등과 관계되는 임무를 수행한다 하더라고 청원경찰의 임무 수행으로는 볼 수 없다(다만, 현금수송·화약류를 수송하는 경우에는 연계된 업무로 본다).

3. 직무 수행

1) 경찰관직무집행법 직무 범위

청원경찰의 직무범위는 경찰관직무집행법 제2조에 예시하고 있다.
① 국민의 생명·신체 및 재산의 보호
② 범죄의 예방·진압 및 수사

제 3장 직무

③ 범죄피해자 보호
④ 경비·주요 인사 경호 및 대간첩·대테러 작전 수행
⑤ 공공안녕에 대한 위험의 예방과 대응을 위한 정보의 수집·작성 및 배포
⑥ 교통 단속과 교통 위해의 방지
⑦ 외국 정부기관 및 국제기구와의 국제협력
⑧ 기타 공공의 안녕과 질서유지

> 교통의 단속 : 경비구역 내에서의 교통정리, 주·정차 위반의 단속, 교통사고 발생 시의 응급조치 등을 가리키는 바, 법규 위반행위와 교통사고 발생 등은 즉각 경찰관에게 연락·조치한다.

2) 직무수행을 위한 권한

청원경찰에게는 경비구역 내에서 그 직무를 수행하기 위해 다음과 같은 직무상 권한이 부여된다.

(1) 불심검문

범죄의 예방 및 범인 검거를 목적으로 거동이 수상하거나 주위 사정을 합리적으로 판단하여 죄를 범하였거나 범하려 하고 있다고 의심할 만한 상당한 이유가 있는 사람이나 범죄행위에 관하여 그 사실을 안다고 인정되는 사람을 정지시켜 질문·조사하는 것이다.

(2) 보호조치

긴급구호를 요한다고 믿을만한 상당한 이유가 있는 사람을 발견한 때에는 보건의료기관 또는 공공구호기관인 관계기관에 긴급구호를 요청하는 등 일시적인 보호를 하는 것이다.

(3) 위험발생의 방지조치

인명 또는 신체에 위해를 미치거나 재산에 중대한 손해를 끼

칠 우려가 있는 천재지변, 공작물 손괴, 교통사고, 위험물의 폭발, 광견·분마류(위험한 동물) 등의 출현, 극단한 혼잡 기타 위험사태가 발생한 경우에 경고·억류·피난 등의 조치를 하거나 통행의 제한·금지 조치를 하는 것이다.

(4) 범죄의 예방과 제지

범죄의 예방과 저지를 위해 관계인에게 경고 및 제지 등의 조치를 하는 것이다.

(5) 장구의 사용

범인의 체포·도주방지, 자기 또는 타인의 생명·신체에 대한 방호, 공무집행에 대한 항거의 억제 등을 위해서 경찰봉, 호루라기, 포승, 허리띠 등을 사용할 수 있다.

3) 근무요령

청원주는 청원경찰에게 근무를 지정하고 근무지를 확정하도록 하여야 한다.

① 자체경비를 하는 입초근무자는 경비구역의 정문이나 그 밖의 지정된 장소에서 경비구역의 내부·외부 및 출입자의 움직임을 감시한다.

② 소내에서 업무처리 및 자체경비를 하는 소내근무자는 근무 중 특이한 사항이 발생한 때에는 지체없이 청원주 또는 관할경찰서장에게 보고하여 그 지시에 따라야 한다.

③ 순찰근무자는 청원주가 지정한 일정한 구역을 순회하면서 경비임무를 수행한다.

④ 순찰은 단독 또는 복수로 정해진 노선을 규칙적으로 순찰하는 정선순찰을 하되, 청원주가 필요하다고 인정할 때에는 순찰구역 내 지정된 중요지점을 순찰하는 요점순찰과 임의로 순찰지역이나 노선을 선정하여 불규칙적으로 순찰하는 난선순찰을 할 수 있다.

⑤ 대기근무자는 소내근무를 협조하거나 휴식하면서 불의의 사고에

대비한다.

⑥ 청원경찰은 근무 중 어떠한 경우에도 음주를 하여서는 안 되며 음주자는 근무를 금지시키고 다른 청원경찰로 근무를 지정, 근무하게 한다.

⑦ 청원경찰은 근무 중 취급한 사항을 즉시 근무일지에 자필로 기록하고 서명·날인한다.

4) 직무수행 시 주의 사항

① 청원경찰이 직무를 수행할 때에는 경비목적을 위하여 최소한의 범위에서 하여야 한다.

② 청원경찰은 경찰관직무집행법에 따른 직무 외의 수사활동 등 사법경찰관리의 직무를 수행해서는 안 된다.

제 4장 배치 및 배치폐지

1. 배치

   (1) 배치의 대상

   청원경찰을 배치할 수 있는 대상은 다음과 같다.
   ① 국가기관 또는 공공단체와 그 관리 하에 있는 중요시설 또는 사업장
   ② 국내주재 외국기관
   ③ 그 밖의 행정안전부령으로 정하는 중요 시설 또는 사업장 및 장소
      ㉠ 선박·항공기 등 수송시설
      ㉡ 금융 또는 보험을 업으로 하는 시설 또는 사업장
      ㉢ 언론·통신·방송 또는 인쇄를 업으로 하는 시설 또는 사업장
      ㉣ 학교 등 육영시설
      ㉤ 의료법에 의한 의료기관
      ㉥ 그 밖에 공안의 유지와 국민경제를 위하여 고도의 경비가 필요한 중요 시설, 사업체 또는 장소

   (2) 배치신청
   ① 청원경찰을 배치 받으려는 사람(청원주)은 대통령령으로 정하는 바에 따라 관할 시·도경찰청장에게 청원경찰 배치를 신청하여야 한다.
   ② 청원경찰의 배치를 받고자 하는 사람은 청원경찰배치 신청서

제4장 배치 및 배치폐지

　　　　를 기관·시설·사업장 또는 장소의 소재지를 관할하는 경찰
　　　　서장을 거쳐 ·경찰청장에게 신청한다.
　　③ 배치장소가 2개 이상의 도(특별시 및 광역시, 특별자치시 및
　　　　특별자치도를 포함)인 경우에는 주된 사업장의 소재지를 관
　　　　할하는 경찰서장을 거쳐 관할 시·도경찰청장에게 한꺼번에
　　　　신청할 수 있다.
　　④ 배치신청을 할 때에는 경비구역 평면도 1부와 배치계획서 1
　　　　부를 갖추어야 한다.

(3) 배치결정과 배치요청
　　① 시·도경찰청장은 청원경찰의 배치신청을 받은 때에는 지체
　　　　없이 그 배치여부를 결정하여 신청인에게 알려야 한다.
　　② 시·도경찰청장은 청원경찰의 배치가 필요하다고 인정되는
　　　　기관의 장 또는 시설·사업장의 경영자에게 청원경찰을 배치
　　　　할 것을 요청할 수 있다.

(4) 배치 및 이동
　　① 청원주는 청원경찰을 신규로 배치하거나 이동 배치한 때에는
　　　　배치지(이동 배치의 경우에는 종전의 배치지)를 관할하는 관
　　　　할경찰서장에게 그 사실을 통보하여야 한다.
　　② 통보를 받은 경찰서장은 이동 배치지가 다른 관할구역에 속
　　　　할 때에는 전입지를 관할하는 경찰서장에게 이동 배치한 사
　　　　실을 통보하여야 한다.

(5) 근무배치 등의 위임
　　① 경비업자가 중요한 시설 및 일반시설의 경비를 도급받은 때
　　　　에는 청원주는 그 사업장에 배치된 청원경찰의 근무배치 및
　　　　감독에 관한 권한을 해당 경비업자에게 위임할 수 있다.
　　② 청원주가 경비업자에게 청원경찰의 근무 배치 및 감독에 관
　　　　한 권한을 위임한 경우에 이를 이유로 청원경찰의 보수나 신

분상의 불이익을 주어서는 안 된다.

2. 배치의 폐지

(1) 폐지 사유 및 감축
① 청원주는 청원경찰이 배치된 시설이 폐쇄 또는 축소되어 청원경찰의 배치를 폐지하거나 배치인원을 감축할 필요가 인정될 때에는 청원경찰의 배치를 폐지하거나 배치인원을 감축할 수 있다.
② 청원주가 청원경찰을 대체할 목적으로 경비업법에 따른 특수경비원을 배치하는 경우 청원경찰의 배치를 폐지하거나 배치인원을 감축할 수 없다.
③ 청원경찰이 배치된 기관·시설 또는 사업장 등이 배치인원의 변동사유 없이 다른 곳으로 이전하는 경우 청원경찰의 배치를 폐지하거나 배치인원을 감축할 수 없다.

(2) 신고 의무
① 청원주가 이와 같은 규정에 의하여 청원경찰을 폐지 또는 감축한 때에는 청원경찰의 배치결정을 한 경찰관서의 장에게 알려야 한다.
② 배치폐지 또는 감축의 경우 그 사업장이 청원경찰법 규정에 의하여 시·도경찰청장이 청원경찰의 배치를 요청한 사업장인 때에는 그 폐지 또는 감축 사유를 구체적으로 밝혀야 한다.

(3) 고용 보장
청원경찰의 배치를 폐지하거나 배치인원을 감축하는 경우 해당 청원주는 배치폐지나 배치인원 감축으로 과원이 되는 청원경찰 인원을 그 기관·시설 또는 사업장 내의 유사 업무에 종사하게 하거나 다른 시설·사업장 등에 재배치하는 등 청원경찰의 고용이 보장될 수 있도록 노력하여야 한다.

제 5장 임용과 면직 등

1. 임용

청원경찰은 청원경찰의 배치결정을 받은 사람(청원주)을 임용하되, 임용을 할 때에는 미리 시·도경찰청장의 승인을 받아야 한다.

1) 임용 자격

   (1) 결격 사유 : 다음의 국가공무원법 제33조에 해당하는 사람은 청원경찰로 임용될 수 없다.

      ① 피성년후견인
      ② 파산자로서 복권되지 않은 사람
      ③ 금고 이상의 실형을 선고받고 그 집행이 끝나거나 집행을 받지 않기로 확정된 후 5년이 지나지 않은 사람
      ④ 금고 이상의 형을 선고받고 그 집행유예 기간이 끝난 날부터 2년이 지나지 않은 사람
      ⑤ 금고 이상의 형의 선고유예를 받은 경우에 그 선고유예 기간 중에 있는 사람
      ⑥ 법원의 판결 또는 다른 법률에 따라 자격이 상실되거나 정지된 사람
      ⑦ 공무원으로 재직기간 중 직무와 관련하여 형법 제355조인 횡령, 배임죄 및 제356조에 규정된 업무상 횡령과 배임죄를 범한 사람으로서 300만원 이상의 벌금형을 선고받고 그 형이 확정된 후 2년이 지나지 않은 사람
      ⑧ 징계로 파면 처분을 받은 때부터 5년을 지나지 않은 사람

⑨ 징계로 해임 처분을 받은 때부터 3년을 지나지 않은 사람
⑩ 「성폭력범죄의 처벌 등에 관한 특례법」 제2조에 규정된 죄를 범한 사람으로서 100만원 이상의 벌금형을 선고받고 그 형이 확정된 후 3년이 지나지 않은 사람

성폭력범죄의 처벌 등에 관한 특례법」제2조
> 1. 「형법」 제2편제22장 성풍속에 관한 죄 중 제242조(음행매개), 제243조(음화반포등), 제244조(음화제조등) 및 제245조(공연음란)의 죄
> 2. 「형법」 제2편제31장 약취(略取), 유인(誘引) 및 인신매매의 죄 중 추행, 간음 또는 성매매와 성적 착취를 목적으로 범한 제288조 또는 추행, 간음 또는 성매매와 성적 착취를 목적으로 범한 제289조, 제290조(추행, 간음 또는 성매매와 성적 착취를 목적으로 제288조 또는 추행, 간음 또는 성매매와 성적 착취를 목적으로 제289조의 죄를 범하여 약취, 유인, 매매된 사람을 상해하거나 상해에 이르게 한 경우에 한정), 제291조(추행, 간음 또는 성매매와 성적 착취를 목적으로 제288조 또는 추행, 간음 또는 성매매와 성적 착취를 목적으로 제289조의 죄를 범하여 약취, 유인, 매매된 사람을 살해하거나 사망에 이르게 한 경우에 한정), 제292조[추행, 간음 또는 성매매와 성적 착취를 목적으로 한 제288조 또는 추행, 간음 또는 성매매와 성적 착취를 목적으로 한 제289조의 죄로 약취, 유인, 매매된 사람을 수수(授受) 또는 은닉한 죄, 추행, 간음 또는 성매매와 성적 착취를 목적으로 한 제288조 또는 추행, 간음 또는 성매매와 성적 착취를 목적으로 한 제289조의 죄를 범할 목적으로 사람을 모집, 운송, 전달한 경우에 한정] 및 제294조(추행, 간음 또는 성매매와 성적 착취를 목적으로 범한 제288조의 미수범 또는 추행, 간음 또는 성매매와 성적 착취를 목적으로 범한 제289조의 미수범, 추행, 간음 또는 성매매와 성적

착취를 목적으로 제288조 또는 추행, 간음 또는 성매매와 성적 착취를 목적으로 제289조의 죄를 범하여 발생한 제290조제1항의 미수범 또는 추행, 간음 또는 성매매와 성적 착취를 목적으로 제288조 또는 추행, 간음 또는 성매매와 성적 착취를 목적으로 제289조의 죄를 범하여 발생한 제291조제1항의 미수범 및 제292조제1항의 미수범 중 추행, 간음 또는 성매매와 성적 착취를 목적으로 약취, 유인, 매매된 사람을 수수, 은닉한 죄의 미수범으로 한정)의 죄

3. 「형법」 제2편제32장 강간과 추행의 죄 중 제297조(강간), 제297조의2(유사강간), 제298조(강제추행), 제299조(준강간, 준강제추행), 제300조(미수범), 제301조(강간등 상해·치상), 제301조의2(강간등 살인·치사), 제302조(미성년자등에 대한 간음), 제303조(업무상위력등에 의한 간음) 및 제305조(미성년자에 대한 간음, 추행)의 죄

4. 「형법」 제339조(강도강간)의 죄 및 제342조(제339조의 미수범으로 한정한다)의 죄

5. 이 법 제3조(특수강도강간 등)부터 제15조(미수범)까지의 죄

⑪ 미성년자에 대한 다음 각 목의 어느 하나에 해당하는 죄를 저질러 파면·해임되거나 형 또는 치료감호를 선고받아 그 형 또는 치료감호가 확정된 사람(집행유예를 선고받은 후 그 집행유예기간이 경과한 사람을 포함)

1. 「성폭력범죄의 처벌 등에 관한 특례법」 제2조에 따른 성폭력범죄
2. 「아동·청소년의 성보호에 관한 법률」 제2조제2호에 따른 아동·청소년대상 성범죄

(2) 나이 제한
① 18세 이상인 사람

② 단, 청원경찰은 60세가 되었을 때에는 당연 퇴직 된다.
(3) 신체 조건(행정안전부령으로 정하는 신체조건)
① 신체가 건강하고 팔·다리가 완전하여야 한다.
② 시력은(교정시력 포함) 양쪽 눈이 각각 0.8 이상이어야 한다.

2) 임용 방법
① 청원경찰의 배치 결정을 받은 청원주는 배치 결정 통지를 받은 날부터 30일 이내에 배치결정 된 인원수의 임용예정자에 대하여 청원경찰 임용승인에 대한 임용승인신청서를 시·도경찰청장에게 제출하여야 한다.
② 청원주가 청원경찰을 임용하였을 때에는 임용한 날부터 10일 이내에 그 임용사항을 사업장의 소재지를 관할하는 경찰서장을 거쳐 시·도경찰청장에게 보고하여야 하며 청원경찰이 퇴직하는 때에도 또한 같다.

3) 임용 승인 신청
청원경찰의 배치 결정을 받은 청원주가 시·도경찰청장에게 청원경찰 임용승인을 신청할 때에는 청원경찰 임용승인신청서에 그 해당자에 관한 다음의 서류를 첨부해야 한다.

(1) 첨부 서류
① 이력서 1부
② 주민등록증 사본 1부
③ 민간인 신원진술서(「보안업무규정」제36조에 따른 신원조사가 필요한 경우만 해당한다) 1부
④ 최근 3개월 이내에 발행한 채용신체검사서 또는 취업용 건강진단서 1부
⑤ 가족관계등록부 중 기본증명서 1부

제 5장 임용과 면직 등

    (2) 확인 절차

        임용승인신청서를 제출받은 시·도경찰청장은「전자정부법」에 따라 행정정보의 공동이용을 통하여 해당자의 병적 증명서를 확인하여야 한다. 다만, 그 해당자가 확인에 동의하지 않을 때에는 해당 서류를 첨부하도록 하여야 한다.

2. 면직

① 청원경찰의 신분보장을 위해 의사에 반한 면직은 금지된다. 즉, 청원경찰은 형의 선고, 징계처분 또는 신체상·정신상의 이상으로 직무를 감당하지 못할 때를 제외하고는 그 의사에 반하여 면직되지 않는다.

② 청원주가 청원경찰을 면직시켰을 때에는 그 사실을 관할경찰서장을 거쳐 시·도경찰청장에게 보고하여야 한다.

3. 당연퇴직

① 국가공무원 법 제33조에 해당되어 임용결격사유에 해당될 때

② 청원경찰의 배치가 폐지되었을 때

③ 나이가 60세가 되었을 때. 다만, 그 날이 1월부터 6월 사이에 있으면 6월 30일에, 7월부터 12월 사이에 있으면 12월 31일에 각각 당연 퇴직된다.

4. 휴직

국가기관이나 지방자치단체에 근무하는 청원경찰의 휴직 및 명예퇴직에 관하여는「국가공무원법」제71조부터 제73조까지 및 제74조의2를 준용한다.

    (1) 본인의 의사에 반하는 휴직 사유(국가공무원법 제71조제1항)

        다음 각 호의 어느 하나에 해당하면 임용권자는 본인의 의사에도 불구하고 휴직을 명하여야 한다.

        ① 신체·정신상의 장애로 장기 요양이 필요할 때

② 「병역법」에 따른 병역 복무를 마치기 위하여 징집 또는 소집된 때
③ 천재지변이나 전시·사변, 그 밖의 사유로 생사 또는 소재가 불명확하게 된 때
④ 그 밖에 법률의 규정에 따른 의무를 수행하기 위하여 직무를 이탈하게 된 때
⑤ 「공무원의 노동조합 설립 및 운영 등에 관한 법률」 제7조에 따라 노동조합 전임자로 종사하게 된 때

(2) 휴직 사유(국가공무원법 제71조제2항)
임용권자는 다음의 어느 하나에 해당하는 사유로 휴직을 원하면 휴직을 명할 수 있다. 다만, ④의 경우에는 대통령령으로 정하는 특별한 사정이 없으면 휴직을 명하여야 하며 그에 따른 휴직을 이유로 인사에 불리한 처우를 하여서는 안 된다.
① 국제기구, 외국 기관, 국내외의 대학·연구기관, 다른 국가기관 또는 대통령령으로 정하는 민간기업, 그 밖의 기관에 임시로 채용될 때
② 국외 유학을 하게 된 때
③ 중앙인사관장기관의 장이 지정하는 연구기관이나 교육기관 등에서 연수하게 된 때
④ 만 8세 이하 취학 중인 경우 초등학교 2학년 이하의 자녀를 양육하기 위하여 필요하거나 여성공무원이 임신 또는 출산하게 된 때
⑤ 사고나 질병 등으로 장기간 요양이 필요한 조부모, 부모(배우자의 부모를 포함), 배우자, 자녀 또는 손자녀를 간호하기 위하여 필요한 때(다만, 조부모나 손자녀의 간호를 위하여 휴직할 수 있는 경우는 본인 외에는 간호할 수 있는 사람이 없는 등 대통령령 등으로 정하는 요건을 갖춘 경우로 한정)
⑥ 외국에서 근무·유학 또는 연수하게 되는 배우자를 동반하게

제 5장 임용과 면직 등

된 때
⑦ 대통령령 등으로 정하는 기간 동안 재직한 공무원이 직무 관련 연구과제 수행 또는 자기개발을 위하여 학습·연구 등을 하게 된 때

(3) 휴직 기간(국가공무원법 제72조)
① 신체·정신상의 장애로 장기 요양이 필요할 때에 따른 휴직 기간은 1년으로 하되, 부득이한 경우 1년의 범위에서 연장할 수 있다. 다만, 다음의 어느 하나에 해당하는 공무상 질병 또는 부상으로 인한 휴직기간은 3년 이내로 한다.
  ㉠「공무원 재해보상법」 제22조제1항에 따른 요양급여 지급 대상 부상 또는 질병
  ㉡「산업재해보상보험법」 제40조에 따른 요양급여 결정 대상 질병 또는 부상
② 병역법에 따른 병역 복무를 마치기 위하여 징집 또는 소집된 때와 그 밖에 법률의 규정에 따른 의무를 수행하기 위하여 직무를 이탈하게 된 때에 따른 휴직 기간은 그 복무 기간이 끝날 때까지로 한다.
③ 천재지변이나 전시·사변, 그 밖의 사유로 생사 또는 소재가 불명확하게 된 때에 따른 휴직 기간은 3개월 이내로 한다.
④「국제기구, 외국 기관, 국내외의 대학·연구기관, 다른 국가기관 또는 대통령령으로 정하는 민간기업, 그 밖의 기관에 임시로 채용될 때에 따른 휴직 기간은 그 채용 기간으로 한다. 다만, 민간기업이나 그 밖의 기관에 채용되면 3년 이내로 한다.
⑤ 국외 유학을 하게 된 때와 외국에서 근무·유학 또는 연수하게 되는 배우자를 동반하게 된 때에 따른 휴직 기간은 3년 이내로 하되, 부득이한 경우에는 2년의 범위에서 연장할 수 있다.
⑥ 중앙인사관장기관의 장이 지정하는 연구기관이나 교육기관 등에서 연수하게 된 때에 따른 휴직 기간은 2년 이내로 한다.

⑦ 만 8세 이하(취학 중인 경우에는 초등학교 2학년 이하)의 자녀를 양육하기 위하여 필요하거나 여성공무원이 임신 또는 출산하게 된 때에 따른 휴직 기간은 자녀 1명에 대하여 3년 이내로 한다.
⑧ 사고나 질병 등으로 장기간 요양이 필요한 부모, 배우자, 자녀 또는 배우자의 부모를 간호하기 위하여 필요한 때에 따른 휴직 기간은 1년 이내로 하되, 재직 기간 중 총 3년을 넘을 수 없다.
⑨ 노동조합 전임자로 종사하게 된 때에 따른 휴직 기간은 그 전임 기간으로 한다.
⑩ 대통령령등으로 정하는 기간 동안 재직한 공무원이 직무 관련 연구과제 수행 또는 자기개발을 위하여 학습·연구 등을 하게 된 때에 따른 휴직 기간은 2년 이내로 한다.

(4) 휴직의 효력(국가공무원법 제73조)
① 휴직 중인 청원경찰은 신분은 보유하나 직무에 종사하지 못한다.
② 휴직 기간 중 그 사유가 없어지면 30일 이내에 임용권자 또는 임용제청권자에게 신고하여야 하며, 임용권자는 지체 없이 복직을 명하여야 한다.
③ 휴직 기간이 끝난 공무원이 30일 이내에 복귀 신고를 하면 당연히 복직된다.

5. 명예퇴직(국가공무원법 제74조의2)

① 청원경찰로 20년 이상 근속한 사람이 정년 전에 스스로 퇴직하면 예산의 범위에서 명예퇴직 수당을 지급할 수 있다.
② 직제와 정원의 개폐 또는 예산의 감소 등에 따라 폐직 또는 과원이 되었을 때에 20년 미만 근속한 사람이 정년 전에 스스로 퇴직하면 예산의 범위에서 수당을 지급할 수 있다.

제 5장 임용과 면직 등

③ 명예퇴직수당을 지급받은 사람이 재직 중의 사유로 금고 이상의 형을 받은 경우 및 명예퇴직 수당을 초과하여 지급받거나 그 밖에 명예퇴직 수당의 지급 대상이 아닌 사람이 지급받은 경우에는 명예퇴직수당을 지급한 국가기관의 장, 경력직공무원, 그 밖에 국회규칙, 대법원규칙, 헌법재판소규칙, 중앙선거관리위원회규칙 또는 대통령령으로 정하는 공무원으로 재임용되는 경우에는 재임용한 국가기관의 장이 그 명예퇴직 수당을 환수하여야 한다.

④ 환수금을 내야할 사람이 기한 내에 내지 않으면 국세 체납처분의 예에 따라 이를 징수할 수 있다.

⑤ 명예퇴직 수당과 수당의 지급대상범위·지급액·지급절차와 명예퇴직 수당의 환수액·환수절차 등에 필요한 사항은 국회규칙, 대법원규칙, 헌법재판소규칙, 중앙선거관리위원회규칙 또는 대통령령으로 정한다.

제 6장 의무 및 복무

청원경찰의 복무에 관하여는 국가공무원 법 제57조, 제58조제1항, 제60조 및 경찰공무원법 제24조 규정을 준용한다는 규정 외에 청원경찰의 복무에 관하여는 해당 사업장의 취업규칙에 의한다.

1. 의무

1) 성실 의무

청원경찰은 성실히 그 직무를 수행하여야 하는 의무를 진다. 이 성실의무는 가장 기본적인 의무로서 다른 의무도 여기서 나온다.

2) 직무상 의무

청원경찰은 전력을 다하여 직무를 수행하여야 한다. 그러기 위해서는 다음과 같은 의무를 진다.

(1) 법령준수 의무

청원경찰은 법령을 준수하여야 한다. 법령위반은 위법행위 또는 불법행위로서 징계·처벌 등의 원인이 된다.

(2) 복종 의무(국가공무원 제57조 관련)

청원경찰은 직무를 수행할 때는 소속 상관의 직무상의 명령에 복종하여야 한다. 이 명령에 위반한 때에는 징계사유가 된다.

(3) 직장이탈 금지 의무(국가공무원법 제58조제1항 관련)

청원경찰은 소속 상관의 허가 또는 정당한 이유없이 직장을

제 6장 의무 및 복무

이탈하지 못한다.

(4) 비밀엄수 의무(국가공무원법 제60조 관련)

청원경찰은 재직 중은 물론 퇴직 후에도 직무상 알게 된 비밀을 엄수하여야 한다.

(5) 허위보고 금지 의무(경찰공무원법 제24조 관련)

청원경찰은 직무에 관하여 거짓으로 보고나 통보를 하여서는 안 되며 직무를 게을리 하거나 유기해서도 안 된다.

2. 복무

1) 책임 완수

청원경찰은 직무를 민주적이고 능률적으로 수행하기 위하여 창의와 성실로써 맡은 바 책임을 완수하여야 한다.

2) 근무기강의 확립과 예절

청원경찰은 법령 및 직무상의 명령을 준수하여 근무기강을 확립하고 질서를 존중하여야 한다. 청원경찰은 상·하급자간 및 동료간에 상호 예절을 지켜야 한다.

3) 보고 및 통보 등

① 청원경찰이 행하는 보고 및 통보는 신속·정확하게 하여야 하며, 이를 받는 사람이 판단하기 쉽게 간결하게 하여야 한다.
② 청원경찰이 법 제3조에 따라 직무를 수행할 때에 「경찰관 직무집행법」 및 같은 법 시행령에 따라 하여야 할 모든 보고는 관할 경찰서장에게 서면으로 보고하기 전에 지체 없이 구두로 보고하고 그 지시에 따라야 한다.

4) 당직 근무

휴일 또는 근무시간 외의 화재·도난 기타 모든 사고를 미연에 방지하여야 하며 사고가 발생한 때에는 신속하게 피해 확대방지 등 필요한 조치를 취하여야 한다.

5) 복장 등 단정

　　청원경찰은 복장·용모와 행동을 단정히 하여 청원경찰로서의 품위를 유지하여야 한다.

6) 신분증명서의 휴대

　　청원경찰의 신분증명서는 청원주가 발행하며, 그 형식은 청원주가 결정하되 사업장별로 통일하여야 한다. 또한 청원경찰은 근무 중에는 항상 신분증명서를 휴대하여야 한다.

제 7장 복제

1. 복제의 착용

① 청원경찰은 근무 중 제복을 착용하여야 한다.
② 청원경찰의 복제는 제복·장구 및 부속물로 구분한다.
③ 청원경찰의 제복·장구 및 부속물에 관하여 필요한 사항은 행정안전부령으로 정한다.
③ 청원경찰의 배치지의 특수성 등으로 특수복장을 착용할 필요가 있을 때에는 청원주는 시·도경찰청장의 승인을 얻어 특수복장을 착용하게 할 수 있다.
④ 청원경찰은 평상근무 중에는 정모·근무복·단화·호루라기·경찰봉 및 포승을 착용하거나 휴대하여야 하고 총기를 휴대하지 않을 때는 분사기를 휴대하여야 한다.
⑤ 교육훈련 그 밖의 특수 근무 중에는 기동모·기동복·기동화 및 휘장을 착용하거나 부착하되 허리띠와 경찰봉은 착용하거나 휴대하지 않을 수 있다.

2. 복제의 종류

1) 제복

청원경찰의 복제는 정모·기동모(활동에 편한 모자)·근무복(동복·하복)·한여름 옷·기동복·점퍼·비옷·방한복·외투·단화·기동화 및 방한화로 구분한다.

2) 장구

장구는 허리띠·경찰봉·호루라기 및 포승으로 구분한다.

3) 부속물

　　부속물은 모자표장·가슴표장·휘장·계급장·넥타이핀·단추 및 장갑으로 구분한다.

3. 복제의 형태 및 규격과 재질(시행규칙 제9조)

　　제복의 형태·규격 및 재질은 청원주가 결정하되, 경찰공무원 또는 군인 제복의 색상과 명확하게 구분될 수 있어야 하며 사업장 별로 통일해야 한다. 다만, 기동모·기동복의 색상은 진한 청색으로 한다.

1) 기동복의 형태·규격

　　(1) 상의
　　　　① 노타이식, 가슴받이를 붙이고 긴소매, 전면 중앙에 프라스틱 단추(소) 6개
　　　　② 흉부 좌우에 겉붙임 뚜껑주머니 및 프라스틱 단추(소)
　　　　③ 어깨·가슴에 휘장(좌측)

　　(2) 하의
　　　　① 긴바지 앞면 좌우측에 겉붙임 옆주머니
　　　　② 뒷면 좌우 둔부에 겉붙임주머니 및 단추

　　(3) 그 밖의 사항
　　　　경찰복제에 관한 규칙에 의한 형태와 규격에 따른다.

2) 장구의 형태·규격 및 재질

　　청원경찰의 장구의 형태와 규격 및 재질은 경찰 장구와 같게 한다.

3) 부속물의 형태·규격과 재질

　　(1) 모자표장
　　　　① 색상과 재질은 금색 금속지로 한다.
　　　　② 기동모의 표장은 정모 표장의 2분의 1 크기로 한다.

제 7 장 복제

(2) 가슴표장

① 색상 및 재질은 금색 금속지로 하며 "청원경찰"은 음각으로 새겨 넣는다.

② "번호"에는 소속기관과 그 일련번호를 새겨 넣어야 한다.

(3) 휘장

① 어깨휘장(좌측) : 너비 2cm, 바깥지름 10cm의 반원형으로 바탕색은 상의 색상과 동일하며 글자(청원경찰)색은 바탕이 밝은 색일 경우 검정색, 바탕이 어두운 색일 경우 흰색을 사용한다. 글자 굵기는 2mm, 크기는 한 글자 기준으로 가로 1.7cm, 세로 1.9cm이며 모든 제복 왼쪽 어깨에 부착한다.

② 가슴휘장(좌측) : 흰색 바탕에 글자(청원경찰)는 검정색으로 하고 가로 10cm, 세로 6.5㎝ 크기며 글자 굵기는 4mm, 크기는 한 글자 기준으로 가로 2cm, 세로 5.5cm로 기동복, 점퍼, 비옷, 방한복 및 외투 왼쪽 가슴에 부착해야 한다.

(4) 계급장

색상 및 재질은 금색 금속지로 하되 계급장은 다음과 같다.

조원(신임)	조원(8년 이상 근속)
조 장	
반 장	대 장
지질 : 금색 금속지	

(5) 넥타이핀과 단추

모두 색상 및 재질은 은색 금속지이다.

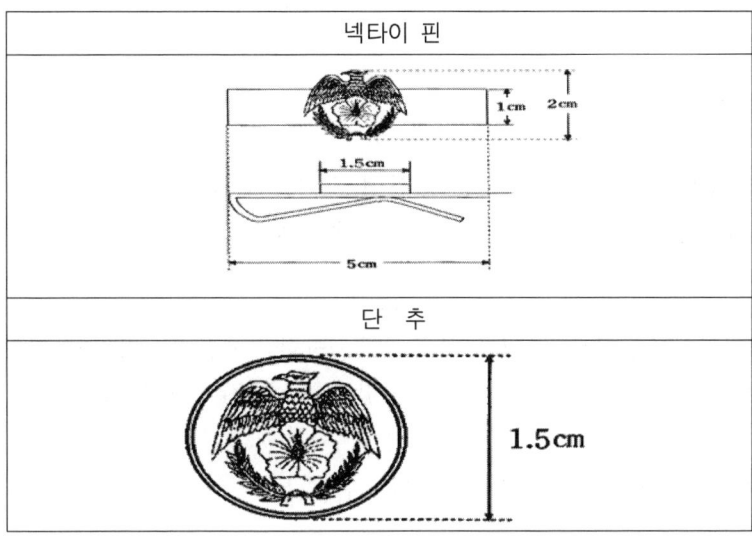

(6) 부속물의 위치

4. 제복의 착용 시기

하복·동복의 착용 시기는 사업장별로 청원주가 결정하되 착용 시기를 통일하여야 한다.

5. 급여품 및 대여품 (시행규칙 제12조)

청원주는 청원경찰에게 그 직무수행을 위하여 급여품과 대여품을 지급하며 청원경찰이 퇴직한 때에는 대여품을 청원주에게 반납하여야 한다.

1) 급여품

근무복(하복·동복)·한여름 옷·외투·방한복·점퍼·기동화·
단화·비옷·정모·기동모·기동복·방한화·장갑·호루라기

2) 대여품

허리띠·경찰봉·가슴표장·분사기·포승 등

제 8장 감독 및 권한

1. 감독

1) 시·도경찰청장

시·도경찰청장은 청원경찰의 효율적인 운영을 위하여 청원주를 지도하며, 감독상 필요한 명령을 발할 수 있다.

2) 관할경찰서장

① 관할경찰서장은 매월 1회 이상 청원경찰을 배치한 경비구역의 다음 사항을 감독한다.
  ㉠ 복무규율 및 근무 상황
  ㉡ 무기의 관리 및 취급 사항
② 관할경찰서장은 청원주의 신청에 의하여 경비상 필요하다고 인정할 때에는 청원경찰에 배치된 장소에 경비전화를 가설할 수 있다.

3) 청원주

청원주는 항상 소속 청원경찰의 근무 상황을 감독하고 근무수행에 필요한 교육을 실시하여야 한다.

2. 권한

1) 권한의 위임

시·도경찰청장은 다음의 권한을 관할 경찰서장에게 위임한다. 다만, 청원경찰을 배치하고 있는 사업장이 하나의 경찰서의 관할구역

제 8장 감독 및 권한

에 있는 경우로 한정한다.
① 청원경찰 배치 신청을 받으면 지체 없이 그 배치 여부를 결정하여 신청인에게 알려야 하는 사항과 시·도경찰청장은 청원경찰 배치가 필요하다고 인정하는 기관의 장 또는 시설·사업장의 경영자에게 청원경찰을 배치할 것을 요청한 경우에 따른 청원경찰 배치의 결정 및 요청에 관한 권한
② 청원경찰은 청원주가 임용하되, 임용을 할 때에는 미리 시·도경찰청장의 승인을 받아야 하는 사항에 따른 청원경찰의 임용승인에 관한 권한
③ 시·도경찰청장은 청원경찰의 효율적인 운영을 위하여 청원주를 지도하며 감독상 필요한 명령을 할 경우에 따른 청원주에 대한 지도 및 감독상 필요한 명령에 관한 권한
④ 과태료 부과·징수에 관한 권한

2) 시·도경찰청장 또는 경찰서장

시·도경찰청장 또는 경찰서장은 ①~④의 사무를 수행하기 위하여 불가피한 경우 「개인정보 보호법」에 따른 건강에 관한 정보와 범죄경력자료에 해당하는 정보, 주민등록번호 또는 외국인등록번호가 포함된 자료(민감정보 및 고유식별정보)를 처리할 수 있다.
① 청원경찰의 임용, 배치 등 인사관리에 관한 사무
② 청원경찰의 제복 착용 및 무기 휴대에 관한 사무
③ 청원주에 대한 지도·감독에 관한 사무
④ ①부터 ③까지의 규정에 따른 사무를 수행하기 위하여 필요한 사무

3) 시·도경찰청장, 경찰서장 또는 청원주

시·도경찰청장, 관할 경찰서장 또는 청원주는 청원경찰에게 다음 각 호의 구분에 따라 표창을 수여할 수 있다.

(1) 공적상

성실히 직무를 수행하여 근무성적이 탁월하거나 헌신적인 봉사로 특별한 공적을 세운 경우

(2) 우등상

　　교육훈련에서 교육성적이 우수한 경우

4) 관할 경찰서장

　① 관할 경찰서장은 청원주의 신청에 따라 경비를 위하여 필요하다고 인정할 때에는 청원경찰이 배치된 사업장에 경비전화를 가설할 수 있다.

　② 경비전화를 가설할 때 드는 비용은 청원주가 부담한다.

5) 청원주

　① 2명 이상의 청원경찰을 배치하는 사업장의 청원주는 청원경찰의 지휘·감독을 위하여 청원경찰 중에서 유능한 사람을 선정하여 감독자로 지정하여야 한다.

　② 감독자는 조장, 반장 또는 대장으로 한다.

　③ 감독자의 지정기준은 다음과 같다.

감독자 지정기준 [별표 4]

근무인원	직급별 지정기준		
	대장	반장	조장
9명까지			1명
10명 이상 29명 이하		1명	2 ~ 3명
30명 이상 40명 이하		1명	3 ~ 4명
41명 이상 60명 이하	1명	2명	6명
61명 이상 120명 이하	1명	4명	12명

제 9장 교육

1. 교육의 구분

청원경찰에 대한 교육은 기본교육과 직무교육으로 나누어지며 교육비는 청원주가 당해 청원경찰의 입교 3일 전에 해당 경찰교육기관에 납부한다.

2. 기본교육

청원주는 청원경찰에 임용된 사람에 대하여 경비구역에 배치하기 전에 근무 수행에 필요한 기본 교육을 하여야 한다. 다만, 경찰교육기관의 교육계획상 부득이하다고 인정할 때에는 우선 배치하고 임용 후 1년 이내에 교육을 받게 할 수 있다

3. 직무교육

① 청원주는 청원경찰에 임용된 사람에 대하여 경비구역에 배치하기 전에 경찰교육기관에서 2주간 직무수행 상 필요한 교육을 받게 하여야 한다.
② 청원주는 소속 청원경찰에 대하여 그 직무집행에 관하여 필요한 교육을 매월 4시간 이상 실시하여야 한다.
③ 관할경찰서장은 청원경찰이 배치된 사업장에 소속 공무원을 파견하여 직무집행에 필요한 교육을 실시할 수 있다.
④ 경찰관(의무경찰 포함) 또는 청원경찰에서 퇴직한 사람이 퇴직한 날로부터 3년 이내에 청원경찰로 임용된 때에는 직무상 필요한 교육을 면제할 수 있다.

⑤ 교육기간·교육과목·수업시간 및 그 밖에 교육의 시행에 필요한 사항은 행정안전부령으로 정한다.

[별표 1] 청원경찰의 교육과목 및 수업시간표

학과별	과목		시간
정신교육	정신교육		8
학술교육	형사법		10
	청원경찰법		5
실무교육	경무	경찰관직무집행법	5
	방범	방범업무	3
		경범죄처벌법	2
	경비	시설경비	6
		소방	4
	정보	대공이론	2
		불심검문	2
	민방위	민방공	3
		화생방	2
	기본훈련		5
	총기조작		2
	총검술		2
	사격		6
술과	체포술 및 호신술		6
기타	입교·수료 및 평가		3
계			76시간

제 10장 청원경찰 경비

1. 경비의 부담

(1) 청원주의 부담

청원주는 청원경찰의 경비를 부담하여야 한다.

(2) 경비의 종류
① 청원경찰에게 지급할 봉급과 각종 수당
② 청원경찰의 피복비와 교육비
③ 경비전화를 가설할 경우 그 경비
④ 보상금과 퇴직금

2. 보수 및 각종 수당

1) 봉급

(1) 국가기관 또는 지방자치단체에 근무하는 청원경찰의 보수

① 국가기관 또는 지방자치단체에 근무하는 청원경찰의 보수는 다음의 같은 재직기간에 해당하는 경찰공무원 보수를 감안하여 대통령령으로 정한다.
  ㉠ 재직기간 15년 미만 : 순경
  ㉡ 재직기간 15년 이상 23년 미만 : 경장
  ㉢ 재직기간 23년 이상 30년 미만 : 경사
  ㉣ 재직기간 30년 이상 : 경위

② 국가기관 또는 지방자치단체에 근무하는 청원경찰의 각종 수

당은 「공무원수당 등에 관한 규정」에 따른 수당 중 가계보전수당, 실비변상 등으로 하며, 그 세부 항목은 경찰청장이 정하여 고시한다.

③ 재직기간은 청원경찰로서 근무한 기간으로 한다.

(2) 국가기관 또는 지방자치단체에 근무하는 청원경찰 외의 청원경찰의 보수

① 국가기관 또는 지방자치단체에 근무하는 청원경찰 외의 청원경찰의 봉급과 각종 수당은 경찰청장이 고시한 최저부담기준액 이상으로 지급하여야 한다.

② 고시된 최저부담기준액이 배치된 사업장에서 같은 종류의 직무나 유사 직무에 종사하는 근로자에게 지급하는 임금보다 적을 때에는 그 사업장에서 같은 종류의 직무나 유사 직무에 종사하는 근로자에게 지급하는 임금에 상당하는 금액을 지급하여야 한다.

③ 청원경찰의 피복비 부담과 교육비 부담에 따른 비용의 부담기준액은 경찰청장이 정하여 고시한다.

④ 청원경찰경비의 최저부담기준액 및 부담기준액은 경찰공무원 중 순경의 것을 고려하여 다음 연도분을 매년 12월에 고시하여야 한다. 다만, 부득이한 사유가 있을 때에는 수시로 고시할 수 있다.

2) 보수 산정 시의 경력 인정

청원경찰의 보수 산정에 관하여 그 배치된 사업장의 취업규칙에 특별한 규정이 없는 경우에는 다음의 경력을 봉급 산정의 기준이 되는 경력에 산입하여야 한다.

① 청원경찰로 근무한 경력
② 군 또는 의무경찰에 복무한 경력
③ 수위·경비원·감시원 또는 그 밖에 청원경찰과 비슷한 직무에 종사하던 사람이 해당 사업장의 청원주에 의하여 청원경찰로 임

제10장 청원경찰의 경비

용된 경우에는 그 직무에 종사한 경력
④ 국가기관 또는 지방자치단체에서 근무하는 청원경찰에 대해서는 국가기관 또는 지방자치단체에서 상근으로 근무한 경력

3) 승급 기간 및 승급 액

(1) 국가기관 또는 지방자치단체에 근무하는 청원경찰
국가기관 또는 지방자치단체에 근무하는 청원경찰 보수의 호봉 간 승급기간은 경찰공무원의 승급기간에 관한 규정을 준용한다.

(2) 국가기관 또는 지방자치단체에 근무하지 않는 청원경찰
국가기관 또는 지방자치단체에 근무하는 청원경찰 외의 청원경찰 보수의 호봉 간 승급기간 및 승급액은 그 배치된 사업장의 취업규칙에 따르고 이에 관한 취업규칙이 없을 때에는 순경의 승급에 관한 규정을 준용한다.

4) 청원경찰 경비의 지급 및 납부 방법

① 청원경찰경비의 지급방법 또는 납부방법은 행정안전부령으로 정한다.
② 봉급과 각종 수당은 청원주가 그 청원경찰이 배치된 기관·시설·사업장 또는 장소의 직원에 대한 보수 지급일에 청원경찰에게 직접 지급한다.
③ 피복비는 청원주가 제작하거나 구입하여 정기지급일 또는 신규배치 시에 청원경찰에게 현품으로 지급한다.
④ 교육비는 청원주가 해당 청원경찰의 입교 3일 전에 해당 경찰교육기관에 낸다.

3. 퇴직금

청원주는 청원경찰이 퇴직한 때에는 근로자퇴직급여보장법에 따른 퇴직금을 지급하여야 한다. 다만, 국가기관 또는 지방자치단체에 근무하는 청원경찰의 퇴직금은 공무원연금법에 의한다.

4. 보상금

배치된 청원경찰의 보상금 지급을 이행하기 위해 청원주가 산업재해보상보험법에 따른 산업재해보상보험에 가입하였거나 근로기준법에 따라 보상금을 지급하기 위한 재원을 따로 마련해야 하며 다음과 같은 경우에는 대통령령에 따라 청원주가 청원경찰 본인 또는 그 유족에게 보상금을 지급하여야 한다.

① 직무수행으로 인하여 부상을 입거나 질병에 걸리거나 또는 사망한 경우
② 직무상의 부상·질병으로 인하여 퇴직하거나 퇴직 후 2년 이내에 사망한 경우

제 11장 무기휴대 및 관리수칙

1. 무기 휴대 근거

① 청원경찰은 무기를 사용할 수 있으며 시·도경찰청장은 청원경찰이 직무수행을 위하여 필요하다고 인정할 때에는 청원주의 신청을 받아 관할경찰서장으로 하여금 청원경찰에게 무기를 대여하여 휴대하게 할 수 있다.
② 무기는 인명·신체 또는 재산에 중대한 침해를 가할 개연성을 많이 내포하고 있으므로 무기관리수칙을 철저히 지켜야 한다.
③ 청원경찰의 무기 휴대에 필요한 사항은 대통령령으로 정한다.

2. 무기 대여

① 청원주는 청원경찰이 휴대할 무기를 대여 받고자 할 때에는 무기대여 신청서를 관할경찰서장을 거쳐 시·도경찰청장에게 제출하여야 한다.
② 대여신청을 받은 시·도경찰청장이 무기를 대여하여 휴대하게 하고자 할 때에는 청원주로부터 국가에 기부체납된 무기에 한정하여 관할 경찰서장으로 하여금 무기를 대여하여 휴대하게 할 수 있다.

3. 무기의 관리

1) 무기 점검

   ① 관할경찰서장은 무기를 대여한 때에는 청원경찰의 무기관리 상황을 수시 점검하여야 한다.
   ② 청원주 및 청원경찰은 행정안전부령으로 정하는 무기관리수칙을

준수하여야 한다.

③ 청원주가 무기와 탄약을 대여받았을 때에는 경찰청장이 정하는 무기·탄약 출납부 및 무기장비 운영카드를 갖춰 두고 기록하여야 한다.

2) 통보 사항

① 청원주는 무기 및 탄약의 관리를 위하여 관리책임자를 지정하고 관할경찰서장에게 통보하여야 한다.

② 청원주는 경찰청장이 정하는 바에 의하여 매월 무기 및 탄약의 관리실태를 파악하여 다음달 3일까지 관할경찰서장에게 통보하여야 한다.

③ 청원주는 대여받은 무기 및 탄약의 분실되거나 도난당하거나 빼앗기거나 훼손 등의 사고 발생한 때에는 지체없이 그 사유를 관할경찰서장에게 통보하여야 한다.

3) 무기·탄약 분실 시 등의 배상

① 무기 및 탄약을 분실되거나 도난당하거나 빼앗기거나 한 때에는 경찰청장이 정하는 바에 의하여 그 전액을 배상해야 한다.

② 전시·사변·천재지변 기타 불가항력의 사유가 있다고 시·도경찰청장이 인정한 때에는 배상하지 않는다.

4) 무기고 및 탄약고

① 무기고 및 탄약고는 단층에 설치하고 환기·방습·방화 및 총받침대 등의 시설을 갖추어야 한다.

② 탄약고는 무기고와 떨어져 설치하며 그 위치는 사무실이나 기타 다수인을 수용하거나 여러 사람이 오고 가는 시설로부터 격리되어야 한다.

③ 무기고 및 탄약고에는 이중 잠금장치를 하고 열쇠는 관리책임자가 보관하되, 근무시간 이후에는 숙직책임자에게 인계하여 보관시킨다.

제 11장 무기휴대 및 관리수칙

4. 무기의 출납

1) 무기 및 탄약 출납

　　무기와 탄약을 대여 받은 청원주가 청원경찰에게 무기와 탄약을 출납하려는 경우에는 다음 내용에 따라야 한다. 다만, 관할 경찰서장의 지시에 따라 ②에 따른 탄약의 수를 늘리거나 줄일 수 있고, 무기와 탄약의 출납을 중지할 수 있으며, 무기와 탄약을 회수하여 집중 관리할 수 있다.

① 무기와 탄약을 출납하였을 때에는 무기·탄약 출납부에 그 출납사항을 기록하여야 한다.
② 소총의 탄약은 1정당 15발 이내, 권총의 탄약은 1정당 7발 이내로 출납하되 생산된 후 오래된 탄약을 우선하여 출납하여야 한다.
③ 청원경찰에게 지급한 무기와 탄약은 매주 1회 이상 손질하게 하여야 한다.
④ 수리가 필요한 무기가 있을 때에는 그 목록과 무기장비 운영카드를 갖추어 관할 경찰서장에게 수리를 요청할 수 있다.

2) 무기 지급 금지

　　청원주는 다음에 해당하는 청원경찰에 대해서는 무기 및 탄약을 지급해서는 안 되며 지급된 무기 및 탄약은 회수하여야 한다.

① 직무상 비위로 징계대상이 된 사람
② 형사사건으로 인하여 조사대상이 된 사람
③ 사직 의사를 표명한 사람
④ 평소에 불평이 심하고 염세비관하는 사람
⑤ 주벽이 심한 사람
⑥ 변태적 성벽이 있는 사람

3) 수리 요청

① 무기 및 탄약을 출납하였을 때에는 무기출납부에 그 출납사항을 기록한다.

② 수리가 필요한 무기가 있을 때에는 그 목록과 무기장비운영카드를 갖추어 관할경찰서장에 그 수리를 요청할 수 있다.

5. 무기 취급상의 준수사항

청원주로부터 무기 및 탄약을 지급 받은 청원경찰은 다음과 같은 사항을 준수하여야 한다.
① 무기를 지급 받거나 반납할 때 또는 인계인수 시에는 반드시 "앞에 총"자세에서 "검사총"을 하여야 한다.
② 무기 및 탄약을 지급 받았을 때에는 별도로 지시가 없는 한 무기와 탄약은 분리하여 휴대하여야 한다.
③ 소총은 "우로 어깨 걸어 총" 자세를 유지하고 권총은 "권총집에 넣어 총"의 자세를 유지하여야 한다.
④ 지급 받은 무기는 타인에게 보관하거나 휴대시킬 수 없으며 손질을 의뢰할 수 없다.
⑤ 무기를 손질 또는 조작할 때에는 반드시 총구를 공중으로 향하여야 한다.
⑥ 무기 및 탄약을 반납할 때에는 손질을 철저히 하여야 한다.
⑦ 근무시간 이후에는 무기 및 탄약을 청원주에게 반납하거나 교대근무자에게 인계하여야 한다.

6. 분사기의 휴대

① 청원경찰은 평상근무 중에 총기를 휴대하지 않을 때에는 분사기를 휴대하여야 한다.
② 청원주는 「총포·도검·화약류 등 단속법」에 따른 분사기의 소지허가를 주소지를 관할하는 경찰서장에게 받아 청원경찰로 하여금 그 분사기를 휴대하여 직무를 수행하게 할 수 있다.

제 12장 문서와 장부의 비치

1. 문서와 장부

청원주와 관할경찰서장, 시·도경찰청장은 청원경찰의 운영에 필요한 문서와 장부를 작성하여야 하는데 각각 다음의 문서와 장부를 갖춰 두어야 하며 문서와 장부의 서식은 경찰관서에서 사용하는 서식을 준용한다.

2. 청원주가 갖춰야 할 문서와 장부

① 청원경찰 명부　　② 근무일지
③ 근무 상황카드　　④ 경비구역 배치도
⑤ 순찰표철　　⑥ 무기·탄약 출납부
⑦ 무기장비 운영카드　　⑧ 봉급지급 조서철
⑨ 신분증명서 발급대장　　⑩ 징계 관계철
⑪ 교육훈련 실시부　　⑫ 청원경찰 직무교육계획서
⑬ 급여품 및 대여품 대장
⑭ 그 밖에 청원경찰의 운영에 필요한 문서와 장부

3. 관할 경찰서장이 갖춰야 할 문서와 장부

① 청원경찰 명부　　② 감독 순시부
③ 전출입 관계철　　④ 교육훈련 실시부
⑤ 무기·탄약 대여대장　　⑥ 징계요구서철
⑦ 그 밖에 청원경찰의 운영에 필요한 문서와 장부

4. 시·도경찰청장이 갖춰야 할 문서와 장부

① 배치 결정 관계철
② 청원경찰 임용승인 관계철
③ 전출입 관계철
④ 그 밖에 청원경찰의 운영에 필요한 문서와 장부

제 13장 상벌제도

1. 표창제도 (시행규칙 제18조)

① 시·도경찰청장·관할경찰서장 또는 청원주는 청원경찰에 대해 표창을 수여할 수 있다.
② 성실히 직무를 수행하여 근무성적이 탁월하거나 헌신적인 봉사로 특별한 공적을 세운 경우에는 공적상을 시상한다.
③ 교육훈련에 있어서 교육성적이 우수한 경우에는 우등상을 시상한다.

2. 징계제도

1) 청원경찰의 징계

① 관할 경찰서장은 청원경찰이 직무상의 의무를 위반하거나 직무를 태만히 한 때 또는 품위를 손상하는 행위를 한 때에 해당한다고 인정되면 청원주에게 해당 청원경찰에 대하여 징계처분을 하도록 요청할 수 있다.
② 경찰청장은 청원경찰의 징계에 대하여 2014년 1월 1일을 기준으로 3년마다(매 3년이 되는 해의 1월 1일 전까지) 그 타당성을 검토하여 개선 등의 조치를 하여야 한다.
③ 청원주는 청원경찰이 직무상의 의무를 위반하거나 직무를 태만히 한 때, 품위를 손상하는 행위를 한 때에 해당하는 경우 대통령령으로 정하는 징계절차를 거쳐 징계처분을 하여야 한다.

2) 징계의 종류

① 청원경찰에 대한 징계의 종류로는 파면, 해임, 정직, 감봉 및 견

책으로 구분한다.
② 청원경찰의 징계에 관하여 그 밖에 필요한 사항은 대통령령으로 정한다.
③ 관할 경찰서장은 청원주에게 해당 청원경찰에 대하여 징계처분을 하도록 요청할 수 있다

(1) 파면

　　강제로 퇴직시키는 중징계처분의 하나로 파면된 사람은 5년 동안 공무원으로 임용될 수 없으며, 퇴직급여액의 1/2이 삭감(5년 미만 근무자에게는 퇴직급여액의 1/4이 삭감)되는 불이익을 받는다.

(2) 해임

　　강제로 퇴직시키는 중징계처분으로 해임된 사람은 3년 동안 공무원으로 임용될 수 없으나, 파면과는 달리 해임의 경우에는 연금법상의 불이익은 없다.

(3) 정직

　　정직 기간 동안 신분은 보유하나 보수는 감하는 것으로 경력직의 정직기간은 1개월 이상 3개월 이하의 범위 내에서 징계권자가 결정하며, 정직 처분을 받은 사람은 그 기간 중 신분은 보유하나 직무에 종사하지 못하며 보수의 3분의 2를 줄인다.

(4) 감봉

　　징계처분의 일종으로 의무를 위반하였을 때에 징계권자가 징계위원회의 의결을 거쳐 1월 이상 3월 이하의 기간, 보수의 3분의 1을 줄이는 징계처분을 할 수 있다

(5) 견책

　　업무에서 실수를 저지른 사람에 대한 처벌의 하나로 공죄(公罪)에 대한 처벌 중에서 회개하고 훈계하게 함으로써 가장 가벼운 벌에 해당한다.

제13장 상벌제도

3) 징계 규정의 제정 및 변경 절차

　　청원주는 청원경찰 배치 결정의 통지를 받았을 때에는 통지를 받은 날부터 15일 이내에 청원경찰에 대한 징계규정을 제정하여 관할 시·도경찰청장에게 신고하여야 한다. 징계규정을 변경할 때에도 또한 같다. 그리고 시·도경찰청장은 징계규정의 보완이 필요하다고 인정할 때에는 청원주에게 그 보완을 요구할 수 있다.

제 14장 양벌규정

1. 벌칙

   (1) 벌금

   　　청원경찰이 파업, 태업 또는 그 밖에 업무의 정상적인 운영을 방해하는 일체의 쟁의행위를 하여서는 안 된다는 쟁의행위의 금지(법 제9조의4)를 위반하여 파업, 태업 또는 그 밖에 업무의 정상적인 운영을 방해하는 쟁의행위를 한 사람은 1년 이하의 징역 또는 1천만원 이하의 벌금에 처한다.

   (2) 직권남용 금지

   　① 청원경찰이 직무를 수행할 때 직권을 남용하여 국민에게 해를 끼친 경우에는 6개월 이하의 징역이나 금고에 처한다.
   　② 청원경찰 업무에 종사하는 사람은 「형법」이나 그 밖의 법령에 따른 벌칙을 적용할 때에는 공무원으로 본다.

   (3) 불법행위에 대한 배상책임

   　　청원경찰(국가기관이나 지방자치단체에 근무하는 청원경찰은 제외)의 직무상 불법행위에 대한 배상책임에 관하여는 「민법」의 규정을 따른다.

2. 과태료

 1) 부과 및 징수

   　① 청원경찰법과 관련한 과태료는 대통령령으로 정하는 바에 따라

제14장 양벌규정

시·도경찰청장이 부과·징수한다.
② 경찰서장은 과태료 처분을 했을 경우 과태료 부과 징수 사항을 과태료수납부에 기록하고 정리하여야 한다.

2) 부과 기준

(1) 500만원의 과태료(법 제12조)
① 시·도경찰청장의 배치결정을 받지 않고 국가중요시설(국가정보원장이 지정하는 국가보안 목표시설)에 청원경찰을 배치한 경우
② 시·도경찰청장의 승인을 얻지 않고 임용결격 사유에 해당하는 청원경찰을 임용한 경우
③ 정당한 이유없이 경찰청장이 고시한 최저부담기준액 이상의 보수를 지급하지 않은 경우
④ 시·도경찰청의 감독상 필요한 총기·실탄·및 분사기에 관한 명령을 정당한 이유없이 이행하지 않은 경우

(2) 400만원의 과태료
지시·도경찰청장의 배치 결정을 받지 않고 국가 중요시설 외의 시설에 청원경찰을 배치한 경우

(3) 300만원의 과태료
① 결격사유에는 해당하지 않으나 시·도경찰청장의 승인을 받지 않고 청원경찰을 임용한 경우
② 시·도경찰청장의 감독상 필요한 총기·실탄 및 분사기에 관한 명령 외의 명령을 정당한 이유없이 이행하지 않은 경우

3) 가중 및 경감
시·도경찰청장은 위반행위의 동기, 내용 및 위반의 정도 등을 고려하여 과태료 부가 기준 금액의 100분의 50의 범위에서 그 금액을 줄이거나 늘릴 수 있다. 다만, 과태료를 늘리는 경우에는 500만원 상한을 초과할 수 없다.

01. 청원주가 청원경찰이 형의 선고, 징계처분 또는 신체·정신의 이상으로 직무를 감당하지 못하여 면직시켰을 때, 이 사실을 보고해야 하는 대상은?
① 파출소장
② 고용노동부장관
③ 시·도경찰청장
④ 광역지방자치단체장

> 청원주가 청원경찰을 면직시킬 때에는 그 사실을 관할경찰서장을 거쳐 시·도경찰찰청장에게 보고하여야 한다.

02. 다음 청원경찰의 면직에 대한 설명 중 옳지 않은 것은?
① 청원경찰의 신분보장을 위해 의사에 반한 면직은 금지된다.
② 청원경찰은 신체상·정신상의 이상으로 직무를 감당하지 못할 때 의사에 반하더라도 면직될 수 있다.
③ 형의 선고, 징계처분 외에는 절대로 의사에 반하여 면직되지 않는다.
④ 청원경찰을 면직시킨 때에는 그 사실을 관할경찰서장을 거쳐 시·도경찰청장에게 보고하여야 한다.

> 청원경찰은 형의선고, 징계처분 또는 신체상·정신상의 이상으로 직무를 감당하지 못할 때를 제외하고는 그 의사에 반하여 면직되지 않는다.

정답 》 01. ③   02. ③

제1편 적중예상문제

03. 다음 중 청원경찰법에서 청원경찰관의 신분보장을 위해 규정한 사항 중 틀린 것은?

① 의사에 반한 면직금지
② 배치의 폐지에 따른 폐지 사유 명시
③ 특수경비원 배치를 목적으로 한 배치의 폐지 금지
④ 해임명령권 보장

> 해임명령권은 고용주 입장에서 언제든지 청원경찰을 해임할 수 있다는 것으로 청원경찰의 신분보장을 위한 규정이라고 볼 수 없으며 이 규정은 삭제조항이다.

04. 청원경찰의 임용 등에 관한 설명으로 옳지 않은 것은?

① 청원경찰을 임용을 할 때에는 미리 시·도경찰청장의 승인을 받아야 한다.
②「국가공무원법」제33조의 결격사유에 해당하는 사람은 청원경찰로 임용될 수 없다.
③ 노동운동 등 집단 행위의 금지를 위반한 경우 1년 이하의 징역 또는 200만원 이하의 벌금에 처한다.
④ 청원경찰의 복무에 관하여는 「국가공무원법」제57조, 제58조 제1항, 제60조 및 「경찰공무원법」제24조를 준용한다.

> 청원경찰의 복무규정 중 국가공무원법 제66조제1항의 규정 위반은 삭제 조항이다.

05. 청원경찰관이 직무상 불법행위에 대하여 배상책임을 질 때 적용되는 기준은? (단, 국가기관이나 지방자치단체에 근무하는 청원경찰은

03. ④ 04. ③ 05. ① **《 정답**

제외)
① 민법 ② 형법
③ 행정소송법 ④ 근무지역 내규

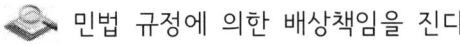 민법 규정에 의한 배상책임을 진다.

06. 다음 중 청원주가 청원경찰법에 의해 과태료에 처해지는 경우가 아닌 것은?
① 시·도경찰청장의 배치결정을 받지 않고 청원경찰을 배치하거나 시·도경찰청장의 승인을 받지 않고 청원경찰을 임용한 사람
② 정당한 이유없이 경찰청장이 고시한 최저 부담액 이상의 보수를 지급하지 않은 사람
③ 시·도경찰청의 감독상 필요한 명령을 정당한 사유없이 이행하지 않은 사람
④ 해임명령을 받은 청원경찰을 정당한 이유없이 해임하지 않은 사람

④는 구법 제12조 제1항으로 삭제된 조항이다.

07. 다음 중 청원주가 청원경찰법에 의해 과태료에 처해지는 기준이 아닌 것은?
① 임용 결격자인 청원경찰을 임용한 경우
② 최저 부담액 이상의 보수를 미지급한 경우
③ 시·도경찰청장의 명령을 불이행한 경우
④ 특수경비원를 채용하지 않은 경우

정답 》 06. ④ 07. ④

특수경비원의 채용 여부는 청원경찰법에서 과태료의 대상이 되지 않으며 특수경비원에 관해서는 경비업법에서 규정하고 있다.

08. 청원경찰이 품위를 손상하는 행위를 한 때의 징계에 대한 다음 설명으로 옳지 않은 것은?

① 정직은 1개월 이상 3개월 이하로 하고, 그 기간에 청원경찰의 신분은 보유할 수 있다.
② 정직의 경우 직무에 종사할 수 있으나 보수의 3분의 2를 줄인다.
③ 견책은 전과에 대하여 훈계하고 회개하게 한다.
④ 감봉은 1개월 이상 3개월 이하로 하고, 그 기간에 보수의 3분의 1을 줄인다.

 ② 정직은 1개월 이상 3개월 이하로 하고, 그 기간에 청원경찰의 신분은 보유하나 직무에 종사하지 못하며, 보수의 3분의 2를 줄인다.

09. 청원경찰의 무기와 탄약 관리에 대한 다음 설명으로 옳은 것은?

① 청원경찰은 무기와 탄약을 대여 받았을 때에는 경찰청장이 정하는 무기·탄약 출납부 및 무기장비 운영카드를 갖춰 두고 기록하여야 한다.
② 청원주는 무기와 탄약의 관리를 위하여 관리책임자를 지정하고 시·도경찰청장에게 그 사실을 통보하여야 한다.
③ 청원주는 대여받은 무기와 탄약에 분실되거나 도난당하거나 빼앗기거나 훼손되었을 때 등의 사고가 발생하였을 때에는 지체 없이 그 사유를 관할 경찰서장에게 통보하여야 한다.

08. ② 09. ③

④ 청원주는 경찰청장이 정하는 바에 따라 매월 무기와 탄약의 관리 실태를 파악하여 다음 달 7일까지 관할 경찰서장에게 통보하여야 한다.

① 무기와 탄약을 대여 받았을 때에는 경찰청장이 정하는 무기·탄약 출납부 및 무기장비 운영카드를 갖춰 두고 기록하여야 하는 자는 청원주이다.
② 청원주는 무기와 탄약의 관리를 위하여 관리책임자를 지정하고 관할 경찰서장에게 그 사실을 통보하여야 한다.
④ 청원주는 경찰청장이 정하는 바에 따라 매월 무기와 탄약의 관리 실태를 파악하여 다음 달 3일까지 관할 경찰서장에게 통보하여야 한다.

10. 다음 중 청원경찰법에서 명시하고 있는 벌칙 및 과태료에 대한 설명으로 옳은 것은?

① 시·도경찰청장의 승인을 받지 않고 임용결격 사유에 해당하는 청원경찰을 임용한 경우에는 200만원의 벌금에 처한다.
② 국가기관이나 지방자치단체에 근무하는 청원경찰의 직무상 불법행위에 대한 배상책임에 관하여는 「민법」의 규정을 따른다.
③ 청원경찰이 직무를 수행할 때 직권을 남용하여 국민에게 해를 끼친 경우에는 3개월 이하의 징역이나 금고에 처한다.
④ 청원경찰 업무에 종사하는 사람은 「형법」이나 그 밖의 법령에 따른 벌칙을 적용할 때에는 공무원으로 본다.

① 시·도경찰청장의 승인을 받지 않고 임용결격 사유에 해당하는 청원경찰을 임용한 경우에는 500만원의 벌금에 처한다.
② 청원경찰(국가기관이나 지방자치단체에 근무하는 청원

정답 》 10. ④

경찰은 제외)의 직무상 불법행위에 대한 배상책임에 관하여는 「민법」의 규정을 따른다.
③ 청원경찰이 직무를 수행할 때 직권을 남용하여 국민에게 해를 끼친 경우 6개월 이하의 징역이나 금고에 처한다.

11. 국가기관 및 지방자치단체에 근무하는 청원경찰을 제외한 청원경찰 경비의 최저부담기준액은 어떤 기준에 준하여 지급하는가?

① 경찰관 중 순경에 준한다.   ② 경찰관 중 경장에 준한다.
③ 경찰관 중 경사에 준한다.   ④ 경찰관 중 경위에 준한다.

> 청원주의 봉급·수당의 최저부담기준액(국가기관 또는 지방자치단체에 근무하는 청원경찰의 봉급·수당은 제외) 및 부담기준액은 경찰공무원 중 순경의 것을 고려하여 다음 연도분을 매년 12월에 고시하여야 한다. 다만, 부득이한 사유가 있을 때에는 수시로 고시할 수 있다.

12. 청원경찰의 경력 산정에 포함될 수 있는 내용을 나열한 것이다. 가장 관련이 적은 것은?

① 청원경찰로 근무한 경력
② 군 또는 의무경찰에 복무한 경력
③ 국가기관 또는 지방자치단체에서 근무하는 청원경찰에 대하여는 국가기관 또는 지방자치단체에서 상근으로 근무한 경력
④ 수위·경비원·감시원 그 밖의 청원경찰과 유사한 직무에 종사하던 사람이 다른 사업장의 청원경찰로 임용된 경우 그 직무에 종사한 경력

11. ①   12. ④   《정답

제1편 청원경찰법

 ④ 수위·경비원·감시원 그 밖에 청원경찰과 유사 직무에 종사하던 사람이 해당 사업장의 청원주에 의하여 청원경찰로 임용된 경우에 한하여 경력을 인정받는다.

13. 청원경찰의 복무와 관련하여 「국가공무원법」에 준용하지 않는 것은?

① 공무원은 직무를 수행할 때 소속 상관의 직무상 명령에 복종하여야 한다.
② 직무에 관하여 허위 보고나 통보를 하여서는 안 되며 직무를 게을리 하거나 유기하여서는 안 된다.
③ 공무원은 소속 상관의 허가 또는 정당한 사유가 없으면 직장을 이탈하지 못한다.
④ 재직 중은 물론 퇴직 후에도 직무상 알게 된 비밀을 엄수하여야 한다.

 청원경찰의 복무에 관하여는 국가공무원법 제57조, 제58조제1항, 제60조 및 경찰공무원법 제24조를 준용한다.

① 국가공무원법 제57조
② 경찰공무원법 제24조
③ 국가공무원법 제58조제1항
④ 국가공무원법 제60조

14. 청원경찰의 퇴직금과 보상금에 대한 설명으로 옳지 않은 것은?

① 청원주는 보상금의 지급을 이행하기 위하여 「산업재해보상보험법」에 따른 산업재해보상보험에 가입하여야 한다.

정답 》 13. ② 14. ④

② 국가기관이나 지방자치단체에 근무하는 청원경찰의 퇴직금에 관하여는 대통령령으로 정한다.
③ 청원주는 보상금의 지급을 이행하기 위하여「근로기준법」에 따라 보상금을 지급하기 위한 재원을 따로 마련하여야 한다.
④ 청원주는 청원경찰이 퇴직할 때에는「근로기준법」에 따른 퇴직금을 지급하여야 한다.

④ 청원주는 청원경찰이 퇴직할 때에는「근로자퇴직급여 보장법」에 따른 퇴직금을 지급하여야 한다.

15. 국가기관 또는 지방자치단체에 근무하는 청원경찰을 제외한 청원경찰의 보수·호봉간의 승급기간·승급액 산정에 가장 우선 적용되는 것은?
① 경찰관 순경의 승급에 관한 규정
② 당해 사업장의 취업규칙
③ 당해 사업장의 유사직종 근로자와 동일하게 적용
④ 국가기관·지방자치단체 청원경찰에 준해 적용

청원경찰 보수에 대한 호봉간의 승급기간 및 승급액에 관하여는 청원경찰이 배치된 사업장의 취업규칙에 의하되, 이에 관한 취업규칙이 없을 때는 경찰관인 순경의 승급에 관한 규정을 준용한다.

16. 청원경찰에 대한 ㉮ 무기 휴대 및 ㉯ 분사기 휴대의 근거규정 중 가장 타당한 것은?

　　　　　　㉮　　　　　　　　　㉯
① 청원경찰법 제12조　　　청원경찰법 시행령 제10조

② 청원경찰법 시행령 제9조   청원경찰법 제8조
③ 청원경찰법 제8조제2항   청원경찰법 시행령 제15조
④ 청원경찰법 제8조   청원경찰법 시행규칙 제7조

 시·도경찰청장은 청원경찰이 직무수행을 위하여 필요하다고 인정할 때에는 청원주의 신청에 의하여 관할경찰서장으로 하여금 무기를 대여하여 휴대하게 할 수 있다(청원경찰법 제8조제2항). 청원주는 총포·도검·화약류단속법에 의한 분사기의 소지허가를 받아 청원경찰로 하여금 그 분사기를 휴대하여 직무를 수행하게 할 수 있다(동법 시행령 제15조).

17. 청원경찰이 배치지의 특수성 등으로 특수복장 착용 시 승인권자는 누구인가?
① 행정안전부장관   ② 경찰청장
③ 시·도경찰청장   ④ 경찰서장

특수복장을 착용할 필요가 있을 때에는 청원주는 시·도경찰청장의 승인을 얻어 특수복장을 착용하게 할 수 있다.

18. 청원경찰법 상 청원주와 관할경찰서장, 시·도경찰청장이 갖추어야 할 문서와 장부에 대하여 잘못 설명하고 있는 것은?
① 청원주는 청원경찰 명부, 근무일지, 근무 상황카드, 경비구역 배치도 등을 작성하여 비치하여야 한다.
② 문서와 장부를 갖춰 두어야 하며 문서와 장부의 서식은 경찰관서에서 사용하는 서식을 준용한다.
③ 시·도경찰청장이 갖추어야 할 문서와 장부는 배치 결정 관계철,

정답 》 17. ③ 18. ④

청원경찰 임용승인 관계철, 전출입 관계철, 그 밖에 청원경찰의 운영에 필요한 문서와 장부이다.
④ 청원주, 관할경찰서장, 시·도경찰청장이 공통적으로 갖추어야 할 문서와 장부는 청원경찰 명부이다.

④ 청원경찰 명부는 청원주와 관할경찰서장이 갖추어야 할 문서에 해당하며 시·도경찰청장은 해당 없다.

19. 청원경찰을 신규로 배치하거나 이동 배치한 경우에 대한 설명으로 옳은 것은?
① 청원주는 청원경찰을 신규로 배치한 때에는 배치지를 관할하는 경찰서장에게 그 사실을 통보하여야 한다.
② 배치 통보를 받은 경찰서장은 이동배치지가 다른 관할구역에 속할 때에는 전출지를 관할하는 시·도경찰서장에게 이동 배치한 사실을 통보하여야 한다.
③ 이동배치를 하였을 때에는 이동배치의 경우에도 배치지를 관할하는 경찰서장에게 그 사실을 통보하여야 한다.
④ 청원주는 청원경찰을 신규로 배치한 때에는 종전의 배치지와 배치할 지역을 관할하는 시·도경찰서장에게 그 사실을 통보하여야 한다.

② 배치 통보를 받은 경찰서장은 이동배치지가 다른 관할구역에 속할 때에는 전입지를 관할하는 경찰서장에게 이동 배치한 사실을 통보하여야 한다.
③ 이동배치를 하였을 때에는 이동배치의 경우에는 종전의 배치지를 관할하는 경찰서장에게 그 사실을 통보하여야 한다.
④ 청원주는 청원경찰을 신규로 배치한 때에는 배치지를 관할하는 경찰서장에게 그 사실을 통보하여야 한다.

19. ① 《 정답

제1편 청원경찰법

20. 다음은 과태료 부과에 대한 설명이다. 틀린 것은?
① 정당한 이유없이 경찰청장이 고시한 최저부담액 이상의 보수를 지급하지 않은 경우 500만원의 과태료를 부과한다.
② 시·도경찰청장의 배치결정을 받지 않고 국가 중요시설 외의 시설에 청원경찰을 배치한 경우 400만원의 과태료를 부과한다.
③ 시·도경찰청장의 승인을 얻지 않고 임용결격사유에 해당하는 청원경찰을 임용한 경우 500만원의 과태료를 부과한다.
④ 시·도경찰청의 감독상 필요한 총기·실탄 및 분사기에 관한 명령 외의 명령을 정당한 이유없이 이행하지 않은 경우 500만원의 과태료를 부과한다.

④의 경우는 300만원의 과태료가 부과된다.

21. 청원주가 청원경찰을 신규로 배치 또는 이동배치 한 경우에 통보하여야 하는 곳은?
① 경찰청장에게 통보한다.
② 관할 시·도경찰청에게 통보한다.
③ 관할 경찰서장에게 통보한다.
④ 관할 파출소장에게 통보한다.

청원주는 청원경찰을 신규로 배치하거나 이동배치한 때에는 배치지(이동배치의 경우에는 종전의 배치지) 관할경찰서장에게 이를 통보하여야 한다.

정답 》 20. ④ 21. ③

22. 청원경찰이 직무를 수행함에 있어서 직권을 남용하여 국민에게 해를 끼친 경우의 처벌로 맞는 것은?

① 3년 이하의 징역이나 금고에 처한다.
② 2년 이하의 징역이나 금고에 처한다.
③ 1년 이하의 징역이나 금고에 처한다.
④ 6개월 이하의 징역이나 금고에 처한다.

> 청원경찰이 직무를 수행함에 있어서 직권을 남용하여 국민에게 해를 끼친 경우에는 6개월 이하의 징역이나 금고에 처한다.

23. 청원경찰 업무에 종사하는 사람으로서 공무원으로 보는 경우에 해당하는 것은?

① 봉급 및 제수당 지급
② 직무수행으로 인해 부상 시 보상금 지급
③ 제복 착용 및 무기휴대
④ 형법이나 그 밖의 법령에 따른 벌칙의 적용

> 청원경찰에 대하여는 형법이나 그 밖의 법령에 따른 벌칙을 적용할 때는 공무원으로 본다.

24. 청원경찰의 직무상 불법행위에 대한 배상책임(국가기관, 지방자치단체 근무 제외)에 관해 적용법 중 가장 타당한 것은?

① 국가공무원법
② 경찰공무원법
③ 민법
④ 국가배상법

22. ④   23. ④   24. ③

제1편 청원경찰법

 청원경찰(국가기관 또는 지방자치단체에 근무하는 청원경찰을 제외)의 직무상 불법행위에 대한 배상책임에 관하여는 민법의 규정에 의한다.

25. 청원주가 정당한 이유없이 경찰청장이 고시한 최저부담기준액 이상의 보수를 청원경찰에게 지급하지 않았을 경우의 처벌은?

① 500만원의 과태료　　② 300만원의 과태료
③ 200만원의 과태료　　④ 100만원의 과태료

 정당한 사유 없이 경찰청장이 고시한 최저부담기준액 이상의 보수를 지급하지 않으면 500만원의 과태료를 부과한다.

26. 다음 내용의 (　　) 안에 들어갈 내용으로 옳은 것은?

청원경찰은 경비구역만의 경비를 목적으로 필요한 범위에서 경찰관직무집행법에 의한 (　　)의 직무를 수행한다.

① 일반경찰관청　　② 특별경찰관청
③ 일반경찰집행기관　　④ 경찰관

 청원경찰은 제4조제2항에 따라 청원경찰의 배치 결정을 받은 사람(청원주)과 배치된 기관·시설 또는 사업장 등의 구역을 관할하는 경찰서장의 감독을 받아 그 경비구역만의 경비를 목적으로 필요한 범위에서 「경찰관직무집행법」에 따른 경찰관의 직무를 수행한다.

정답 》 25. ①　26. ④

27. 청원경찰의 직무범위와 관련하여 가장 관련이 있는 것은?

① 경비 및 대 간첩작전을 수행한다.
② 범죄의 예방과 진압을 담당한다.
③ 교통의 단속과 위해방지에 힘쓴다.
④ 배치구역 내에서 경비활동을 한다.

> 청원경찰은 배치된 기관·시설 또는 사업장의 구역을 관할하는 경찰서장의 감독을 받아 그 경비 구역 안에 한하여 경비 목적을 위하여 필요한 범위 안에서 직무를 수행한다.
> ①, ②, ③은 경찰의 직무에 해당한다.

28. 청원경찰이 직무를 수행함에 있어 주어지는 권한과 가장 관련이 적은 것은?

① 불심검문   ② 교통사고조사
③ 무기의 사용   ④ 보호조치

> 청원경찰의 직무수행을 위한 권한으로는 ①, ③, ④ 외에 위험발생의 방지조치, 범죄의 예방과 제지, 장구의 사용 등이 있다.

29. 2인 이상의 청원경찰을 배치하는 사업장의 청원주가 청원경찰의 지휘·감독을 위해 두는 감독자와 관련이 적은 것은?

① 소장   ② 조장
③ 반장   ④ 대장

27. ④   28. ②   29. ①

청원경찰에 대한 감독자는 조장, 반장, 대장이 있다.

30. 청원경찰의 배치 인원이 60명일 경우 감독자 지정으로 가장 타당한 것은?

① 대장 1명, 반장 2명, 조장 6명
② 대장 2명, 반장 4명, 조장 10명
③ 대장 1명, 반장 4명, 조장 12명
④ 대장 2명, 반장 6명, 조장 12명

근무인원	계급별 지정기준		
	대장	반장	조장
9명까지			1명
10명 이상~29명까지		1명	2~3명
30명 이상~40명까지		1명	3~4명
40명 이상 60명까지	1명	2명	6명
61명 이상~120명까지	1명	4명	12명

31. 다음 중 청원경찰의 임용 결격사유를 나열한 것이다. 가장 관련이 적은 것은?

① 징계에 의해 해임처분을 받은 때로부터 5년을 지나지 않은 사람
② 피성년후견인
③ 금고 이상의 형을 받고 그 집행유예의 기간이 끝난 날로부터 2년이 지나지 않은 사람
④ 파산자로서 복권되지 않은 사람

청원경찰 임용결격 사유 : ②, ③, ④ 외
㉠ 금고 이상의 형을 받고 그 집행이 끝나거나 집행을 받지 아니하기로 확정된 후 5년을 지나지 않은 사람
㉡ 금고 이상의 형의 선고유예를 받은 경우 그 선고유예기간 중에 있는 사람
㉢ 법원의 판결 또는 다른 법률에 의하여 자격이 상실 또는 정지된 사람
㉣ 징계에 의하여 파면처분을 받은 때로부터 5년을 지나지 않은 사람
㉤ 징계에 의하여 해임의 처분을 받은 때로부터 3년이 지나지 않은 사람

32. 청원경찰 임용승인절차에 관한 설명이다. (   ) 안에 들어갈 내용으로 옳은 것은?

청원주는 배치결정 통지를 받은 날로부터 (   ) 이내에 배치결정된 인원수의 임용예정자에 대해 임용승인신청서를 (   )에게 제출해야 한다.

① 30일, 경찰서장 ② 20일, 시·도경찰청장
③ 20일, 경찰서장 ④ 30일, 시·도경찰청장

 법 제4조의 규정에 의하여 청원경찰의 배치결정을 받은 사람(청원주)은 그 배치결정통지를 받은 날부터 (30일) 이내에 배치결정된 인원수의 임용예정자에 대하여 청원경찰임용승인을 (시·도경찰청장)에게 신청하여야 한다.

33. 다음 중 청원경찰이 당연 퇴직 되는 연령에 해당하는 것은?
① 65세 ② 60세

32. ④ 33. ②

③ 59세   ④ 55세

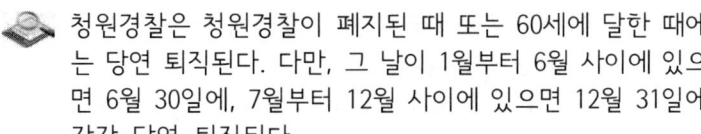
청원경찰은 청원경찰이 폐지된 때 또는 60세에 달한 때에는 당연 퇴직된다. 다만, 그 날이 1월부터 6월 사이에 있으면 6월 30일에, 7월부터 12월 사이에 있으면 12월 31일에 각각 당연 퇴직된다.

34. 청원경찰 임용사항 보고절차에 관한 설명이다. (   ) 안에 알맞은 것은?

> 청원주가 청원경찰을 임용할 때에는 (   ) 이내에 그 임용사항을 사업장의 소재지를 관할하는 (   )을(를) 거쳐 (   )에게 보고하여야 한다.

① 30일, 시·도지사, 행정안전부장관
② 20일, 시·도경찰청장, 경찰청장
③ 10일, 경찰서장, 시·도경찰청장
④ 7일, 파출소장, 경찰서장

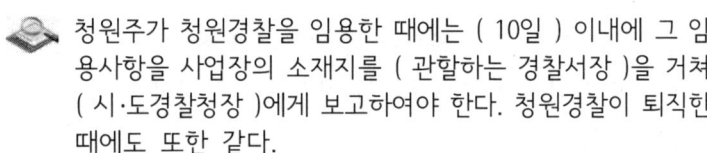
청원주가 청원경찰을 임용한 때에는 (10일) 이내에 그 임용사항을 사업장의 소재지를 (관할하는 경찰서장)을 거쳐 (시·도경찰청장)에게 보고하여야 한다. 청원경찰이 퇴직한 때에도 또한 같다.

35. 청원경찰의 교육에 대한 설명으로 옳지 않은 것은?

① 경찰공무원 또는 청원경찰에서 퇴직한 사람이 퇴직한 날부터 3년 이내에 청원경찰로 임용되었을 때에는 직무 수행에 필요한 교육을 면제할 수 있다.

② 청원경찰은 정신교육 8시간 학술 교육 15시간 실무교육 44시간 술과 6시간 입교, 수료 및 평가 3시간으로 총 76시간이다.
③ 청원주는 소속 청원경찰에게 그 직무집행에 필요한 직무교육을 매월 6시간 이상 하여야 한다.
④ 청원주는 청원경찰로 임용된 사람으로 하여금 경비구역에 배치하기 전에 경찰교육기관에서 직무 수행에 필요한 교육을 받게 하여야 한다. 다만, 경찰교육기관의 교육계획상 부득이하다고 인정할 때에는 우선 배치하고 임용 후 1년 이내에 교육을 받게 할 수 있다.

> ③ 청원주는 소속 청원경찰에게 그 직무집행에 필요한 교육을 매월 4시간 이상 하여야 한다.

36. 청원경찰의 복무와 관련하여 국가공무원법에 준용하는 사항에 대한 설명으로 옳은 것은?

① 공무원은 노동운동이나 그 밖에 공무 외의 일을 위한 집단 행위를 하여서는 안 된다. 다만, 사실상 노무에 종사하는 공무원은 예외로 한다.
② 종교에 따른 차별 없이 직무를 수행하여야 한다.
③ 공무원은 국민 전체의 봉사자로서 친절하고 공정하게 직무를 수행하여야 한다.
④ 직무와 관련하여 직접적이든 간접적이든 사례·증여 또는 향응을 주거나 받을 수 없다.

> 청원경찰의 복무에 관하여는 「국가공무원법」제57조, 제58조제1항, 제60조 및 「경찰공무원법」제24조를 준용한다.
> 국가공무원법 관련 사항
> ㉠ 직무를 수행할 때 소속 상관의 직무상 명령에 복종하여

36. ①

야 한다(국가공무원법 제57조).
ⓒ 공무원은 소속 상관의 허가 또는 정당한 사유가 없으면 직장을 이탈하지 못한다(동법 제58조제1항).
ⓒ 재직 중은 물론 퇴직 후에도 직무상 알게 된 비밀을 엄수하여야 한다(동법 제60조).

37. 청원경찰의 신분증명서 발급권자는 다음 중 누구인가?
① 경찰청장 ② 시·도경찰청장
③ 경찰서장 ④ 청원주

청원경찰의 신분증명서는 청원주가 발행하며 청원경찰은 근무 중에는 항시 신분증명서를 휴대하여야 한다.

38. 다음은 청원경찰과 경찰관의 복제에 대한 설명이다. 틀린 것은?
① 청원경찰 복제의 색상과 재질은 청원주가 결정한다.
② 청원경찰 제복의 색상은 각 사업장별로 동일하지 않아도 된다.
③ 청원경찰 제복의 형태·규격 및 재질은 경찰공무원 또는 군인 제복의 색상과 명확하게 구분되어야 한다.
④ 청원경찰 장구의 형태·규격 및 재질은 경찰장구와 같다.

청원경찰 제복의 색상은 각 사업장 별로 통일해야 한다.

39. 청원경찰에 대한 징계권자와 징계요구권자가 올바르게 연결된 것은?

① 시·도경찰청장 – 청원주
② 청원주 – 파출소장
③ 관할경찰서장 – 시·도경찰청장
④ 청원주 – 관할경찰서장

> 청원경찰에 대한 관할 경찰서장으로부터 징계요청을 받은 청원주는 그 해당자에 대하여 징계처분을 하여야 한다.

40. 청원주가 무기 및 탄약을 지급하여도 되는 청원경찰은?

① 직무상 비위로 징계대상이 된 사람
② 민사사건으로 인하여 피고가 된 사람
③ 사직 의사를 밝힌 사람
④ 평소에 불평이 심하고 염세 비관하는 사람

> 민사사건으로 원고·피고가 된 청원경찰에게 무기를 지급하여도 되며 형사사건으로 조사대상이 된 사람에게 무기를 지급하여서는 안 된다.

41. 청원경찰이 품위를 손상시키는 행위를 한 때에 대한 징계로 감봉 처분에 해당하는 것은?

① 1개월 이상 6개월 이하 기간 봉급의 1/3을 줄이는 것이다.
② 1개월 이상 3개월 이하 그 기간에 보수의 1/3을 줄이는 것이다.
③ 1개월 이상 6개월 이하 봉급의 2/3를 줄이는 것이다.

39. ④ 40. ② 41. ②

④ 1개월 이상 3개월 이하 봉급의 2/3를 줄이는 것이다.

> 품위를 손상시킨 청원경찰에 대한 감봉은 1개월 이상 3개월 이하로 그 기간에 보수의 1/3을 줄인다.

42. 청원경찰법상 청원경찰에 대한 징계규정 제정권자는 누구인가?
① 경찰청장　　　　② 시·도경찰청장
③ 경찰서장　　　　④ 청원주

> 청원경찰에 대한 징계규정은 청원주가 제정한다.

43. 다음 ( ) 안에 들어갈 내용이 모두 옳은 것은?

| 청원주가 청원경찰의 배치 통지를 받은 때에는 그 날로부터 ( ) 이내에 청원경찰에 대한 징계규정을 제정하여 ( )에게 신고해야 한다. |

① 30일, 경찰서장　　　　② 15일, 관할 시·도경찰청장
③ 10일, 경찰서장　　　　④ 7일, 파출소장

> 청원주는 청원경찰의 배치결정통지를 받은 때에는 그 날로부터 (15일) 이내에 청원경찰에 대한 징계규정을 제정하여 (관할 시·도경찰청장)에게 신고하여야 한다.

44. 다음 중 청원경찰의 당연 퇴직 사유가 아닌 것은?
① 59세에 달한 때

정답 》 42. ④　43. ②　44. ①

② 청원경찰의 배치가 폐지된 때
③ 피성년후견인인 경우
④ 금고 이상의 형의 선고유예를 받은 경우에 그 선고 유예기간 중에 있는 사람

① 청원경찰의 나이가 60세에 달한 때 당연 퇴직 사유가 된다.
② 당연 퇴직 사유
③, ④ 임용결격 사유로 당연 퇴직 사유에 해당한다.

45. 국가기관 또는 지방자치단체 외에 근무하는 청원경찰에 대한 퇴직금의 적용 법규는?
① 근로기준법
② 공무원연금법
③ 국가배상법
④ 근로자퇴직급여보장법

청원주는 청원경찰이 퇴직한 때에는 근로자퇴직급여보장법에 따른 퇴직금을 지급하여야 한다. 다만 국가기관, 지방자치 단체 근무하는 청원경찰은 따로 공무원연금법에 의한다.

46. 청원경찰의 임용 신청과 관련한 다음 설명으로 옳지 않은 것은?
① 첨부 서류로는 이력서 1부, 민간인 증명 진술서 사본 1부, 주민등록증 사본 1부, 가족관계기록사항에 관한 증명서이다.
② 임용 신청서는 관할 경찰서의 경비과에 제출하여야 한다.
③ 청원경찰의 배치 결정을 받은 청원주가 시·도경찰청장에게 청원경찰 임용승인을 신청할 때에는 청원경찰 임용승인신청서에 그 해당자에 관한 서류를 갖추어야 한다.
④ 청원경찰의 배치 결정을 받은 청원주는 그 배치 결정의 통지를

받은 날부터 30일 이내에 배치 결정된 인원수의 임용예정자에 대하여 청원경찰 임용승인을 시·도경찰청장에게 신청하여야 한다.

 첨부 서류로는 이력서 1부, 민간인 신원 진술서(「보안업무규정」 제36조에 따른 신원조사가 필요한 경우만 해당) 1부, 주민등록증 사본 1부, 최근 3개월 이내에 발행한 채용신체검사서, 또는 취업용 건강진단서 1부, 가족관계등록부 중 기본증명서 1부이며 가족관계기록사항에 관한 증명서는 담당공무원이 전자정부법에 의한 확인에 동의하지 않는 경우에 제출 서류에 해당한다.

47. 청원경찰의 징계와 관련한 다음 설명으로 옳지 않은 것은?

① 품위를 손상하는 행위를 한 때의 정직은 1개월 이상 3개월 이하로 하고, 보수의 3분의 2를 줄인다.
② 청원경찰에 대한 징계의 종류는 파면, 해임, 정직, 감봉 및 견책으로 구분한다.
③ 청원주는 청원경찰 배치 결정의 통지를 받았을 때에는 통지를 받은 날부터 15일 이내에 청원경찰에 대한 징계규정을 제정하여 관할 시·도경찰청장에게 신고하여야 한다
④ 시·도경찰청장은 청원경찰이 직무상의 의무를 위반하거나 직무를 태만히 한 때, 품위를 손상하는 행위를 한 때에 해당한다고 인정되면 청원주에게 해당 청원경찰에 대하여 징계처분을 하도록 요청할 수 있다.

 ④ 관할 경찰서장은 청원경찰이 직무상의 의무를 위반하거나 직무를 태만히 한 때, 품위를 손상하는 행위를 한 때에 해당한다고 인정되면 청원주에게 해당 청원경찰에 대하여 징계처분을 하도록 요청할 수 있다.

정답 》 47. ④

48. 국가기관 또는 지방자치단체에 근무하는 청원경찰 외의 청원경찰의 보수에 대한 다음 설명으로 옳은 것은?

① 청원경찰의 봉급과 각종 수당은 경찰청장이 고시한 최저부담기준액 이상으로 지급하여야 한다.
② 청원경찰 보수의 호봉 간 승급기간은 경찰공무원의 승급기간에 관한 규정을 준용한다.
③ 청원경찰의 각종 수당은 「공무원수당 등에 관한 규정」에 따른다.
④ 수당 중 가계보전수당, 실비변상 등으로 하며, 그 세부 항목은 경찰청장이 정하여 고시한다.

 ②, ③, ④의 경우에는 국가기관 또는 지방자치단체에 근무하는 청원경찰에 한해서이다.

49. 청원경찰의 무기관리 수칙에 대한 설명으로 옳지 않은 것은?

① 무기와 탄약을 출납하였을 때에는 무기·탄약 출납부에 그 출납사항을 기록하여야 한다.
② 무기고와 탄약고에는 이중 잠금장치를 하고, 열쇠는 관리책임자가 보관하되, 근무시간 이후에는 숙직책임자에게 인계하여 보관시켜야 한다.
③ 청원주는 대여받은 무기와 탄약을 도난당하거나 빼앗기거나 훼손되는 등의 사고가 발생하였을 때에는 지체 없이 그 사유를 시·도경찰청장에게 통보하여야 한다.
④ 청원주는 무기와 탄약이 분실되거나 도난당하거나 빼앗기거나 훼손되었을 때에는 경찰청장이 정하는 바에 따라 특별한 이유가 없는 한 그 전액을 배상하여야 한다.

 ③ 청원주는 대여받은 무기와 탄약이 분실 되거나 도난당

48. ① 49. ③ 《정답

하거나 빼앗기거나 훼손되는 등의 사고가 발생하였을 때에는 지체 없이 그 사유를 관할 경찰서장에게 통보하여야 한다.

50. 청원주가 매월 무기 및 탄약의 관리 실태를 파악하여 보고해야 하는 기간으로 옳은 것은?

① 매월 말일까지 파악하여 보고 하여야 한다.
② 익월 3일까지 파악하여 보고 하여야 한다.
③ 익월 5일까지 파악하여 보고 하여야 한다.
④ 매월 10일까지 파악하여 보고 하여야 한다.

 청원주는 경찰청장이 정하는 바에 의하여 매월 무기 및 탄약의 관리 실태를 파악하여 다음달 3일까지 관할 경찰서장에게 통보하여야 한다.

51. 청원경찰에 대한 무기·탄약 대여 제외 대상자로 가장 타당하지 않은 사람은 누구인가?

① 청원경찰 본인이 적극적으로 휴대를 거부하는 사람
② 사직 의사를 밝힌 사람
③ 주벽이 심한 사람
④ 직무상 비위로 징계대상이 된 사람

 청원경찰 무기·탄약대여 제외 대상자 : ②, ③, ④ 외에 형사사건으로 인하여 조사대상이 된 사람, 평소 불평이 심하고 염세적인 사람, 변태적 성벽이 있는 사람이다.

정답》 50. ② 51. ①

제1편 적중예상문제

52. 청원경찰이 무기 휴대 시 대여 탄약의 기본 휴대수량으로 가장 타당한 것은?

① 소총 1정당 10발 이내, 권총 1정당 5발 이내
② 소총 1정당 15발 이내, 권총 1정당 7발 이내
③ 소총 1정당 20발 이내, 권총 1정당 10발 이내
④ 소총 1정당 25발 이내, 권총 1정당 15발 이내

> 청원경찰에 대한 탄약 출납은 소총 1정당 15발 이내, 권총 1정당 7발 이내로 한다.

53. 평상시 청원경찰의 무기에 대한 손질 횟수로 옳은 것은 어느 것인가?

① 월 1회 이상
② 월 2회 이상
③ 주 2회 이상
④ 주 1회 이상

> 무기의 손질은 매주 1회 이상 행하게 해야 한다.

54. 청원경찰 관할경찰서장은 청원경찰 배치구역에 임하여 감독하여야 하는 횟수로 옳은 것은?

① 월 2회 이상
② 월 1회 이상
③ 주 2회 이상
④ 주 1회 이상

> 관할경찰서장은 매월 1회 이상 청원경찰 배치한 배치구역의 복무규율, 근무사항, 무기관리 및 취급사항을 감독한다.

52. ② 53. ④ 54. ② 《 정답

55. 청원경찰이 배치되기 전에 경찰교육기관에서 직무수행에 필요한 교육을 받는 경우 기본교육 기간은?

① 8주간　　② 4주간
③ 2주간　　④ 1주간

> 청원경찰배치 전에 경찰교육기관에서 직무수행에 필요한 2주간 기본교육을 실시한다.

56. 현행법상 청원경찰의 의사에 반한 면직사유에 해당되지 않는 것은?

① 징계처분
② 형의 선고
③ 신체·정신상의 이상으로 직무를 감당하지 못한 때
④ 형사상 조사를 받고 있을 때

> 단순히 형사상 조사를 받고 있다고 해서 의사에 반한 면직사유가 되지 못한다.

57. 청원경찰에 대한 청원주의 직무교육 시간으로 옳은 것은?

① 매월 8시간 이상　　② 매월 4시간 이상
③ 매월 2시간 이상　　④ 매월 1시간 이상

> 청원주는 소속 청원경찰에 대하여 그 직무집행에 관하여 필요한 직무교육을 매월 4시간이상 실시하여야 한다.

정답》 55. ③　56. ④　57. ②

58.
청원경찰과 관련하여 시·도경찰청장이 비치해야 할 문서와 장부로 가장 타당하지 않은 것은?

① 배치 결정 관계철
② 전출입 관계철
③ 청원경찰 임용승인 관계철
④ 무기·탄약 대여대장

> 청원경찰 관련 시·도경찰청의 갖추어야할 문서와 장부로는 ①, ②, ③ 외에 기타 청원경찰 운영상 필요한 부책이 있다. ④는 관할경찰서장의 비치부책이다.

59.
청원경찰과 관련하여 관할경찰서장이 비치해야 할 문서와 장부로 가장 타당하지 않은 것은?

① 감독 순시부
② 징계요구서철
③ 청원경찰 명부
④ 무기·탄약출납부

> 무기탄약출납부는 청원주가 갖추어야할 장부이며 관할경찰서장은 무기·탄약 대여대장을 갖추어야 한다.

60.
청원경찰과 관련하여 청원주가 갖추어야 할 문서와 장부와 관련이 없는 것은?

① 징계요구서철
② 무기장비 운영카드
③ 신분증명서 발급대장
④ 경비구역 배치도

> 청원경찰 관련 청원주의 비치부책으로 설문 ②, ③, ④ 외에 청원경찰 명부, 근무일지, 근무 상황카드, 순찰표철, 무기·탄약출납부, 봉급지급 조서철, 징계 관계철, 교육 훈련 실시부, 청원경찰 직무교육계획서, 급여품 및 대여품대장, 기타 청원경찰의 운영상에 필요한 문서와 장부이다.

58. ④ 59. ④ 60. ① 《 정답

61. 청원경찰을 배치하기 전 부득이한 사유로 기본교육을 실시하지 못한 경우로 옳은 것은?

① 우선 배치하고 임용 후 3년 이내 기본교육을 실시한다.
② 우선 배치하고 임용 후 2년 이내 기본교육을 실시한다.
③ 우선 배치하고 임용 후 1년 이내 기본교육을 실시한다.
④ 우선 배치하고 임용 후 6월 이내 기본교육을 실시한다.

 청원주는 청원경찰을 경비구역에 배치하기 전에 경찰교육기관에서 직무수행 상 필요한 교육을 받게 하여야 한다. 다만, 경찰교육기관의 교육계획상 부득이한 때에는 우선 배치하고 임용 후 1년 이내에 교육을 받게 할 수 있다.

62. 다음 내용의 (　　) 안에 들어갈 알맞은 것은?

청원경찰에서 퇴직한 사람이 퇴직한 날로부터 (　　)년 이내 청원경찰로 재임용 시 기본교육을 면제한다.

① 4년　　　　　　② 3년
③ 2년　　　　　　④ 1년

청원경찰에 대한 기본교육 면제자로는 경찰관(의무경찰 포함) 또는 청원경찰에서 퇴직한 사람이 퇴직한 날로부터 3년 이내에 청원경찰로 임용된 사람이다.

63. 청원경찰경비의 지급방법 및 납부방법 등에 대한 다음 설명 중 옳지 않은 것은?

① 청원경찰에게 지급할 봉급과 각종 수당은 사업장의 직원에 대한

정답 » 61. ③　62. ②　63. ③

보수 지급일에 청원경찰에게 직접 지급한다.
② 피복은 청원주가 청원경찰의 신규 배치 시에 청원경찰에게 현품으로 지급한다.
③ 청원주가 부담해야할 교육비는 청원주가 해당 청원경찰의 입교 30일 전에 해당 경찰교육기관에 낸다.
④ 피복은 청원주가 제작하거나 구입하여 정기지급일에 지급한다.

③ 청원경찰의 교육비는 청원주가 해당 청원경찰의 입교 3일 전에 해당 경찰교육기관에 낸다.

64. 다음 중 청원주가 부담하여야 할 청원경찰 경비와 관련이 가장 적은 것은 어느 것인가?
① 청원경찰의 봉급 및 각종 수당
② 청원경찰의 교육비
③ 청원경찰의 휴가비
④ 청원경찰의 피복비

청원경찰 경비로는 ①, ②, ④ 외에 직무행위에 따른 보상금 및 퇴직금이 있다.

65. 다음 중 청원경찰용 무기·탄약·관리수칙과 관련이 가장 적은 것은 어느 것인가?
① 무기와 탄약은 관리의 편의를 위해 혼합보관함이 바람직하다.
② 청원주는 무기탄약의 관리책임자를 지정해야 한다.
③ 청원주는 매월 무기 및 탄약의 관리실태를 파악 다음달 3일까지 관할경찰서장에게 통보한다.

64. ③　65. ①　《 정답

④ 특별한 사유가 없는 한 무기·탄약의 분실·도난 등 사고발생시 그 전액을 배상한다.

🔹 무기와 탄약은 분리하여 휴대하여야 한다.

66. 청원주로부터 무기 및 탄약을 지급받은 청원경찰의 준수사항으로 가장 관련이 적은 것은?
① 무기를 지급받거나 반납할 때 또는 인수인계시에는 반드시 "앞에 총" 자세에서 "검사 총"을 하여야 한다.
② 근무시간 이후에는 무기 및 탄약을 청원주에게 반납해야 하며 교대근무자에게는 인계해서는 안 된다.
③ 무기를 손질 또는 조작할 때에는 반드시 총구를 공중으로 향하게 한다.
④ 무기 및 탄약을 지급 받았을 시 별도 지시가 없는 한 무기와 탄약을 분리하여 휴대하여야 한다.

🔹 ② 근무시간 이후에는 무기 및 탄약을 청원주에게 반납하거나 교대근무자에게 인계하여야 한다.

67. 다음은 청원경찰의 근무방법을 나열한 것이다. 옳지 않은 것은?
① 소내근무자는 소내에서 업무처리 및 자체경비를 하는 사람으로, 근무 중 특이사항 발생 시 청원주 또는 관할경찰서장에게 보고 그 지시에 따른다.
② 대기근무자는 경비구역의 출입자 감시를 보조하면서 충분한 휴식을 취한다.
③ 순찰근무자는 일정한 구역을 순회하면서 경비임무를 수행한다.

정답 》 66. ② 67. ②

④ 입초근무자는 경비구역의 정문·기타 지정된 장소에서 경비구역의 내부·외부 및 출입자의 동태를 감시한다.

② 대기근무자는 소내근무를 협조하거나 휴식하면서 불의의 사고에 대비한다.

68. 배치된 청원경찰의 배치폐지를 할 수 있는 사람은 누구인가?
① 행정안전부장관 ② 경찰청장
③ 청원주 ④ 관할경찰서장

청원주는 청원경찰이 배치된 시설이 폐쇄 또는 축소되어 청원경찰의 배치를 폐지하거나 배치인원을 감축할 필요가 있다고 인정될 때에는 청원경찰의 배치를 폐지하거나 배치인원을 감축할 수 있다. 다만, 청원주가 경비업법에 의한 특수경비원을 배치할 목적으로 청원경찰의 배치를 폐지하거나 배치인원을 감축할 수 없다.

69. 다음은 청원경찰의 당연퇴직 사유를 나열한 것이다. 가장 관련이 적은 것은?
① 60세에 달한 때
② 명령에 위반한 때
③ 임용 규정에 의한 결격사유에 해당된 때
④ 청원경찰의 배치가 폐지된 때

②의 경우는 징계사유에 해당된다.

68. ③　69. ②　《 정답

제1편 청원경찰법

70. 청원경찰이 법 제9조의4(쟁의행위의 금지)의 규정을 위반한 경우의 처벌로 옳은 것은?

① 500만원 이하의 과태료에 처해진다.
② 1년 이하의 징역 또는 2천만원 이하의 벌금에 처한다.
③ 2년 이하의 징역 또는 2천만원 이하의 벌금에 처한다.
④ 1년 이하의 징역 또는 1천만원 이하의 벌금에 처해진다.

> 법 제9조의4를 위반하여 파업, 태업 또는 그 밖에 업무의 정상적인 운영을 방해하는 쟁의행위를 한 사람은 1년 이하의 징역 또는 1천만원 이하의 벌금에 처한다.

71. 청원경찰의 징계사유에 해당하지 않는 것은?

① 품위를 손상하는 행위를 한 때
② 직무상 의무를 위반한 때
③ 직무를 태만히 한 때
④ 시·도경찰청장으로부터 징계요청을 받을 때

> ①, ②, ③과 법령 규정 또는 이에 의한 명령에 위반한 경우 징계사유에 해당한다.
> ④ 관할경찰서장으로부터 징계요청을 받은 때 청원주는 징계처분을 하여야 한다.

72. 다음은 청원경찰의 징계에 관한 사항이다. 옳지 않은 것은?

① 품위를 손상하는 행위도 징계사유에 속한다.
② 청원주는 임의로 청원경찰을 면직시킬 수 있다.
③ 관할경찰서장으로부터 징계요청을 받은 때에는 징계처분을 해

정답 》 70. ④ 71. ④ 72. ②

야 한다.
④ 청원주는 청원경찰에 대한 징계규정을 제정, 관할 시·도경찰청에게 신고하여야 한다.

> 청원경찰은 형의 선고, 징계처분 또는 신체상·정신상의 이상으로 직무를 감당하지 못할 때를 제외하고는 그 의사에 반하여 면직되지 않는다.

73. 금융기관에 근무 중인 청원경찰이 본점과 지점간 현금수송경비에 임할 경우 옳은 설명은?
① 청원경찰은 배치구역 내에서 경찰관의 직무를 수행하기 때문에 장소적 한계를 일탈했다.
② 청원경찰은 현금수송경비를 함에는 활동적 한계를 일탈했다.
③ 현금수송경비는 중요한 업무이기 때문에 해당경찰서에서 실시해야 한다.
④ 청원경찰이 현금수송경비를 했을 시 배치구역의 연장으로 볼 수 있기 때문에 정당한 직무집행이다.

> 청원경찰이 현금수송·총포·화약류 수송 등의 업무수행 시는 수송경로 상 임무수행의 장소적 한계를 일탈하였다고 볼 수 없다.

74. 청원경찰과 관련하여 시·도경찰청장의 권한 중 관할경찰서장에게 위임할 수 있는 것을 나열한 것이다. 가장 관련이 적은 것은?
① 청원경찰 배치에 관한 직권요청권
② 청원경찰 임용에 있어 승인권

73. ④ 74. ③

③ 청원경찰의 배치지 특수성으로 인한 특수복장착용승인 권한
④ 과태료 부과·징수에 관한 권한

 시·도경찰청장이 관할경찰서장에게 위임하는 사항
㉠ 청원경찰 배치의 결정 및 요청에 관한 권한
㉡ 청원경찰의 임용 승인에 관한 권한
㉢ 청원주에 대한 지도·감독 및 명령의 권한, 과태료 부과·징수에 관한 권한
다만, 청원경찰을 배치하고 있는 사업장이 하나의 경찰서 관할구역 안에 있는 경우에 한한다.

75. 관할경찰서장은 청원주의 신청에 의해 경비상 필요하다고 인정하는 경우 청원경찰이 배치된 사업장에 경비전화를 가설할 수 있다. 이 경우 비용부담자는 누구인가?

① 경찰청장
② 관할 시·도경찰청장
③ 관할경찰서장
④ 청원주

 관할경찰서장은 청원주의 신청에 의하여 경비상 필요하다고 인정할 때에는 청원경찰이 배치된 사업장에 경비전화를 가설할 수 있으며 경비전화를 가설할 경우에 소요되는 경비는 청원주의 부담으로 한다.

76. 청원경찰의 임용자격 결격 사유에 해당하는 사람은?

① 나이는 18세 이상인 사람으로 한정한다.
② 남자는 신장이 160cm 이상 여자는 150cm 이상이어야 한다.
③ 신체가 건강하고 팔다리가 완전하여야 한다.
④ 시력(교정시력을 포함)은 양쪽 눈이 각각 0.8 이상이어야 한다.

정답 » 75. ④ 76. ②

② 남자는 신장이 160cm 이상 여자는 150cm 이상이어야 한다는 신체제한 규정은 삭제 조항이다.

77. 청원경찰로서 파업, 태업 또는 그 밖에 업무의 정상적인 운영을 방해하는 쟁의행위를 한 경우 적용되는 형벌은?

① 1년 이하의 징역 또는 1000만원 이하의 벌금
② 1년 이하의 징역 또는 300만원 이하의 벌금
③ 1년 이하의 징역 또는 400만원 이하의 벌금
④ 1년 이하의 징역 또는 500만원 이하의 벌금

 청원경찰로서 법 제9조의4를 위반하여 파업, 태업 또는 그 밖에 업무의 정상적인 운영을 방해하는 쟁의행위를 한 사람은 1년 이하의 징역 또는 1천만원 이하의 벌금에 처한다.

78. 청원주의 무기관리수칙 중 옳지 않은 것은?

① 청원주가 무기 및 탄약을 대여받을 때에는 경찰청장이 정하는 무기·탄약출납부 및 무기장비 운영카드를 비치·기록하여야 한다.
② 청원주는 무기 및 탄약의 관리를 위하여 관리책임자를 지정하고 관할경찰서장에게 이를 통보하여야 한다.
③ 무기고 및 탄약고는 다층으로 설치하고 환기·방습·방화 및 총기 등의 시설을 하여야 한다.
④ 탄약고는 무기고와 떨어져 설치하여야 하며 그 위치는 사무실이나 기타 다수인을 수용하거나 여러 사람이 오고가는 시설로부터 격리되어야 한다.

77. ① 78. ③

무기고 및 탄약고는 단층에 설치해야 한다.

79. 청원경찰의 기본교육 면제대상자로 옳지 않은 것은?

① 경찰공무원으로 근무하다 퇴직한 사람이 퇴직 후 3년 이내 청원경찰로 임용 시
② 의무경찰로 복무하다 전역한 사람이 전역 후 3년 이내에 청원경찰로 임용 시
③ 청원경찰로 근무하다 퇴직한 사람이 퇴직 후 3년 이내 청원경찰로 임용 시
④ 민간경비원으로 근무하다 퇴직 후 3년 이내 청원경찰로 임용 시

 청원경찰의 기본교육 면제자는 ①, ②, ③이 해당된다.

80. 김순경이 순찰근무하다 관할시청에서 근무 중인 청원경찰의 복무규율 위반 사례(근무 중 총기오발사고)를 발견한 경우 가장 타당한 조치는?

① 소속경찰서장에게 보고, 징계한다.
② 관할파출소장이 징계 후 시장에게 통보한다.
③ 소속경찰서장에게 보고 후 해당 청원주로 하여금 징계하도록 통보한다.
④ 시장·관할경찰서장 공히 징계권이 있기 때문에 경찰서장이 징계 후 시장에게 결과를 통보한다.

 청원경찰에 대한 징계권자는 청원주이다.

정답 》 79. ④   80. ③

81. 청원경찰의 징계에 관한 설명이다. 가장 관련이 적은 것은?
① 징계권자는 관할경찰서장이다.
② 징계종류는 파면·해임·정직·감봉·견책이 있다.
③ 감봉은 1월 이상 3월 이하로 하되 그 기간에 보수의 1/3을 감한다.
④ 정직은 1월 이상 3월 이하로 하되 그 기간의 보수를 2/3를 감한다.

> 관할경찰서장은 청원주에게 징계요청을 할 수 있을 뿐이고 징계권자는 청원주이다.

82. 청원경찰의 보상금 지급에 관해 가장 관련이 적은 것은?
① 직무상 부상, 질병으로 인하여 퇴직 후 3년 이내에 사망한 때
② 직무수행 중 부상을 입거나 질병에 걸리거나 또는 사망한 때
③ 보상금은 청원경찰 본인 또는 그 유족에게 지급한다.
④ 청원주는 보상금 지급을 이행하기 위하여 산업재해보상보험법에 따른 산업재해보상보험에 가입하거나 근로기준법에 따라 보상금을 지급하기 위한 재원을 따로 마련하여야 한다.

> ① 직무상 부상, 질병으로 인하여 퇴직 후 2년 이내에 사망한 경우에는 보상금을 지급 받을 수 있다.

83. 청원경찰법 상 청원경찰의 봉급산정 시 경력인정으로 가장 타당하지 않은 것은?
① 청원경찰로 근무한 경력

81. ① 82. ① 83. ③ 《 정답

② 군 또는 의무경찰에 복무한 경력
③ 국가기관 또는 지방자치단체에서 상근으로 근무하다가 국가기관 또는 지방자치 단체 외의 시설에 임용된 경우의 상근근무경력
④ 수위·경비원·감시원 기타 청원경찰과 유사한 직무에 종사하던 사람이 그 사업장의 청원경찰로 임용된 경우의 그 직무에 종사한 경력

 ③ 국가기관 또는 지방자치단체에서 근무하는 청원경찰에만 경력이 산입한다.

84. 청원경찰의 무기휴대 및 사용에 관한 설명으로 옳지 않은 것은?

① 일반적인 요건 및 한계는 경찰관직무집행법 제10조의 4에 의거한다.
② 무기휴대 관련 경찰공무원법 제20조의 규정이 청원경찰에도 준용된다.
③ 무기사용은 청원경찰법 제2조에 의거, 청원경찰은 경찰관직무집행법상 직무수행을 위해 무기를 사용할 수 있다.
④ 직무수행에 필요시 무기휴대는 청원주의 신청에 의거 관할경찰서장으로 하여금 무기를 대여하여 휴대하게 할 수 있다.

 청원경찰의 무기휴대는 청원경찰법 제8조제2항에 직접 근거한다.

85. 청원경찰의 근무지를 벗어난 행위를 발견하였을 시 조치 사항으로 옳은 것은?

① 관할파출소장이 징계조치한다.

정답 》 84. ② 85. ③

② 관할경찰서 경비과장이 징계조치한다.
③ 관할경찰서장이 해당 청원주로 하여금 징계하도록 통보한다.
④ 관할경찰서장이 징계 후 청원주에게 통보한다.

 청원주는 청원경찰이 다음과 같은 경우 징계처분을 하여야 한다.
㉠ 법 및 이 영의 규정 또는 이에 의한 명령에 위반한 때
㉡ 직무상의 의무에 위반하거나 직무를 태만히 한 때
㉢ 품위를 손상하는 행위를 한 때에 해당한 경우 또는 관할 경찰서장으로부터 징계요청을 받은 때

86. 청원경찰은 경비목적을 위하여 필요한 범위 안에서만 경찰관직무집행법에 의한 경찰관의 직무를 행하는 경찰을 의미한다. 다음 중 청원경찰이 배치되지 않아도 되는 곳은?

① 국가 또는 공공단체와 그 관리 하에 있는 중요시설 또는 사업장
② 국내주재 외국기관
③ 기관 행정안전부령으로 정하는 중요시설, 사업장 또는 장소
④ 혼잡경비가 예상되는 장소

 ④는 일반경비원의 배치 사유이다.

87. 다음은 청원경찰의 「제복착용과 무기휴대」에 관한 설명이다. 옳지 않은 것은?

① 청원경찰은 근무 중 제복을 착용하여야 한다.
② 청원경찰이 직무수행을 위해 필요하다고 인정할 때에는 청원주의 신청에 의하여 무기를 대여·휴대할 수 있다.

86. ④   87. ③

③ 청원경찰의 무기휴대에 관하여 사항은 행정안전부령에 의한다.
④ 시·도경찰청장은 관할경찰서장으로 하여금 청원경찰이 무기를 대여하여 휴대하게 할 수 있다.

③ 행정안전부령 → 대통령령

88. 시·도경찰청장은 청원경찰과 관련한 권한을 관할경찰서장에게 위임할 수 있다. 다음 중 위임할 수 있는 내용이 아닌 것은?
① 청원경찰 배치의 결정 및 요청에 관한 권한
② 청원경찰의 임용 승인의 권한
③ 청원주에 대한 지도·감독 및 명령의 권한
④ 청원경찰의 직무에 대한 배상책임에 관한 권한

①, ②, ③ 이외에 과태료 부과, 징수에 관한 권한 등이다.

89. 다음은 청원경찰이 받을 수 있는 보상금 적용 예이다. 보상금 수급의 사례가 아닌 것은?
① 직무수행으로 인하여 부상을 입을 때
② 직무수행 중 질병에 걸리거나 사망한 때
③ 직무상의 부상·질병으로 인하여 퇴직한 때
④ 퇴직 후 3년 이내에 사망한 때

청원주는 청원경찰이 다음에 해당하게 될 때에는 대통령령으로 정하는 바에 의하여 청원경찰 본인 또는 그 유족에게 보상금을 지급하여야 한다.

㉠ 직무수행으로 인하여 부상을 입거나, 질병에 걸리거나 또는 사망한 경우
㉡ 직무상의 부상, 질병으로 인하여 퇴직하거나, 퇴직 후 2년 이내에 사망한 경우

90. 청원경찰의 배치를 받고자 하는 사람인 청원주가 대통령이 정하는 바에 의하여 신청서를 제출하여야 하는 기관장은?
① 관할 시·도경찰청장
② 관할 경찰서장
③ 특수경비업자
④ 관내 파출소장

> 청원경찰의 배치를 받고자 하는 사람은 대통령령이 정하는 바에 의하여 관할 시·도경찰청장에게 신청하여야 한다.

91. 국가기관이나 지방자치단체에 근무하는 청원경찰을 제외한 청원경찰의 불법행위에 대한 배상책임에 관하여 적용되는 법은?
① 민법
② 행정법
③ 형법
④ 형소법

> 청원경찰(국가기관 또는 지방자치단체에 근무하는 청원경찰은 제외)의 직무상 불법행위에 대한 배상책임에 관하여 민법의 규정에 의한다.

92. 다음 중 과태료의 금액이 가장 적은 것은?
① 시·도경찰청장의 배치결정을 받지 않고 국가중요시설(국가정보

90. ① 91. ① 92. ④ 《 정답

제1편 청원경찰법

원장이 지정하는 국가보안목표시설)에 청원경찰을 배치한 경우
② 시·도경찰청장의 승인을 받지 않고, 임용결격사유에 해당하는 청원경찰을 임용한 경우
③ 시·도경찰청장의 배치결정을 받지 않고, 국가중요시설 외의 시설에 청원경찰을 배치한 경우
④ 시·도경찰청장의 승인을 얻지 않고, 임용결격사유에 해당하지 않는 청원경찰을 임용한 경우

 ①, ② 500만원 ③ 400만원 ④ 300만원

93. 다음 중 청원경찰에게 표창할 수 있는 지위에 있지 않은 사람은?

청원경찰이 성실히 직무를 수행하거나 특별한 공적을 세운 경우, 그리고 교육훈련에 있어서 교육 성적이 우수한 경우에는 표창을 받을 수 있다.

① 시·도경찰청장 ② 관할경찰서장
③ 청원주 ④ 경비업자

 시·도경찰청장, 관할경찰서장 또는 청원주는 청원경찰에게 다음 규정에 의하여 표창을 행할 수 있다.
㉠ 성실히 직무를 수행하여 근무성적이 탁월하거나 헌신적인 봉사로 특별한 공적을 세운 경우의 공적상
㉡ 교육훈련에 있어서 교육 성적이 우수한 경우의 우등상

94. 청원경찰법상 청원경찰이 배치되는 대상 시설이 아닌 곳은?
① 선박, 항공기 등 수송시설
② 학교 등 육영시설

정답 》 93. ④ 94. ④

③ 의료법에 의한 의료기관
④ 사회복지법에 의한 사회복지시설

 청원경찰이 배치되는 대상 : ①, ②, ③ 외에
㉠ 금융과 보험을 업으로 하는 시설 또는 사업장
㉡ 언론·통신·방송과 인쇄를 업으로 하는 시설 또는 사업장
㉢ 기타 공공의 안녕질서 유지와 국민경제상 고도의 보호를 필요로 하는 중요시설·사업체 또는 장소.

95. 청원경찰을 배치할 경우 배치(폐지, 감축) 통보서에 기재되어 있지 않은 사항은?

① 폐지 또는 감축인원
② 폐지 또는 감축사유
③ 청원경찰 배치인원
④ 청원경찰 고용시기

 청원경찰 배치 통보서에는 ①, ②, ③ 외에 청원주 성명, 주민번호, 직책 및 배치사업장의 소재지, 반납무기 수량, 총기의 종류, 총기의 수량, 탄약의 종류와 수량 등이 기재되어야 한다.

96. 다음 중 청원주가 청원경찰의 임용승인 신청서를 시·도경찰청장에게 제출할 경우 첨부서류에 해당하지 않는 것은?

① 호적등본 1부
② 이력서 1부
③ 주민등록증 사본 1부
④ 민간인 신원진술서 1부

 가족관계등록부 중 기본증명서는 전자정부법에 따라 행정정보의 공동이용을 통하여 해당자의 가족관계기록 사항을 확인하여야 하며 해당자가 전자정부법에 의한 확인에 동의하지 않을 때에는 해당서류를 첨부해야 한다.

95. ④ 96. ① 《 정답

단, ④ 민간인 신원진술서 1부는 「보안업무규정」 제36조에 따른 신원조사가 필요한 경우만 해당한다.

97. 청원경찰이 직무를 행하는 경우에 경찰관직무집행법 및 동법시행령에 의하여 행하여야 할 모든 보고의 절차에 대해 설명한 것 중 가장 옳은 것은?

① 관할경찰서장에게 서면으로 보고한다.
② 관할경찰서장에게 서면으로 보고함에 앞서 지체없이 구두로 보고하여 그 지시에 따라야 한다.
③ 시·도경찰청장에게 서면 또는 구두로 보고한다.
④ 시·도경찰청장에게 서면으로 보고함에 앞서 지체없이 구두로 보고하고 그 지시에 따라야 한다.

> 청원경찰이 직무를 행하는 경우에 경찰관 직무집행법 및 동법시행령에 의하여 행하여야 할 모든 보고는 관할경찰서장에게 서면으로 보고함에 앞서 지체없이 구두로 보고하고 그 지시에 따라야 한다.

98. 청원경찰의 교육훈련 기타 특수근무 중에는 착용 또는 휴대하지 않을 수 있는 복제는 무엇인가?

① 기동모
② 기동복
③ 표지장
④ 허리띠와 경찰봉

> 청원경찰은 교육훈련 기타 특수근무 중에는 기동모, 기동복, 기동화 및 휘장을 착용하거나 부착하되, 허리띠와 경찰봉은 이를 착용하거나 휴대하지 않을 수 있다.

정답 » 97. ② 98. ④

99. 2001년 4월 민간경비업에 특수경비제도가 도입됨에 따라 청원경찰법도 개정되었다. 다음 중 그 내용이 아닌 것은?

① 청원경찰의 신분 보장
② 시·도경찰청장의 청원경찰 해임명령권 삭제
③ 과태료의 징수절차, 부과기준 등을 대통령령으로 규정하도록 함
④ 청원경찰의 권한 확대

경비업법에 특수경비제도가 도입됨에 따라 상대적으로 청원경찰의 권한이 축소되었다.

100. 청원경찰법상의 과태료 부과 및 징수에 대한 설명으로 옳지 않은 것은?

① 시·도경찰청장은 위반행위의 동기, 내용 및 위반의 정도 등을 고려하여 정한다.
② 규정에 따른 과태료 금액은 100분의 50에 범위에서 그 금액을 줄이거나 늘릴 수 있다.
③ 과태료 금액은 과태료 금액의 상한금액인 500만원을 초과할 수 없으나 과태료 금액을 늘리는 경우에는 500만원 이상 과태료 금액을 부과할 수 있다.
④ 경찰서장은 과태료처분을 하였을 때에는 과태료 부과 및 징수 사항을 과태료 수납부에 기록하고 정리하여야 한다

③ 법 규정을 위반한 사람에게는 500만원 이하의 과태료를 부과하며 과태료 금액을 늘리는 경우에는 법 제12조1항에 따른 과태료 금액인 500원 이하의 상한을 초과할 수 없다.

99. ④   100. ③

101. 다음의 내용 가운데 ( ) 안에 들어갈 내용으로 옳은 것은?

- 청원경찰을 배치 받으려는 자는 (㉮)에게 청원경찰 배치를 신청하여야 한다.
- 청원경찰은 청원주가 임용하되, 임용을 할 때에는 미리 (㉯)의 승인을 받아야 한다.

	㉮	㉯
①	경찰청장	관할 시·도경찰청장
②	시·도경찰청장	관할 경찰서장
③	관할 경찰서장	경찰청장
④	관할 시·도경찰청장	시·도경찰청장

㉮ 청원경찰을 배치 받으려는 자는 (관할 시·도경찰청장)에게 청원경찰 배치를 신청하여야 한다.
㉯ 청원경찰은 청원주가 임용하되, 임용을 할 때에는 미리 (시·도경찰청장)의 승인을 받아야 한다.

102. 청원경찰의 경비에 대한 다음 내용 중 틀린 것은?

① 청원경찰 경비의 최저부담기준액 및 부담기준액은 부득이한 경우 12월이 아닌 수시로 고시할 수 있다.
② 지방자치단체에 근무하는 청원경찰의 봉급과 수당은 경찰청장이 정하여 고시한다.
③ 청원경찰의 피복은 신규 배치 시에 청원경찰에게 현품으로 지급한다.
④ 국가기관에 근무하는 청원경찰의 보수는 경찰공무원의 보수를 감안하여 책정한다.

정답 》 101. ④ 102. ②

② 국가기관 또는 지방자치단체에 근무하지 않는 청원경찰의 봉급과 수당에 대한 최저부담기준액과 청원경찰의 피복비 및 교육비에 따른 비용의 부담기준액은 경찰청장이 정하여 고시한다.

103. 청원경찰의 임용과 관련하여 결격사유에 해당하는 것을 모두 고르면?

㉮ 재직기간 중 직무와 관련하여 횡령죄를 범한 사람으로서 200만원 이상의 벌금형을 선고받고 그 형이 확정된 후 2년이 지나지 않은 사람
㉯ 징계로 해임처분을 받은 때부터 3년이 지나지 않은 사람
㉰ 금고 이상의 형의 선고를 받고 그 형이 실효되지 않은 사람
㉱ 만 18세 미만인 사람
㉲ 군복무가 면제된 사람

① ㉯, ㉰, ㉱   ② ㉮, ㉱
③ ㉱   ④ ㉯, ㉱

 ㉮ 재직기간 중 직무와 관련하여 횡령죄를 범한 사람으로서 300만원 이상의 벌금형을 선고받고 그 형이 확정된 후 2년이 지나지 않은 사람이 결격 사유에 해당한다.
㉰ 금고 이상의 형의 선고를 받고 그 형이 실효되지 않은 사람은 경비업법상 임원의 결격 사유에 해당한다.
㉲ 군복무가 면제된 사람은 청원경찰의 결격사유에 해당하지 않는다.

103. ④ 《 정답

104.
청원경찰의 급여품에 해당하는 것으로만 연결된 것은?

㉮ 호루라기   ㉯ 동복 및 하복   ㉰ 가슴표장
㉱ 경찰봉   ㉲ 기동모와 기동복   ㉳ 허리띠

① ㉮, ㉯, ㉲
② ㉰, ㉱, ㉳
③ ㉯, ㉲
④ ㉱

㉰ 가슴표장 ㉱ 경찰봉 ㉳ 허리띠는 대여품에 해당한다.

105.
청원경찰법상 청원경찰의 임용과 관련한 다음 설명 중 (   ) 안에 들어갈 내용으로 올바르게 연결된 것은?

- 청원주가 청원경찰을 임용하였을 때에는 임용한 날부터 (㉮) 이내에 그 임용사항을 관할 경찰서장을 거쳐 시·도경찰청장에게 보고하여야 한다.
- 청원경찰 배치 결정의 통지를 받은 날부터 (㉯) 이내에 배치 결정된 인원수의 임용예정자에 대하여 청원경찰 임용승인을 시·도경찰청장에게 신청하여야 한다.

	㉮	㉯		㉮	㉯
①	10일	15일	②	10일	30일
③	7일	15일	④	30일	30일

㉮ 청원주가 청원경찰을 임용하였을 때에는 임용한 날부터 (10일) 이내에 그 임용사항을 관할 경찰서장을 거쳐 시·도경찰청장에게 보고하여야 한다.
㉯ 청원경찰 배치 결정의 통지를 받은 날부터 (30일) 이내에 배치 결정된 인원수의 임용예정자에 대하여 청원경찰 임용승인을 시·도경찰청장에게 신청하여야 한다.

정답 》 104. ①   105. ②

제1편 적중예상문제

106. 청원경찰의 복제와 관련한 다음 내용 중 옳지 않은 것은?
① 청원경찰이 특수근무 중에는 경찰봉은 착용하거나 휴대하지 않을 수 있다.
② 청원경찰의 배치지 특수성으로 특수복장을 착용할 필요가 있는 때에는 특수복장을 착용할 수 있다.
③ 청원경찰의 제복은 경찰공무원과 비슷한 복장으로 하고 군인 제복과 명확하게 구별될 수 있어야 한다.
④ 청원경찰은 근무 중에는 제복을 착용하여야 하며 기동모와 기동복의 색상은 진한 청색으로 한다.

 ③ 청원경찰 제복은 경찰공무원 또는 군인 제복의 색상과 명확하게 구별될 수 있어야 하며, 사업장별로 통일하여야 한다.

107. 청원경찰이 휴대할 수 있는 분사기에 대한 다음 설명 중 옳지 않은 것은?
① 분사기에는 만년필형 분사기, 총포형 분사기, 막대형 분사기 등이 있다.
② 청원경찰은 평상근무 중에는 총기를 휴대하지 않을 때에는 분사기를 휴대하여야 한다.
③ 청원경찰이 휴대할 수 있는 분사기는 사람의 활동을 일시적으로 곤란하게 하는 최루 또는 질식 등의 작용제를 분사하는 기기를 말한다.
④ 분사기는 주소지를 관할하는 시·도경찰청장의 소지허가를 받아야 한다.

 ④ 총포의 경우에는 주소지를 관할하는 시·도경찰청장의

106. ③　107. ④　《정답

허가를 받아야 하고, 도검·화약류·분사기 및 전자충격기·석궁의 경우에는 주소지를 관할하는 경찰서장의 허가를 각각 받아야 한다.

108. 청원경찰법상 청원경찰의 근무 요령에 대한 설명으로 옳지 않은 것은?

① 순찰근무자의 순찰은 단독 또는 복수로 정선순찰을 한다.
② 자체경비의 입초근무자는 경비구역과 경비구역으로부터 200m까지 내부와 외부 및 출입자의 움직임을 감시하여야 한다.
③ 대기근무자는 소내근무에 협조하거나 휴식하면서 불의의 사고에 대비한다.
④ 순찰근무자는 청원주가 지정한 일정한 구역을 순회하면서 경비 임무를 수행한다.

② 자체경비를 하는 입초근무자는 경비구역의 정문이나 그 밖의 지정된 장소에서 경비구역의 내부, 외부 및 출입자의 움직임을 감시한다.

109. 청원경찰법상 무기관리 수칙에 대한 설명으로 옳은 것은?

① 청원주는 매월 무기와 탄약의 관리 실태를 파악하여 관할 경찰서장에게 통보하여야 한다.
② 무기·탄약 출납부 및 무기장비 운영카드는 관할경찰서장이 정한다.
③ 무기고와 탄약고에는 이중 잠금장치를 하고, 열쇠는 청원경찰이 보관하고 근무시간 이후에는 관리책임자가 보관한다.
④ 탄약고와 무기고는 관리가 쉽도록 근접거리에 설치한다.

정답 》 108. ② 109. ①

② 무기·탄약 출납부 및 무기장비 운영카드는 경찰청장이 정한다.
③ 무기고와 탄약고에는 이중 잠금장치를 하고, 열쇠는 관리책임자가 보관하되, 근무시간 이후에는 숙직책임자에게 인계하여 보관시켜야 한다.
④ 탄약고는 무기고와 떨어진 곳에 설치하고, 그 위치는 사무실이나 그 밖에 여러 사람을 수용하거나 여러 사람이 오고 가는 시설로부터 격리되어야 한다.

110.

청원경찰법상 청원주와 관할 경찰서장이 공통적으로 갖추어야 할 문서와 장부에 해당하는 것은?

㉮ 근무 상황카드	㉯ 무기 및 탄약 출납부
㉰ 교육훈련 실시부	㉱ 배치 결정 관계철
㉲ 징계요구철	㉳ 청원경찰의 명부

① ㉮, ㉯, ㉱　　② ㉱, ㉲
③ ㉯, ㉰　　　　④ ㉰, ㉳

㉮ 근무상황카드와 ㉯ 무기 및 탄약 출납부는 청원주가 비치해야할 문서와 장부에 해당한다.
㉱ 배치 결정 관계철은 시·도경찰청장이 비치해야할 문서와 장부에 해당한다.
㉲ 징계요구철은 관할 경찰서장이 갖추어야 할 문서와 장부에 해당한다.

110. ④ 《 정답

제2편 경찰관직무집행

이론 및
적중예상문제

제 1장 서설

1. 목적

국민의 자유와 권리를 보호하고 사회공공의 질서를 유지하기 위한 경찰관(경찰공무원만 해당)의 직무 수행에 필요한 사항을 규정함을 목적으로 하며 이 법에 규정된 경찰관의 직권은 그 직무 수행에 필요한 최소한도에서 행사되어야 하며 남용되어서는 아니 된다.

2. 구성

1) 경찰관 직무집행법

1953년 12월 14일 법률 제299호로 제정·공포되어 2022년 2월 3일 법률 제18807호까지 수차례 개정되었으며 현재는 전문 12조와 부칙으로 구성되어 있다.

2) 경찰관 직무집행법 시행령

1955년 1월 5일 대통령령 제972호호로 제정·공포되어 2021년 1월 5일 대통령령 제31380호까지 수차례 개정되었으며 현재 전문 22조와 부칙으로 구성되어 있다.

3. 성격

경찰관직무집행법은 경찰관의 직무수행에 필요한 사항을 규정한 근거법으로 불신검문·보호조치·범죄의 예방과 제지조치·위험방지를 출입·경찰장구의 사용·무기사용 등에 관하여 규정하고 있다.

제 2장 직무

1. 직무의 범위

　　① 국민의 생명·신체 및 재산의 보호
　　② 범죄의 예방·진압 및 수사
　　③ 범죄피해자 보호
　　④ 경비, 주요 인사 경호 및 대간첩·대테러 작전 수행
　　⑤ 공공안녕에 대한 위험의 예방과 대응을 위한 정보의 수집·작성 및 배포
　　⑥ 교통 단속과 교통 위해의 방지
　　⑦ 외국 정부기관 및 국제기구와의 국제협력
　　⑧ 그 밖에 공공의 안녕과 질서 유지

2. 불심검문

1) 질문

　　경찰관은 수상한 행동이나 그 밖의 주위 사정을 합리적으로 판단하여 볼 때 어떠한 죄를 범하였거나 범하려 하고 있다고 의심할 만한 상당한 이유가 있는 사람, 이미 행하여진 범죄나 행하여지려고 하는 범죄행위에 관한 사실을 안다고 인정되는 사람을 정지시켜 질문할 수 있다.

2) 흉기 조사

　　경찰관은 질문을 할 때에 흉기의 소지여부를 조사할 수 있으며 이

흉기 조사는 증거 보존이나 경찰관 신변보호를 위한 위험방지, 상대방의 자해방지 등을 위하여 실시할 수 있다.

(1) 소지품 검사

경찰관이 소지품 검사는 불심 검문 시 흉기나 기타 위험 요소의 확인을 위해 필요한 조치이다.

(2) 자동차 검문

경찰관이 범죄의 예방과 범인의 검거를 목적으로 통행중인 자동차를 정지시켜 운전자나 동승자에게 필요한 질문을 하는 것을 말한다.

3) 임의 동행

(1) 임의 동행 요구

경찰관은 사람을 정지시킨 장소에서 질문을 하는 것이 그 사람에게 불리하거나 교통에 방해가 된다고 인정될 때에는 질문을 하기 위하여 가까운 경찰서·지구대·파출소 또는 출장소(지방해양경찰관서를 포함)로 동행할 것을 요구할 수 있다. 이 경우 동행을 요구받은 사람은 그 요구를 거절할 수 있다.

(2) 신분 확인

경찰관은 질문을 하거나 동행을 요구할 경우 자신의 신분을 표시하는 증표를 제시하면서 소속과 성명을 밝히고 질문이나 동행의 목적과 이유를 설명하여야 하며, 동행을 요구하는 경우에는 동행 장소를 밝혀야 한다. 신분을 표시하는 증표는 경찰공무원의 공무원증으로 한다.

(3) 고지의 의무

경찰관은 동행한 사람의 가족이나 친지 등에게 동행한 경찰관의 신분, 동행 장소, 동행 목적과 이유를 알리거나 본인으로 하여금 즉시 연락할 수 있는 기회를 주어야 하며, 변호인의 도움을

제 2 장 직무

받을 권리가 있음을 알려야 한다.

(4) 장기간 억류 및 답변 강요 금지

경찰관은 동행한 사람은 6시간을 초과하여 경찰관서에 머물게 할 수 없다.

(5) 임의 동행 거절

동행할 것을 요구하는 경우 동행을 요구받은 사람은 그 요구를 거절할 수 있다.

(6) 당해인의 권리

질문을 받거나 동행을 요구받은 사람은 형사소송에 관한 법률에 따르지 않고는 신체를 구속당하지 않으며, 그 의사에 반하여 답변을 강요당하지 못한다.

3. 보호조치

경찰관은 수상한 행동이나 그 밖의 주위 사정을 합리적으로 판단해 볼 때 보호조치 대상에 해당하는 것이 명백하고 응급구호가 필요하다고 믿을 만한 상당한 이유가 있는 사람(구호대상자)을 발견하였을 때에는 보건의료기관이나 공공구호기관에 긴급구호를 요청하거나 경찰관서에 보호하는 등 적절한 조치를 할 수 있다.

1) 보호조치의 대상

① 정신착란을 일으키거나 술에 취하여 자신 또는 다른 사람의 생명·신체·재산에 위해를 끼칠 우려가 있는 사람
② 자살을 시도하는 사람
③ 미아, 병자, 부상자 등으로서 적당한 보호자가 없으며 응급구호가 필요하다고 인정되는 사람. 다만, 본인이 구호를 거절하는 경우는 제외한다.

2) 긴급구호 요청

긴급구호 요청을 받은 보건의료기관이나 공공구호기관은 정당한 이유 없이 긴급구호를 거절할 수 없다.

3) 임시영치 및 보호

(1) 임시영치

① 경찰관은 긴급구호를 요청하거나 경찰관서에 보호하는 조치를 하는 경우에 구호대상자가 휴대하고 있는 무기·흉기 등 위험을 일으킬 수 있는 것으로 인정되는 물건을 경찰관서에 임시로 영치하여 놓을 수 있다.

② 물건을 경찰관서에 임시로 영치하는 기간은 10일을 초과할 수 없다.

③ 무기·흉기 등을 임시영치한 때에는 소속 국가경찰관서의 장(지방해양경찰관서의 장을 포함)은 그 물건을 소지하였던 자에게 임시영치증명서를 교부하여야 한다.

(2) 보호

구호대상자를 경찰관서에서 보호하는 기간은 24시간을 초과할 수 없다.

4) 보호조치의 의무 사항

(1) 통지

관계기관에 긴급구호를 요청하거나 경찰관서에 보호하는 조치를 를 조치를 하였을 때에는 지체 없이 구호대상자의 가족, 친지 또는 그 밖의 연고자에게 그 사실을 알려야 한다.

(2) 인계조치

경찰관은 연고자가 발견되지 않을 때에는 구호대상자를 적당한 공공보건의료기관이나 공공구호기관에 즉시 인계하여야 한다.

(3) 보고 및 통보

① 경찰관은 구호대상자를 공공보건의료기관이나 공공구호기관에 인계하였을 때에는 즉시 그 사실을 소속 경찰서장이나 해양경찰서장에게 보고하여야 한다.
② 보고를 받은 소속 경찰서장이나 해양경찰서장은 대통령령으로 정하는 바에 따라 구호대상자를 인계한 사실을 지체 없이 해당 공공보건의료기관 또는 공공구호기관의 장 및 그 감독행정청에 통보하여야 한다.
③ 경찰서장 또는 해양경찰서장의 공중보건의료기관·공공구호기관의 장 및 그 감독행정청에 대한 통보는 별지 제2호 서식에 의한다.

4. 위험 발생의 방지

1) 위험발생의 방지 대책

경찰관은 사람의 생명 또는 신체에 위해를 끼치거나 재산에 중대한 손해를 끼칠 우려가 있는 천재, 사변, 인공구조물의 파손이나 붕괴, 교통사고, 위험물의 폭발, 위험한 동물 등의 출현, 극도의 혼잡, 그 밖의 위험한 사태가 있을 때에는 다음 각 호의 조치를 할 수 있다.

(1) 위험발생 방지 조치 방법

① 그 장소에 모인 사람, 사물의 관리자, 그 밖의 관계인에게 필요한 경고를 한다.
② 매우 긴급한 경우에는 위해를 입을 우려가 있는 사람을 필요한 한도에서 억류하거나 피난시켜야 한다.
③ 그 장소에 있는 사람, 사물의 관리자, 그 밖의 관계인에게 위해를 방지하기 위하여 필요하다고 인정되는 조치를 하게 하거나 직접 그 조치를 하여야 한다.

(2) 접근금지 및 통행제한

경찰관서의 장은 대간첩 작전의 수행이나 소요 사태의 진압을 위하여 필요하다고 인정되는 상당한 이유가 있을 때에는 대간첩 작전지역이나 경찰관서·무기고 등 국가중요시설에 대한 접근 또는 통행을 제한하거나 금지할 수 있다.

(3) 보고

경찰관은 위험발생 방지를 위한 조치를 하였을 때에는 지체 없이 그 사실을 소속 경찰관서의 장에게 보고하여야 한다.

(4) 관계기관의 협조

접근금지 및 통행제한 조치를 하거나 위험발생 방지를 위한 조치 보고를 받은 경찰관서의 장은 관계 기관의 협조를 구하는 등 적절한 조치를 하여야 한다.

2) 범죄의 예방과 제지

경찰관은 범죄행위가 목전에 행하여지려고 하고 있다고 인정될 때에는 이를 예방하기 위하여 관계인에게 필요한 경고를 하고, 그 행위로 인하여 사람의 생명·신체에 위해를 끼치거나 재산에 중대한 손해를 끼칠 우려가 있는 긴급한 경우에는 그 행위를 제지할 수 있다.

3) 위험 방지를 위한 출입

(1) 긴급 출입

경찰관은 위험한 사태가 발생하여 사람의 생명·신체 또는 재산에 대한 위해가 임박한 때에 그 위해를 방지하거나 피해자를 구조하기 위하여 부득이하다고 인정하면 합리적으로 판단하여 필요한 한도에서 다른 사람의 토지·건물·배 또는 차에 출입할 수 있다.

제 2장 직무

(2) 예방적 출입

공연장, 여관, 음식점, 역, 그 밖에 많은 사람이 출입하는 장소의 관리자나 그에 준하는 관계인은 경찰관이 범죄나 사람의 생명·신체·재산에 대한 위해를 예방하기 위하여 해당 장소의 영업시간이나 해당 장소가 일반인에게 공개된 시간에 그 장소에 출입하겠다고 요구하면 정당한 이유 없이 그 요구를 거절할 수 없다.

(3) 검색 및 접근 등의 금지·제한

① 경찰관은 대간첩 작전 수행에 필요할 때에는 작전지역에서 공연장, 여관, 음식점, 역, 그 밖에 많은 사람이 출입하는 장소를 검색할 수 있다.

② 국가경찰관서의 장은 규정에 의하여 대간첩작전지역 등에 대한 접근 또는 통행을 제한하거나 금지한 때에는 보안상 부득이한 경우를 제외하고는 지체없이 그 기간·장소 기타 필요한 사항을 방송·벽보·경고판·전단 살포 등 적당한 방법으로 일반인에게 널리 알려야 한다. 이를 해제한 때에도 또한 같다.

(4) 신분 확인

① 경찰관은 규정에 따라 필요한 장소에 출입할 때에는 그 신분을 표시하는 증표를 제시하여야 하며, 함부로 관계인이 하는 정당한 업무를 방해해서는 안 된다.

② 신분을 표시하는 증표는 경찰공무원의 공무원증으로 한다.

4) 사실 확인

(1) 사실 조회

경찰관서의 장은 직무 수행에 필요하다고 인정되는 상당한 이유가 있을 때에는 국가기관이나 공사 단체 등에 직무 수행에 관련된 사실을 조회할 수 있다. 다만, 긴급한 경우에는 소속

경찰관으로 하여금 현장에 나가 해당 기관 또는 단체의 장의 협조를 받아 그 사실을 확인하게 할 수 있다.

(2) 출석 요구

경찰관은 직무를 수행하기 위하여 필요하면 관계인에게 출석하여야 하는 사유·일시 및 장소를 명확히 적은 별지 제3호 서식에 의한 출석 요구서를 보내 경찰관서에 출석할 것을 요구할 수 있다.

(3) 출석 요구의 요건

① 미아를 인수할 보호자 확인
② 유실물을 인수할 권리자 확인
③ 사고로 인한 사상자 확인
④ 행정처분을 위한 교통사고 조사에 필요한 사실 확인

(4) 정보의 수집

① 경찰관은 범죄·재난·공공갈등 등 공공안녕에 대한 위험의 예방과 대응을 위한 정보의 수집·작성·배포와 이에 수반되는 사실의 확인을 할 수 있다.
② 정보의 구체적인 범위와 처리 기준, 정보의 수집·작성·배포에 수반되는 사실의 확인 절차와 한계는 대통령령으로 정하는 「경찰관의 정보수집 및 처리 등에 관한 규정」에 따른다.

(5) 국제 협력

경찰청장 또는 해양경찰청장은 이 법에 따른 경찰관의 직무수행을 위하여 외국 정부기관, 국제기구 등과 자료 교환, 국제협력 활동 등을 할 수 있다.

5) 유치장

법률에서 정한 절차에 따라 체포·구속된 사람 또는 신체의 자유를 제한하는 판결이나 처분을 받은 사람을 수용하기 위하여 경

제 2장 직무

찰서와 해양경찰서에 유치장을 둔다.

6) 보고

경찰공무원은 다음의 조치를 한 때에는 소속 국가경찰관서의 장에게 이를 보고하여야 한다.

① 법 제3조제2항의 규정에 의한 동행요구를 한 때
② 법 제4조제1항의 규정에 의한 긴급구호요청 또는 보호조치를 한 때
③ 법 제4조제3항의 규정에 의한 임시영치를 한 때
④ 법 제6조제1항의 규정에 의하여 범죄행위를 제지한 때
⑥ 법 제7조제2항 및 제3항의 규정에 의하여 다수인이 출입하는 장소에 대하여 출입 또는 검색을 한 때
⑦ 법 제8조제1항 단서의 규정에 의한 사실 확인을 한 때

5. 민감정보 및 고유식별정보의 처리

경찰공무원은 법 제2조에 따른 경찰관의 직무를 수행하기 위하여 불가피한 경우「개인정보 보호법」제23조에 따른 건강에 관한 정보, 같은 법 시행령 제18조제2호에 따른 범죄경력자료에 해당하는 정보, 같은 영 제19조에 따른 주민등록번호, 여권번호, 운전면허의 면허번호 또는 외국인등록번호가 포함된 자료를 처리할 수 있다

제 3장 경찰장비 및 장구

1. 경찰장비

1) 경찰장비의 요건

경찰관은 경찰장비를 함부로 개조하거나 경찰장비에 임의의 장비를 부착하여 일반적인 사용법과 달리 사용함으로써 다른 사람의 생명·신체에 위해를 끼쳐서는 안 된다.

2) 경찰장비의 종류

경찰장비는 무기, 경찰장구, 최루제와 그 발사장치, 살수차, 감식기구, 해안 감시기구, 통신기기, 차량·선박·항공기 등 경찰이 직무를 수행할 때 필요한 장치와 기구이다.

3) 경찰장비의 사용 요건

① 경찰관은 직무수행 중 경찰장비를 사용할 수 있다.
② 사람의 생명이나 신체에 위해를 끼칠 수 있는 경찰장비(위해성 경찰장비)를 사용할 때에는 필요한 안전교육과 안전검사를 받은 후 사용하여야 한다.
③ 경찰장비를 함부로 개조하거나 경찰장비에 임의의 장비를 부착하여 일반적인 사용법과 달리 사용함으로써 다른 사람의 생명·신체에 위해를 끼쳐서는 아니 된다.
④ 위해성 경찰장비는 필요한 최소한도에서 사용하여야 한다.
⑤ 경찰청장은 위해성 경찰장비를 새로 도입하려는 경우에는 대통령령으로 정하는 바에 따라 안전성 검사를 실시하여 그 안전성 검사의 결과보고서를 국회 소관 상임위원회에 제출하여야 한다.

제 3장 경찰장비 및 장구

이 경우 안전성 검사에는 외부 전문가를 참여시켜야 한다.
⑥ 위해성 경찰장비의 종류 및 그 사용기준, 안전교육·안전검사의 기준 등은 대통령령으로 정한다.

4) 위해성 경찰장비의 종류

  (1) 경찰장구

  수갑·포승·호송용포승·경찰봉·호신용경봉·전자충격기·방패 및 전자방패

  (2) 무기

  권총·소총·기관총(기관단총)·산탄총·유탄발사기·박격포·3인치포·함포·크레모아·수류탄·폭약류 및 도검

  (3) 분사기·최루탄 등

  근접분사기·가스분사기·가스발사총(고무탄 발사겸용 포함) 및 최루탄(그 발사장치 포함)

  (4) 기타장비

  가스차·살수차·특수진압차·물포·석궁·다목적발사기 및 도주차량차단장비

5) 위해성 경찰장비의 사용기준

  (1) 전자충격기 등의 사용 제한

  ① 경찰관은 14세미만의 자 또는 임산부에 대하여 전자충격기 또는 전자방패를 사용하여서는 안 된다.
  ② 경찰관은 전극침 발사장치가 있는 전자충격기를 사용하는 경우 상대방의 얼굴을 향하여 전극침을 발사하여서는 안 된다.

  (2) 가스발사총 등의 사용 제한

  ① 경찰관은 범인의 체포 또는 도주방지, 타인 또는 경찰관의 생명·신체에 대한 방호, 공무집행에 대한 항거의 억제를

위하여 필요한 때에는 최소한의 범위 안에서 가스발사총을 사용할 수 있다. 이 경우 경찰관은 1미터이내의 거리에서 상대방의 얼굴을 향하여 이를 발사하여서는 안 된다.
② 경찰관은 최루탄발사기로 최루탄을 발사하는 경우 30도 이상의 발사각을 유지하여야 하고, 가스차·살수차 또는 특수진압차의 최루탄발사대로 최루탄을 발사하는 경우에는 15도 이상의 발사각을 유지하여야 한다.

6) 경찰장비의 안전성 검사

(1) 안전성 검사 실시

① 경찰청장은 위해성 경찰장비를 새로 도입하려는 경우에는 안전성 검사를 실시하여 새로 도입하려는 장비가 사람의 생명이나 신체에 미치는 영향을 평가하여야 한다.

② 안전성 검사는 신규 도입 장비와 관련된 분야의 외부 전문가가 신규 도입 장비의 주요 특성이나 작동원리에 기초하여 제시하는 검사방법 및 기준에 따라 실시하되, 신규 도입 장비에 대하여 일반적으로 인정되는 합리적인 검사방법이나 기준이 있을 경우 그 검사방법이나 기준에 따라 안전성 검사를 실시할 수 있다.

(2) 안전성 검사 결과 보고

경찰청장은 신규 도입 장비에 대한 안전성 검사를 실시한 후 ① 신규 도입 장비의 주요 특성 및 기본적인 작동 원리 ② 안전성 검사의 방법 및 기준 ③ 안전성 검사에 참여한 외부 전문가의 의견 ④ 안전성 검사 결과 및 종합 의견이 포함된 안전성 검사의 결과보고서를 3개월 이내에 국회 소관 상임위원회에 제출하여야 한다.

(3) 안전성 검사의 공정성

안전성 검사에는 외부 전문가를 참여시켜야 하며 안전성 검사에 참여한 외부 전문가는 안전성 검사가 끝난 후 30일 이내

제 3 장 경찰장비 및 장구

에 신규 도입 장비의 안전성 여부에 대한 의견을 경찰청장에게 제출하여야 한다.

2. 경찰장구

1) 경찰장구의 사용

경찰관은 직무를 수행하기 위하여 필요하다고 인정되는 상당한 이유가 있을 때에는 그 사태를 합리적으로 판단하여 필요한 한도에서 경찰장구를 사용할 수 있다.

2) 경찰장구의 사용 요건

① 현행범이나 사형·무기 또는 장기 3년 이상의 징역이나 금고에 해당하는 죄를 범한 범인의 체포 또는 도주 방지
② 자신이나 다른 사람의 생명·신체의 방어 및 보호
③ 공무집행에 대한 항거 제지

3) 경찰장구의 종류

경찰장구는 경찰관이 휴대하여 범인 검거와 범죄 진압 등의 직무 수행에 사용하는 수갑, 포승, 경찰봉, 방패 등을 말한다.

3. 무기 및 분사기

1) 무기

(1) 무기의 사용

① 경찰관은 범인의 체포, 범인의 도주 방지, 자신이나 다른 사람의 생명·신체의 방어 및 보호, 공무집행에 대한 항거의 제지를 위하여 필요하다고 인정되는 상당한 이유가 있을 때에는 그 사태를 합리적으로 판단하여 필요한 한도에서 무기를 사용할 수 있다.
② 대간첩·대테러 작전 등 국가안전에 관련되는 작전을 수행

할 때에는 개인화기 외에 공용화기를 사용할 수 있다.
(2) 무기사용 제한의 예외
① 「형법」에 규정된 정당방위와 긴급피난에 해당할 때
② 다음 행위를 방지하거나 그 행위자를 체포하기 위하여 무기를 사용하지 않고는 다른 수단이 없다고 인정되는 상당한 이유가 있을 때
㉠ 사형·무기 또는 장기 3년 이상의 징역이나 금고에 해당하는 죄를 범하거나 범하였다고 의심할 만한 충분한 이유가 있는 사람이 경찰관의 직무집행에 항거하거나 도주하려고 할 때
㉡ 체포·구속영장과 압수·수색영장을 집행하는 과정에서 경찰관의 직무집행에 항거하거나 도주하려고 할 때
㉢ 제3자가 ㉠ 또는 ㉡에 해당하는 사람을 도주시키려고 경찰관에게 항거할 때
㉣ 범인이나 소요를 일으킨 사람이 무기·흉기 등 위험한 물건을 지니고 경찰관으로부터 3회 이상 물건을 버리라는 명령이나 항복하라는 명령을 받고도 따르지 않으면서 계속 항거할 때
③ 대간첩 작전 수행 과정에서 무장간첩이 항복하라는 경찰관의 명령을 받고도 따르지 않을 때
(3) 무기의 종류
무기는 사람의 생명이나 신체에 위해를 끼칠 수 있도록 제작된 권총·소총·도검 등을 말한다.
(4) 무기 사용의 3대 원칙
① 합리성의 원칙 : 무기사용의 필요성을 인정하는 데는 그 상황이나 사태를 합리적으로 판단해야 한다.
② 필요성의 원칙 : 무기사용이 필요하다고 인정되는 그에 상응하는 이유와 사회통념상 필요성이 인정 되어야 한다.

③ 비례의 원칙 : 무기사용이 필요하다고 인정되는 경우에 최소한도 내에서만 사용해야 한다.

2) 분사기

(1) 분사기의 사용
① 경찰관은 직무를 수행하기 위하여 부득이한 경우에는 현장책임자가 판단하여 필요한 최소한의 범위에서 분사기 또는 최루탄을 사용할 수 있다.
② 「총포 · 도검 · 화약류 등의 안전관리에 관한 법률」에 따른 분사기를 말하며, 그에 사용하는 최루 등의 작용제를 포함한다.

(2) 분사기 사용 요건
① 범인의 체포 또는 범인의 도주 방지
② 불법집회 · 시위로 인한 자신이나 다른 사람의 생명 · 신체와 재산 및 공공시설 안전에 대한 현저한 위해의 발생 억제

3) 사용기록의 보관

살수차, 분사기, 최루탄 또는 무기를 사용하는 경우 그 책임자는 사용 일시 · 장소 · 대상, 현장책임자, 종류, 수량 등을 기록하여 보관하여야 한다.

제 4장 손실보상

1. 손실보상의 책임과 범위 등

1) 손실보상의 책임

국가는 경찰관의 적법한 직무집행으로 인하여 손실을 입은 사람에 대하여 정당한 보상을 하여야 한다.

2) 손실보상의 범위

(1) 손실 발생의 원인에 책임이 없는 경우
   ① 손실발생의 원인에 대하여 책임이 없는 사람이 생명·신체 또는 재산상의 손실을 입은 경우
   ② 손실발생의 원인에 대하여 책임이 없는 사람이 경찰관의 직무집행에 자발적으로 협조하거나 물건을 제공하여 생명·신체 또는 재산상의 손실을 입은 경우

(2) 손실 발생의 원인에 책임이 있는 경우
   손실발생의 원인에 대하여 책임이 있는 자가 자신의 책임에 상응하는 정도를 초과하는 생명·신체 또는 재산상의 손실을 입은 경우

3) 손실보상 청구의 소멸 시효

보상을 청구할 수 있는 권리는 손실이 있음을 안 날부터 3년, 손실이 발생한 날부터 5년간 행사하지 않으면 시효의 완성으로 소멸한다.

제 4장 손실배상

4) 손실보상 심의

(1) 손실보상심의위원회

경찰관의 적법한 직무집행으로 인하여 손실을 입은 자가 청구한 손실보상신청 사건을 심의하기 위하여 손실보상심의위원회를 둔다.

(2) 손실보상금 환수

① 경찰청장 또는 시·도경찰청장은 손실보상심의위원회의 심의·의결에 따라 보상금을 지급하고, 거짓 또는 부정한 방법으로 보상금을 받은 사람에 대하여는 해당 보상금을 환수하여야 한다.

② 경찰청장 또는 시·도경찰청장은 보상금을 환수하려는 경우에는 손실보상심의위원회의 심의·의결에 따라 환수 여부 및 환수금액을 결정하여야 한다.

③ 거짓 또는 부정한 방법으로 보상금을 받은 사람에게는 환수사유, 환수금액, 납부기한, 납부기관에 대한 내용을 서면으로 통지해야 한다.

(3) 손실보상 심사 자료와 결과 보고

보상금이 지급된 경우 손실보상심의위원회는 대통령령으로 정하는 바에 따라 국가경찰위원회에 심사 자료와 결과를 보고하여야 한다. 이 경우 국가경찰위원회는 손실보상의 적법성 및 적정성 확인을 위하여 필요한 자료의 제출을 요구할 수 있다.

5) 손실 보상금 반환

경찰청장 또는 시·도경찰청장은 보상금을 반환하여야 할 사람이 대통령령으로 정한 통지일부터 40일 이내의 범위에서 경찰청장 또는 시·도경찰청장이 정하는 기한까지 그 금액을 납부하지 않을 때에는 국세 체납처분의 예에 따라 징수할 수 있다.

2. 손실보상의 기준 및 보상액

1) 손실보상의 기준

① 손실을 입은 물건을 수리할 수 있는 경우에는 수리비에 상당하는 금액을 보상한다.
② 손실을 입은 물건을 수리할 수 없는 경우에는 손실을 입은 당시의 해당 물건의 교환가액을 보상한다.
③ 영업자가 손실을 입은 물건의 수리나 교환으로 인하여 영업을 계속할 수 없는 경우에는 영업을 계속할 수 없는 기간 중 영업상 이익에 상당하는 금액을 보상한다.

2) 손실보상과 인과관계

물건의 멸실·훼손으로 인한 손실 외의 재산상 손실에 대해서는 직무집행과 상당한 인과관계가 있는 범위에서 보상한다.

3) 생명·신체상 손실에 대한 보상의 기준

(1) 사망자의 보상금액 기준

「의사상자 등 예우 및 지원에 관한 법률 시행령」 제12조 제1항에 따라 보건복지부장관이 결정하여 고시하는 금액을 보상한다.

(2) 부상등급의 기준

「의사상자 등 예우 및 지원에 관한 법률 시행령」 제2조 및 별표 1에 따른 부상범위 및 등급을 준용하되, 같은 영 별표 1에 따른 부상 등급 중 제1급부터 제8급까지의 등급에 해당하지 않는 신체상의 손실을 입은 경우에는 부상등급 외의 부상으로 본다.

(3) 부상등급별 보상금액 기준

「의사상자 등 예우 및 지원에 관한 법률 시행령」 제12조

제 4장 손실배상

제2항 및 별표 2에 따른 의상자의 부상등급별 보상금을 준용하되, 제2호에 따른 부상등급 외의 부상에 대한 보상금액의 기준은 제4호와 같다.

(4) 부상등급 외의 부상에 대한 보상금액 기준

① 부상등급 외의 부상에 대한 보상금액은 제1호에 따른 보상금의 100분의 5를 최고 한도로 하여 그 범위에서 진료비, 치료비, 수술비, 약제비, 입원비 등 실제로 지출된 의료비를 지급한다.

② ①에도 불구하고 위원회가 최고 한도를 초과하여 보상이 필요하다고 인정하는 경우에는 가목에 따른 최고 한도를 초과하여 실제로 지출된 의료비를 지급할 수 있다.

4) 중복 지급 금지

보상금을 지급받을 사람이 동일한 원인으로 다른 법령에 따라 보상금 등을 지급받은 경우 그 보상금 등에 상당하는 금액을 제외하고 보상금을 지급한다.

3. 손실보상의 지급 절차·방법 및 대상

1) 손실보상의 지급 절차

(1) 서류의 제출

경찰관의 적법한 직무집행으로 인하여 발생한 손실을 보상받으려는 사람은 보상금 지급 청구서에 손실내용과 손실금액을 증명할 수 있는 서류를 첨부하여 손실보상청구 사건 발생지를 관할하는 국가경찰관서의 장에게 제출하여야 한다.

(2) 상급 기관으로 이송

보상금 지급 청구서를 받은 국가경찰관서의 장은 해당 청구서를 손실보상청구 사건을 심의할 손실보상심의위원회가 설치된 경찰청, 해양경찰청, 시·도경찰청 및 지방해양경찰청의 장에게 보내야 한다.

(3) 보상금액 결정

보상금 지급 청구서를 받은 경찰청장 등은 손실보상심의위원회의 심의·의결에 따라 보상 여부 및 보상금액을 결정하여야 한다.

(4) 각하 결정

① 청구인이 같은 청구 원인으로 보상신청을 하여 보상금 지급 여부에 대하여 결정을 받은 경우. 다만, 기각 결정을 받은 청구인이 손실을 증명할 수 있는 새로운 증거가 발견되었음을 소명하는 경우는 제외한다.

② 손실보상 청구가 요건과 절차를 갖추지 못한 경우. 다만, 그 잘못된 부분을 시정할 수 있는 경우는 제외한다.

(5) 결정의 통지

경찰청장 등은 결정일부터 10일 이내에 통지서에 결정 내용을 적어서 청구인에게 통지하여야 한다.

(6) 통지서에 기록할 결정 내용

① 보상금을 지급하기로 결정한 경우 보상금 지급 청구 승인 통지서

② 보상금 지급 청구를 각하 하거나 보상금을 지급하지 않기로 결정한 경우 보상금 지급 청구 기각·각하 통지서

2) 손실보상의 지급 방법

(1) 현금 지급 원칙

보상금은 다른 법률에 특별한 규정이 있는 경우를 제외하고는 현금으로 지급하여야 한다.

(2) 일시불 지급 원칙

보상금은 일시불로 지급하되, 예산 부족 등의 사유로 일시

제 4 장 손실배상

금으로 지급할 수 없는 특별한 사정이 있는 경우에는 청구인의 동의를 받아 분할하여 지급할 수 있다.

3) 손실보상의 추가 신청

  (1) 추가 지급 청구

    보상금을 지급받은 사람은 보상금을 지급받은 원인과 동일한 원인으로 인한 부상이 악화되거나 새로 발견된 경우에는 보상금의 추가 지급을 청구할 수 있다.

  (2) 추가 지급의 범위

    ① 부상등급이 변경된 경우(부상등급 외의 부상에서 제1급부터 제8급까지의 등급으로 변경된 경우를 포함)
    ② 부상등급 외의 부상에 대해 부상등급의 변경은 없으나 보상금의 추가 지급이 필요한 경우

  (3) 기타 사항

    규정 사항 외에 손실보상의 청구 및 지급에 필요한 사항은 경찰청장 또는 해양경찰청장이 정한다.

4) 손실보상의 지급 대상자

  ① 범인의 신원을 특정할 수 있는 정보를 제공한 사람
  ② 범죄사실을 입증하는 증거물을 제출한 사람
  ③ 그 밖에 범인 검거와 관련하여 경찰 수사 활동에 협조한 사람 중 보상금 지급 대상자에 해당한다고 보상금심사위원회가 인정하는 사람

4. 손실보상심의위원회

1) 위원회의 설치

    소속 경찰공무원의 직무집행으로 인하여 발생한 손실보상청구 사건을 심의하기 위하여 경찰청, 해양경찰청, 시·도경찰청 및

지방해양경찰청에 손실보상심의위원회를 설치한다.

2) 위원회의 구성

  (1) 위원장

    ① 위원장은 위원 중에서 호선한다.
    ② 위원장은 위원회를 대표하며, 위원회의 업무를 총괄한다.
    ③ 위원장이 부득이한 사유로 직무를 수행할 수 없는 때에는 위원장이 미리 지명한 위원이 그 직무를 대행한다.

  (2) 위원의 수

    위원회는 위원장 1명을 포함한 5명 이상 7명 이하의 위원으로 구성한다.

  (3) 위원의 자격

    위원회의 위원은 소속 경찰공무원과 다음에 해당하는 사람 중에서 경찰청장 등이 위촉하거나 임명한다.
    ① 판사·검사 또는 변호사로 5년 이상 근무한 사람
    ②「고등교육법」제2조에 따른 학교에서 법학 또는 행정학을 가르치는 부교수 이상으로 5년 이상 재직한 사람
    ③ 경찰 업무와 손실보상에 관하여 학식과 경험이 풍부한 사람

  (4) 위원의 수 제한 및 임기

    위원의 과반수 이상은 경찰공무원이 아닌 사람으로 하여야 하며 위촉위원의 임기는 2년으로 한다.

  (5) 간사

    위원회의 사무를 처리하기 위하여 위원회에 간사 1명을 두되, 간사는 소속 경찰공무원 중에서 경찰청장 등이 지명한다.

3) 위원회의 운영

  ① 위위원장은 위원회의 회의를 소집하고, 그 의장이 된다.
  ② 위원회의 회의는 재적위원 과반수의 출석으로 개의하고, 출석

위원 과반수의 찬성으로 의결한다.
③ 위원회는 심의를 위하여 필요한 경우에는 관계 공무원이나 관계 기관에 사실조사나 자료의 제출 등을 요구할 수 있으며, 관계 전문가에게 필요한 정보의 제공이나 의견의 진술 등을 요청할 수 있다

4) 위원회 위원의 제척·기피·회피

   (1) 제척
      ① 위원 또는 그 배우자나 배우자였던 사람이 심의 안건의 청구인인 경우
      ② 위원이 심의 안건의 청구인과 친족이거나 친족이었던 경우
      ③ 위원이 심의 안건에 대하여 증언, 진술, 자문, 용역 또는 감정을 한 경우
      ④ 위원이나 위원이 속한 법인이 심의 안건 청구인의 대리인이거나 대리인이었던 경우
      ⑤ 위원이 해당 심의 안건의 청구인인 법인의 임원인 경우

   (2) 기피
      청구인은 위원에게 공정한 심의·의결을 기대하기 어려운 사정이 있는 경우에는 위원회에 기피 신청을 할 수 있고, 위원회는 의결로 이를 결정한다. 이 경우 기피 신청의 대상인 위원은 그 의결에 참여하지 못한다.

   (3) 회피
      위원이 제척 사유에 해당하는 경우에는 스스로 해당 안건의 심의·의결에서 회피하여야 한다.

5) 위원회 위원의 해촉

   ① 심신장애로 인하여 직무를 수행할 수 없게 된 경우
   ② 직무태만, 품위손상이나 그 밖의 사유로 위원으로 적합하지 않다고 인정되는 경우

③ 제척사유에 해당하는 데에도 불구하고 회피하지 않은 경우
④ 직무상 알게 된 비밀을 누설한 경우

6) 위원회 위원의 의무

위원회의 회의에 참석한 사람은 직무상 알게 된 비밀을 누설해서는 안 된다.

7) 위원회의 운영 등에 필요한 사항

규정에 정한 사항 외에 위원회의 운영 등에 필요한 사항은 경찰청장 또는 해양경찰청장이 정한다.

제 5장 공로자 보상

1. 보상금

경찰청장, 시·도경찰청장 또는 경찰서장은 범인검거 등 공로자에게 보상금을 지급할 수 있다.

1) 보상금 대상자

① 범인 또는 범인의 소재를 신고하여 검거하게 한 사람
② 범인을 검거하여 경찰공무원에게 인도한 사람
③ 테러범죄의 예방활동에 현저한 공로가 있는 사람
④ 그 밖에 ①부터 ③까지의 규정에 준하는 사람으로서 대통령령으로 정하는 사람
  ㉠ 범인의 신원을 특정할 수 있는 정보를 제공한 사람
  ㉡ 범죄사실을 입증하는 증거물을 제출한 사람
  ㉢ 그 밖에 범인 검거와 관련하여 경찰 수사 활동에 협조한 사람 중 보상금 지급 대상자에 해당한다고 보상금심사위원회가 인정하는 사람

2) 보상금 심사위원회

(1) 설치 및 운영

경찰청장, 시·도경찰청장 및 경찰서장은 보상금 지급의 심사를 위하여 대통령령으로 정하는 바에 따라 각각 보상금심사위원회를 설치·운영하여야 한다.

(2) 구성

① 보상금심사위원회는 위원장 1명을 포함한 5명 이내의 위

원으로 구성한다.
② 보상금심사위원회의 위원은 소속 경찰공무원 중에서 경찰청장, 시·도경찰청장 또는 경찰서장이 임명한다.

2. 보상금심사위원회

1) 심사위원회의 구성

① 경찰청에 두는 보상금심사위원회의 위원장은 경찰청 소속 과장급 이상의 경찰공무원 중에서 경찰청장이 임명하는 사람으로 한다.
② 시·도경찰청 및 경찰서에 두는 보상금심사위원회의 위원장에 관하여는 ①을 준용한다.

2) 심사위원회의 심의 및 의결 사항

① 보상금 지급 대상자에 해당하는 지 여부
② 보상금 지급 금액
③ 보상금 환수 여부
④ 그 밖에 보상금 지급이나 환수에 필요한 사항

3) 심사위원회의 의결 정족수

보상금심사위원회의 회의는 재적위원 과반수의 찬성으로 의결한다.

3. 보상금 지급 기준

보상금 지급대상에게 지급하는 보상금의 최고액은 5억원으로 하며, 구체적인 보상금 지급 기준은 경찰청장이 정하여 고시한다.

4. 보상금 지급 절차

1) 보상금 지급

경찰청장, 시·도경찰청장 또는 경찰서장은 보상금 지급사유

제 5 장 범인검거 등 공로자 보상

가 발생한 경우에는 직권으로 또는 보상금을 지급받으려는 사람의 신청에 따라 소속 보상금심사위원회의 심사·의결을 거쳐 보상금을 지급한다.

2) 보상금액의 결정

보상금심사위원회는 경찰청장이 정하여 고시한 보상금 지급 기준에 따라 보상 금액을 심사·의결한다.

3) 보상금액의 결정시 고려 사항
① 테러범죄 예방의 기여도
② 범죄피해의 규모
③ 범인 신고 등 보상금 지급 대상 행위의 난이도
④ 보상금 지급 대상자가 다른 법령에 따라 보상금 등을 지급받을 수 있는지 여부
⑤ 그 밖에 범인검거와 관련한 제반 사정

4) 사실조사

경찰청장, 시·도경찰청장 및 경찰서장은 소속 보상금심사위원회의 보상금 심사를 위하여 필요한 경우에는 보상금 지급 대상자와 관계 공무원 또는 기관에 사실조사나 자료의 제출 등을 요청할 수 있다.

5) 보상금의 지급 등에 필요한 사항

법에서 규정한 사항 외에 보상금의 지급 등에 필요한 사항은 경찰청장이 정하여 고시한다.

5. 보상금의 환수 절차

1) 보상금의 환수

① 경찰청장 또는 시·도경찰청장은 법에 따라 보상금을 환수하려는 경우에는 위원회의 심의·의결에 따라 환수 여부 및 환

수금액을 결정하여야 한다.
② 거짓 또는 부정한 방법으로 보상금을 받은 사람에게 환수사유, 환수금액, 납부기한, 납부기관을 서면으로 통지해야 한다.
③ ①, ②에 규정한 사항 외에 보상금 환수절차에 관하여 필요한 사항은 경찰청장이 정한다.

2) 반환금 강제 징수

경찰청장, 시·도경찰청장 또는 경찰서장은 보상금을 반환하여야 할 사람이 대통령령으로 정한 통지일부터 40일 이내의 범위의 기한까지 그 금액을 납부하지 않은 때에는 국세 체납처분의 예에 따라 징수할 수 있다.

6. 국가경찰위원회 보고 등

위원회(경찰청 및 시·도경찰청에 설치된 위원회만 해당)는 보상금 지급과 관련된 심사자료와 결과를 반기별로 경찰위원회에 보고해야 하며 경찰위원회는 필요하다고 인정하는 때에는 수시로 보상금 지급과 관련된 심사자료와 결과에 대한 보고를 위원회에 요청할 수 있다. 이 경우 위원회는 그 요청에 따라야 한다.

제 6장 소송 지원 및 형의 감면

1. 소송 지원

경찰청장과 해양경찰청장은 경찰관이 제2조 각 호에 따른 직무의 수행으로 인하여 민·형사상 책임과 관련된 소송을 수행할 경우 변호인 선임 등 소송 수행에 필요한 지원을 할 수 있다.

2. 형의 감면

범죄가 행하여지려고 하거나 행하여지고 있어 타인의 생명·신체에 대한 위해 발생의 우려가 명백하고 긴급한 상황에서, 경찰관이 그 위해를 예방하거나 진압하기 위한 행위 또는 범인의 검거 과정에서 경찰관을 향한 직접적인 유형력 행사에 대응하는 행위를 하여 그로 인하여 타인에게 피해가 발생한 경우, 그 경찰관의 직무수행이 불가피한 것이고 필요한 최소한의 범위에서 이루어졌으며 해당 경찰관에게 고의 또는 중대한 과실이 없는 때에는 그 정상을 참작하여 형을 감경하거나 면제할 수 있다.

3. 형의 감면 대상 범죄

① 「형법」 제2편제24장 살인의 죄, 제25장 상해와 폭행의 죄, 제32장 강간과 추행의 죄 중 강간에 관한 범죄, 제38장 절도와 강도의 죄 중 강도에 관한 범죄 및 이에 대하여 다른 법률에 따라 가중 처벌하는 범죄
② 「가정폭력범죄의 처벌 등에 관한 특례법」에 따른 가정폭력범죄, 「아동학대범죄의 처벌 등에 관한 특례법」에 따른 아동학대범죄

제 7장 벌칙

이 법에 규정된 경찰관의 의무를 위반하거나 직권을 남용하여 다른 사람에게 해를 끼친 사람은 1년 이하의 징역이나 금고에 처한다.

제 2편 적중예상문제

적중예상문제

01. 경찰관직무집행법상 불심검문의 방법이 아닌 것은
① 압수 및 수색 ② 소지품 및 자동사 검사 검문
③ 동행 요구 ④ 정지와 질문

 불심검문의 방법 : ②, ③, ④가 있으며 ①은 법원의 압수와 수색에 관한 영장이 있어야 가능하므로 불심검문의 방법에 해당되지 않는다.

02. 무기 및 흉기 등 위험을 야기시킬 수 있는 것으로 인정되는 물건을 임시영치와 보관 기간이 모두 옳은 것은?
① 임시영치 : 5일간, 보관 : 12시간
② 임시영치 : 5일간, 보관 : 24시간
③ 임시영치 : 7일간, 보관 : 12시간
④ 임시영치 : 10일간, 보관 : 24시간

 경찰관서에 임시영치 하거나 보관할 수 있는 기간은 임시영치는 10일을 초과 할 수 없으며 보관은 24시간을 초과 할 수 없다.

01. ① 02. ④ 《 정답

제 2 편 경찰관직무집행법

03. 다음 중 경찰상 공개된 장소라 볼 수 없는 곳은?
① 사무실 ② 음식점
③ 극장   ④ 역

 사무실이나 연구실·공장 등은 경찰상 폐쇄된 장소이며 여관·대합실·극장·여관 등은 불특정다수가 출입할 수 있는 장소로 경찰상 공개된 장소라 할 수 있다.

04. 경찰 장비 및 장구에 대한 설명이다. 옳지 않은 것은?
① 경찰장비를 임의로 개조하여 통상의 용법과 달리 사용함으로써 타인 생명이나 신체에 위해를 주어서는 안 된다.
② 타인의 생명·신체에 대한 방호 등 공무집행에 대한 항거의 억제를 위하여 필요하다고 인정되는 상당한 이유가 있을 때에는 경찰장구를 사용할 수 있다.
③ 경찰관은 현행범인의 경우와 장기 1년 이상의 징역이나 금고에 해당하는 죄를 범한 범인의 체포·도주의 방지를 위하여 필요한 경우 경찰장구를 사용할 수 있다.
④ 경찰관이 휴대하여 범인검거와 범죄 진압 등 직무수행에 사용하는 수갑·포승·경찰봉·방패 등을 말한다.

 ③ 현행범인의 경우와 사형·무기 또는 장기 3년 이상의 징역이나 금고에 해당하는 죄를 범한 범인의 체포·도주의 방지를 위할 목적으로만 경찰장구를 사용할 수 있다.

05. 다음은 분사기 사용에 관한 설명이다. 옳지 않은 것은?

① 분사기는 소지허가를 신고한 사람만이 사용할 수 있다.
② 누구든 범인의 체포·도주의 방지를 위할 경우에 분사기를 사용할 수 있다.
③ 분사기는 총포·도검·화약류 등 단속법의 규정에 따라야 한다.
④ 불법집회·시위로 자기 또는 타인의 생명·신체와 재산 및 공공시설안전에 대한 현저한 위해의 발생을 억제하기 위하여 부득이한 경우에만 사용 가능하다.

② 누구나 분사기를 사용할 수 있는 것이 아니고 경찰관과 분사기 소지 허가를 받은 사람만이 사용할 수 있다.

06. 경찰관직무법에 규정된 경찰관의 의무를 위반하여 다른 사람에게 해를 끼친 사람에 대한 처벌로 옳은 것은?

① 1년 이하의 징역이나 금고
② 2년 이하의 징역이나 300만원 이하의 벌금
③ 1년 이하의 징역이나 500만원 이하의 벌금
④ 3년 이하의 징역이나 금고

경찰관의 의무를 위반하거나 직권을 남용하여 다른 사람에게 해를 끼친 사람은 1년 이하의 징역이나 금고에 처한다.

07. 다음 중 무기 사용의 3대 원칙에 해당하지 않는 것은?

① 합리성의 원칙
② 비례의 원칙
③ 불가항력의 원칙
④ 필요성의 원칙

05. ② 06. ① 07. ③

무기사용의 3대 원칙
   ㉠ 합리성의 원칙 : 무기사용의 필요성을 인정하는 데는 그 상황이나 사태를 합리적으로 판단해야 한다.
   ㉡ 비례의 원칙 : 무기사용이 필요하다고 인정되는 경우에 최소한도 내에서만 사용해야한다
   ㉢ 필요성의 원칙 : 무기사용이 필요하다고 인정되는 그에 상응하는 이유와 사회통념상 필요성이 인정되어야 한다.

08. 다음 중 경찰관의 직무 범위에 들지 않는 것으로만 올바르게 연결된 것은?

㉮ 경비, 주요 인사의 경호
㉯ 교통 단속과 교통 위해의 방지
㉰ 행사장의 귀빈 안내 및 행사 홍보
㉱ 범죄자 보호
㉲ 외국 정부기관 및 국제기구와의 국제협력

① ㉮, ㉯, ㉲
② ㉰, ㉱
③ ㉯
④ ㉰, ㉲

 경찰관의 직무
   ㉠ 국민의 생명·신체 및 재산의 보호
   ㉡ 범죄의 예방·진압 및 수사
   ㉢ 범죄피해자 보호
   ㉣ 경비, 주요 인사 경호 및 대간첩·대테러 작전 수행
   ㉤ 공공안녕에 대한 위험의 예방과 대응을 위한 정보의 수집·작성 및 배포
   ㉥ 교통 단속과 교통 위해의 방지
   ㉦ 외국 정부기관 및 국제기구와의 국제협력
   ㉧ 그 밖에 공공의 안녕과 질서 유지

정답 》 08. ②

제 2편 적중예상문제

09. 다음은 임의 동행에 관한 내용이다. 틀린 것은?
① 질문하는 장소가 교통에 방해가 인정된 경우에는 질문을 위하여 인근 경찰서 등에 동행할 것을 요구할 수 있다.
② 동행할 경우 당해인의 가족에게 동행과 관련하여 고지하지 않아도 된다.
③ 동행한 당해인에게 변호인의 조력을 받을 권리가 있음을 고지하여야 한다.
④ 경찰관의 동행을 요구받은 당해인은 동행요구를 거절할 수 있다.

② 동행할 경우에는 동행인의 가족·친지 등에게 동행 장소, 목적, 이유를 고지하여 주어야 한다.

10. 당해인을 동행한 경우 경찰관서에 몇 시간을 초과하여 머물게 할 수 없는가?
① 10시간　　② 24시간
③ 6시간　　④ 12시간

동행의 경우 경찰관은 당해인을 6시간을 초과하여 경찰관서에 머물게 할 수 없다.

11. 다음 중 보호조치를 취할 수 있는 경우에 해당하지 않는 사람은?
① 부상 등으로 응급의 구호를 요한다고 인정되는 사람으로서 당해인이 보호조치를 거절하는 사람
② 정신착란자로 타인의 생명·신체와 재산에 위해를 미칠 우려가

09. ②　10. ③　11. ①　《 정답

있는 사람
③ 술에 취한 상태로 인하여 자기 또는 타인의 생명·신체와 재산에 위해를 미칠 우려가 있는 사람
④ 자살을 기도하는 사람

 ① 미아·병자·부상자 등으로서 적당한 보호자가 없으며 응급의 구호를 요한다고 인정되는 사람 중에서 당해인이 보호조치를 거절하는 경우에는 예외로 한다.

12.
대간첩작전수행과 소요사태 진압을 위해 경찰관서의 장이 취할 수 있는 접근금지 및 통행금지 지역에 해당하지 않는 곳은?

① 대간첩지역 ② 경찰관서
③ 무기고 ④ 대학교

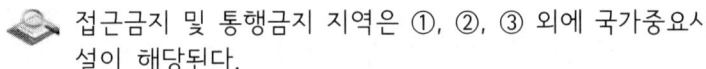 접근금지 및 통행금지 지역은 ①, ②, ③ 외에 국가중요시설이 해당된다.

13.
다음 중 경찰장구의 사용 요건에 해당하지 않는 경우는?

① 사형에 해당하는 죄를 범한 범인의 체포
② 장기 3년 이상의 징역이나 금고에 해당하는 죄를 범한 범인의 체포·도주의 방지
③ 현행범
④ 사형·무기 또는 장기 2년 이상의 징역이나 금고에 해당하는 죄를 범한 범인의 체포

경찰장구를 사용할 수 있는 요건
㉠ 현행범인인 경우
㉡ 사형·무기 또는 장기 3년 이상의 징역이나 금고에 해당하는 죄를 범한 범인의 체포·도주의 방지
㉢ 자기 또는 타인의 생명·신체에 대한 방호
㉣ 공무집행에 대한 항거의 억제를 위하여 필요하다고 인정되는 상당한 이유가 있을 때
이와 같은 사태를 합리적으로 판단하여 필요한 한도 내에서 경찰장구를 사용할 수 있다.

14. 경찰관이 직무수행 중 사용하는 위해성 경찰장비에 대하여 실시해야 하는 것은?

① 안전교육과 안전검사
② 안전기능과 안전교육
③ 안전검사 신체검사
④ 사용방법과 안전교육

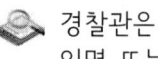 경찰관은 직무수행 중 경찰장비를 사용할 수 있다. 다만, 인명 또는 신체에 위해를 가할 수 있는 위해성 경찰장비에 대하여는 필요한 안전교육과 안전검사를 실시하여야 한다.

15. 다음 중 경찰장비에 대한 설명으로 옳지 않은 것은?

① 경찰관이 휴대하여 범인검거와 범죄 진압 등 직무수행에 사용하는 장비를 말한다.
② 수갑·포승·경찰봉·방패 등을 말한다.
③ 위해성 경찰장비는 필요한 경우 최대한 한도 내에서 사용하여야 한다.

14. ① 15. ③ 《정답

④ 인명 또는 신체에 위해를 가할 수 있도록 제작된 권총·소총·도검 등을 말한다.

 경찰장비 : 무기, 경찰장구, 최루제와 그 발사장치, 살수차, 감식기구, 해안 감시기구, 통신기기, 차량·선박·항공기 등 경찰의 직무수행에 필요한 장치와 기구를 말한다.
③ 위해성 경찰장비는 필요한 최소한도에서 사용하여야 한다.

16. 분사기나 최루탄 또는 무기를 사용하는 경우 그 책임자가 기록하여 보관해야 하는 사항에 속하지 않는 것은?

① 사용 일시
② 사용 장소
③ 사용 내역
④ 종류 및 수량

 분사기나 최루탄 또는 무기를 사용하는 경우 그 책임자는 사용일시·사용 장소·사용 대상·현장책임자·종류·수량 등을 기록하여 보관하여야 한다.

17. 다음은 무기 사용에 관한 내용이다 옳지 않은 것은?

① 체포·구속영장과 압수·수색영장을 집행할 때에 본인이 경찰관의 직무집행에 대하여 항거하거나 도주하려고 할 때
② 무기를 소지한 범인에게 경찰관이 2회 이상 투기명령을 하였는데도 불응하면서 계속 항거하는 경우
③ 대간첩작전수행에 있어 무장간첩이 경찰관의 투항명령을 받고도 이에 불응하는 경우

정답 》 16. ③ 17. ②

④ 제3자가 그를 도주시키려고 경찰관에게 항거할 때 이를 체포하기 위하여 무기를 사용하지 않고는 다른 수단이 없다고 인정되는 상당한 이유가 있을 때

 ② 범인이나 소요를 일으킨 사람이 무기·흉기 등 위험한 물건을 지니고 경찰관으로부터 3회 이상 물건을 버리라는 명령이나 항복하라는 명령을 받고도 따르지 않으면서 계속 항거하는 경우

18. 다음 조치 중 소속 국가경찰관서의 장에게 이를 보고하여야 하는 경우가 아닌 것은?
① 동행요구를 한 때
② 긴급구호 요청 또는 보호조치를 한 때
③ 임시영치를 한 때
④ 장구나 무기를 사용한 때

 국가경찰관서의 장에게 이를 보고하여야 하는 경우
㉠ 동행요구를 한 때
㉡ 긴급구호 요청 또는 보호조치를 한 때
㉢ 임시영치를 한 때
㉣ 범죄행위를 제지한 때
㉤ 다수인이 출입하는 장소에 대하여 출입 또는 검색을 한 때
㉥ 사실 확인을 한 때

19. 불심검문에 대한 설명으로 옳지 않은 것은?
① 경찰관의 신분을 표시하는 증표는 공무원증으로 한다.

18. ④ 19. ② 《 정답

② 질문을 받거나 동행을 요구받은 사람은 형법에 따르지 않고는 신체를 구속당하지 않다.
③ 현행범에 대하여는 흉기를 가지고 있는지를 조사할 수 있다.
④ 경찰관은 질문을 하거나 동행을 요구할 경우 자신의 신분을 표시하는 증표를 제시하여야 한다.

 ② 질문을 받거나 동행을 요구받은 사람은 형사소송에 관한 법률에 따르지 않고는 신체를 구속당하지 않으며, 그 의사에 반하여 답변을 강요당하지 않는다.

20. 보호조치와 관련한 설명으로 옳지 않은 것은?
① 연고자가 발견되지 않은 때에는 구호대상자를 공공구호기관에 즉시 인계하여야 한다.
② 구호대상자를 공공구호기관에 인계하였을 때에는 즉시 그 사실을 소속 경찰서장이나 해양경찰서장에게 보고하여야 한다.
③ 구호대상자를 경찰관서에서 보호하는 기간은 48시간을 초과할 수 없다.
④ 긴급구호를 요청받은 보건의료기관이나 공공구호기관은 정당한 이유 없이 긴급구호를 거절할 수 없다.

 ③ 구호대상자를 경찰관서에서 보호하는 기간은 24시간을 초과할 수 없다.

21. 범죄의 예방 및 위험 방지를 위한 조치로 옳지 않은 것은?
① 경찰관은 대간첩 작전 수행에 필요할 때에는 작전지역에서 공연

정답 》 20. ③ 21. ③

제 2편 적중예상문제

장, 여관 등의 장소를 검색할 수 있다.
② 경찰관이 범죄를 예방하기 위해 영업시간에 공연장에 출입하겠다고 요구하면 정당한 이유 없이 그 요구를 거절할 수 없다.
③ 경찰관은 범죄행위가 목전에서 행해지려고 한다는 이유만으로 그 행위를 제지할 수 있다.
④ 경찰관은 위험한 사태를 방지하기 위해 부득이한 경우 필요한 한도에서 다른 사람의 건물에 출입할 수 있다.

 ③ 경찰관은 범죄행위가 목전에 행하여지려고 하고 있다고 인정될 때에는 이를 예방하기 위하여 관계인에게 필요한 경고를 하고, 그 행위로 인하여 사람의 생명·신체에 위해를 끼치거나 재산에 중대한 손해를 끼칠 우려가 있는 긴급한 경우에는 그 행위를 제지할 수 있다.

22. 경찰관이 사실 확인을 위해 관계인에게 출석을 요구할 수 있는 경우를 모두 고른 것은?

㉮ 유실물을 인수할 권리자 확인
㉯ 행정처분을 위한 교통사고 조사에 필요한 사실 확인
㉰ 사고로 인한 사상자 확인
㉱ 미아를 인수할 보호자 확인
㉲ 범죄자 확인

① ㉮, ㉯, ㉰, ㉱   ② ㉯, ㉰, ㉱
③ ㉯, ㉰   ④ ㉮, ㉰, ㉲

 사실 확인을 위해 관계인에게 출석을 요구할 수 있는 경우로는 ㉮, ㉯, ㉰, ㉱가 해당한다.

22. ① 《 정답

23. 다음 ( ) 안에 들어갈 내용이 올바르게 연결된 것은?

> (㉮)은(는) 위해성 경찰장비를 새로 도입하려는 경우에는 (㉯)으로 정하는 바에 따라 (㉰)을(를) 실시하여 그 안전성 검사의 결과보고서를 국회 소관 상임위원회에 제출하여야 한다.

	㉮	㉯	㉰
①	시·도경찰청장	행정안전부령	안전교육
②	경찰청장	대통령령	안전성 검사
③	경찰청장	국무총리령	안전교육
④	관할경찰서장	대통령령	안전성 검사

 (경찰청장)은(는) 위해성 경찰장비를 새로 도입하려는 경우에는 (대통령령)으로 정하는 바에 따라 (안전성 검사)을(를) 실시하여 그 안전성 검사의 결과보고서를 국회 소관 상임위원회에 제출하여야 한다.

24. 경찰장구의 사용에 대한 설명으로 옳지 않은 것은?

① 공무집행에 대한 항거를 제지하기 위해 사용할 수 있다.
② 경찰관 자신의 생명 보호를 위해 사용할 수 있다.
③ 수갑, 포승, 경찰봉, 방패 등은 경찰관이 휴대하여 범인 검거와 범죄 진압 등의 직무 수행하는데 사용한다.
④ 장기 5년 이상의 징역에 해당하는 죄를 범한 범인의 도주 방지를 위한 경우 사용할 수 있다.

경찰장구의 사용
㉠ 현행범이나 사형·무기 또는 장기 3년 이상의 징역이나 금고에 해당하는 죄를 범한 범인의 체포 또는 도주 방지

정답 » 23. ② 24. ④

ⓒ 자신이나 다른 사람의 생명·신체의 방어 및 보호
ⓒ 공무집행에 대한 항거 제지

25. 경찰관의 무기 및 분사기의 사용과 관련한 내용으로 옳지 않은 것은?
   ① 범인의 체포를 위해서는 최루탄을 사용할 수 있으나 범인의 도주 방지를 위해서는 최루탄을 사용할 수 없다.
   ② 대간첩·대테러 작전 등 국가안전에 관련되는 작전을 수행할 때에는 개인화기와 공용화기 모두를 사용할 수 있다.
   ③ 분사기는 「총포·도검·화약류 등의 안전관리에 관한 법률」에 따른 분사기를 말한다.
   ④ 「형법」에 규정된 정당방위에 해당할 때에는 무기를 사용할 수 있다.

 경찰관은 ㉠ 범인의 체포 또는 범인의 도주 방지 ㉡ 불법집회·시위로 인한 자신이나 다른 사람의 생명·신체와 재산 및 공공시설 안전에 대한 현저한 위해의 발생 억제를 위한 직무를 수행하기 위하여 부득이한 경우에는 현장책임자가 판단하여 필요한 최소한의 범위에서 분사기(「총포·도검·화약류 등의 안전관리에 관한 법률」에 따른 분사기를 말하며, 그에 사용하는 최루 등의 작용제를 포함) 또는 최루탄을 사용할 수 있다.

26. 경찰관이 사용하는 무기와 관련한 설명으로 옳지 것은?
   ① 무기를 사용하는 경우 그 책임자는 사용 일시·장소·대상, 현장

25. ① 26. ④ 《 정답

책임자, 종류, 수량 등을 기록하여 보관하여야 한다.
② 경찰장비에는 무기가 포함된다.
③ 「형법」에 규정된 긴급피난에 해당할 때에는 무기를 사용할 수 있다.
④ 경찰관이 사용하는 무기는 사람의 생명이나 신체에 위해를 끼칠 수 있도록 제작된 권총과 소총만 해당된다.

 ④ 경찰관이 사용하는 무기는 사람의 생명이나 신체에 위해를 끼칠 수 있도록 제작된 권총·소총·도검 등을 말한다.

27. 범죄 행위자를 체포하기 위하여 무기를 사용하지 않고는 다른 수단이 없다고 인정되는 경우에 해당하는 것은?

㉮ 사형에 해당하는 죄를 범한 자를 도주시키려고 경찰관에게 항거한 경우
㉯ 불법집회를 하는 사람에게 해산명령을 하였으나 따르지 않은 경우
㉰ 흉기를 지니고 소요를 일으킨 사람이 경찰관으로부터 3회 이상 흉기를 버리라는 명령을 받고도 따르지 않고 계속 항거할 경우
㉱ 수색영장을 집행하는 과정에서 경찰관의 직무집행에 항거한 경우

① ㉯, ㉰
② ㉯, ㉰, ㉱
③ ㉮, ㉰, ㉱
④ ㉮, ㉰

무기의 사용
㉠ 사형·무기 또는 장기 3년 이상의 징역이나 금고에 해당하는 죄를 범하거나 범하였다고 의심할 만한 충분한 이유가 있는 사람이 경찰관의 직무집행에 항거하거나 도주하려고 할 때
㉡ 체포·구속영장과 압수·수색 영장을 집행하는 과정에

정답 » 27. ③

서 경찰관의 직무집행에 항거하거나 도주하려고 할 때
ⓒ 제3자가 ㉠ 또는 ㉡에 해당하는 사람을 도주시키려고 경찰관에게 항거할 때
㉣ 범인이나 소요를 일으킨 사람이 무기·흉기 등 위험한 물건을 지니고 경찰관으로부터 3회 이상 물건을 버리라는 명령이나 항복하라는 명령을 받고도 따르지 않으면서 계속 항거할 때

28. 경찰관의 적법한 직무집행으로 인하여 발생한 손실을 보상하는 손실보상에 대한 설명으로 옳은 것은?

① 보상을 청구할 수 있는 권리는 손실이 있음을 안 날부터 5년간 행사하지 않으면 시효의 완성으로 소멸한다.
② 보상금이 지급된 경우 손실보상심의위원회는 국회에 심사자료와 결과를 보고하여야 한다.
③ 지급된 보상금을 부정한 방법으로 받았다 하더라도 해당 보상금을 환수하지 못한다.
④ 손실보상신청 사건을 심의하기 위하여 손실보상심의위원회를 둔다.

① 보상을 청구할 수 있는 권리는 손실이 있음을 안 날부터 3년, 손실이 발생한 날부터 5년간 행사하지 않으면 시효의 완성으로 소멸한다.
② 보상금이 지급된 경우 손실보상심의위원회는 대통령령으로 정하는 바에 따라 경찰위원회에 심사자료와 결과를 보고하여야 한다.
③ 보상금을 지급하고, 거짓 또는 부정한 방법으로 보상금을 받은 사람에 대하여는 해당 보상금을 환수하여야 한다.

28. ④

29. 범인검거 등 공로자의 보상과 관련한 내용으로 옳지 않은 것은?

① 보상금심사위원회는 위원장 1명을 포함한 7명 이내의 위원으로 구성한다.
② 범인 또는 범인의 소재를 신고하여 검거하게 한 사람은 보상금을 지급할 수 있다.
③ 보상금을 지급권자는 경찰청장, 시·도경찰청장 또는 경찰서장이다.
④ 보상금심사위원회의 위원은 소속 경찰공무원 중에서 경찰청장, 시·도경찰청장 또는 경찰서장이 임명한다.

① 보상금심사위원회는 위원장 1명을 포함한 5명 이내의 위원으로 구성한다.

30. 다음 사항을 모두 행사할 수 있는 사람은?

㉮ 위해성 경찰장비의 안전성 검사 실시
㉯ 보상금심사위원회를 설치·운영
㉰ 손실보상심의위원회의 심의·의결에 따라 보상금 지급
㉱ 경찰관의 직무수행을 위하여 외국 정부기관, 국제기구 등과 자료 교환, 국제협력 활동

① 시·도경찰청장 ② 해양경찰청장
③ 경찰청장 ④ 경찰서장

㉮ 경찰청장
㉯ 경찰청장 또는 시·도경찰청장 및 경찰서장
㉰ 경찰청장 또는 시·도경찰청장
㉱ 경찰청장 또는 해양경찰청장

제3편 기출문제(경비지도사)

- ▶ 제1회   1997. 2. 23. 시행   ▶ 제2회   1999. 10. 31. 시행
- ▶ 제3회   2001. 12. 9. 시행   ▶ 제4회   2002. 11. 10. 시행
- ▶ 제6회   2004. 11. 21. 시행   ▶ 제7회   2005. 11. 13. 시행
- ▶ 제8회   2006. 11. 19. 시행   ▶ 제9회   2007. 11. 18. 시행
- ▶ 제10회 2008. 11. 9. 시행   ▶ 제11회 2009. 11. 8. 시행
- ▶ 제12회 2010. 11. 14. 시행   ▶ 제13회 2011. 11. 13. 시행
- ▶ 제14회 2012. 11. 17. 시행   ▶ 제15회 2013. 11. 16. 시행
- ▶ 제16회 2014. 11. 15. 시행   ▶ 제17회 2015. 11. 21. 시행
- ▶ 제18회 2016. 11. 19. 시행   ▶ 제19회 2017. 11. 18. 시행
- ▶ 제20회 2018. 11. 17. 시행   ▶ 제21회 2019. 11. 16. 시행
- ▶ 제22회 2020. 11. 21. 시행   ▶ 제23회 2021. 11. 6. 시행

기출문제

제1회 경비지도사
1997. 2. 23. 시행

01. 다음은 청원경찰에 대한 지휘체계에 대한 설명이다. 맞는 것은?
  ① 서울특별시장 또는 도지사에 의하여 지휘된다.
  ② 실질적인 지휘·감독은 관할경찰서장에 의하여 이루어지고 있다.
  ③ 지방자치단체의 장은 관할지역의 청원경찰을 지휘·감독하여야 한다.
  ④ 청원경찰은 경비업법 상의 경비업무를 행한다.

 청원경찰은 법 제4조제2항의 규정에 의하여 청원경찰의 배치결정을 받은 자와 배치된 기관·시설 또는 사업장 등의 구역을 관할하는 경찰서장의 감독을 받아 그 경비구역 안에 한하여 경비목적을 위하여 필요한 범위 안에서 경찰관직무집행법에 의한 경찰관의 직무를 행한다.

02. 다음 중 청원경찰의 배치를 승인할 수 있는 자는?
  ① 행정안전부장관   ② 시·도경찰청장
  ③ 지방지치단체장   ④ 경찰서장

 청원경찰의 배치를 받고자 하는 자는 대통령령이 정하는 바에 의하여 관할 시·도경찰청장에게 신청하여야 한다.

정답 01. ② 02. ②

03. 청원경찰경비와 민간경비가 동시에 실시될 경우 청원주는 청원경찰의 근무배치 및 감독권의 일부는 경비업자에게 위임할 수 있는데 이 경우 예상되는 문제점은?
① 대체로 청원경찰의 교육수준이 높아 경비업자의 지휘를 거부한다.
② 지휘체계가 일원화됨으로써 전혀 문제가 생기지 않는다.
③ 경비업자가 청원경찰에 대한 임용 및 해임 등의 인사권까지 갖는 것이 아니기 때문에 실질적인 지휘·감독이 실현되지 못한다.
④ 청원경찰과 경비는 그 업무가 전혀 다르기 때문에 문제점이 발생할 여지가 전혀 없다.

청원주가 경비업자에게 청원경찰의 근무배치 및 감독에 관한 권한을 위임한 경우에 이를 이유로 청원경찰의 보수나 신분상의 불이익을 주어서는 안 된다.

04. 청원경찰의 임무수행과 관련된 설명이다. 옳지 않은 것은?
① 배치구역 내에서의 경비목적을 위한 최소한도에 그쳐야 한다.
② 여하한 경우에도 물리적 힘이나 무기를 소지·사용할 수 없다.
③ 임무수행 중 특이한 사항이 발생한 때에는 청원주 또는 관할경찰서장에게 보고하여 지시에 따라야 한다.
④ 청원경찰은 직무를 수행함에 있어서 직권을 남용하여 국민에게 해를 끼친 경우에는 6월 이하의 징역이나 금고에 처한다.

시·도경찰청장은 청원경찰이 직무수행을 위하여 필요하다고 인정할 때에는 청원주의 신청에 의하여 관할경찰서장으로 하여금 무기를 대여하여 휴대하게 할 수 있다.

정 답   03. ③   04. ②

기출문제(1999. 10. 31. 시행)

제2회 경비지도사
1999. 10. 31. 시행

01. 청원경찰법을 제정하게 된 배경으로 가장 적당한 것은?
  ① 1970년대 산업화로 경비수요가 늘어나 경찰인력만으로는 한계가 있어서
  ② 1950년대 전쟁 중의 필요한 군병력에 대한 보충이 필요해서
  ③ 1988년 88올림픽의 개최를 위하여 필요한 경비인원을 확충하기 위하여
  ④ 1960년대 국가중요시설의 경비인원 중 경제개발을 위하여 투입된 필요한 인원을 보충하기 위하여

청원경찰법은 국가중요시설 등에 대한 경비의 필요성의 인식 및 산업화에 따른 치안수요를 경찰력만으로는 대처하는데 한계가 있었기 때문에 1962년 처음 제정 되었다.

02. 다음 중 청원경찰이 배치될 수 없는 곳을 고르면?
  ① 국내주재 외국기관
  ② 국외주재 국내기관
  ③ 국가기관 또는 공공단체와 그 관리 하에 있는 중요시설 또는 사업장
  ④ 기타 행정안전부령으로 정하는 중요시설, 사업장 또는 장소

청원경찰의 배치 대상
㉠ 국가기관 또는 공공단체와 그 관리 하에 있는 중요시설 또는 사업장
㉡ 국내주재 외국기관

정 답   01. ①   02. ②

ⓒ 행정안전부령으로 정하는 중요시설·사업장 또는 장소
  ⓐ 선박·항공기 등 수송시설
  ⓑ 금융 또는 보험을 업으로 하는 시설 또는 사업장
  ⓒ 언론·통신·방송 또는 인쇄를 업으로 하는 시설 또는 사업장
  ⓓ 학교 등 육영시설
  ⓔ 의료법에 의한 의료기관
  ⓕ 그 밖에 공공의 안녕질서 유지와 국민경제를 위하여 고도의 경비가 필요한 중요시설, 사업체 또는 장소

03. 청원경찰에 대한 설명이 바르지 못한 것을 고르면?

① 청원경찰이란 청원주가 소요경비를 부담할 것을 조건으로 경찰의 배치를 신청하는 경우에 배치하는 경찰을 말한다.
② 국내주재 외국기관은 청원경찰의 배치대상이 아니다.
③ 청원경찰은 경찰서장의 감독을 받아 경비구역 내에서만 경찰관의 직무를 행한다.
④ 청원경찰은 그 경비구역 내에서는 경찰관직무집행법에 의한 직무를 행한다.

청원경찰이 배치될 수 있는 곳
㉠ 국가기관 또는 공공단체와 그 관리 하에 있는 중요시설 또는 사업장
㉡ 국내주재 외국기관
㉢ 기타 행정안전부령으로 정하는 중요시설·사업장 또는 장소

04. 청원경찰의 배치장소가 2개 이상의 도(특별시 및 광역시 포함)인 경우에 배치신청서의 제출기관은?
① 주된 사업장의 소재지를 관할하는 시·도경찰청장에게 직접 신청할 수 있다.
② 주된 사업장의 소재를 관할하는 관할경찰서장을 거쳐 관할 시·도경찰청장에게 신청할 수 있다.
③ 주된 사업장의 소재지를 관할하는 경찰서장에게 직접 신청할 수 있다.
④ 주된 사업장의 소재지를 관할하는 시·도경찰청장을 거쳐 경찰청장에게 직접 신청할 수 있다.

> 청원경찰의 배치를 받고자 하는 사람은 청원경찰배치신청서에 서류를 첨부하여 기관·시설·사업장 또는 장소의 소재지를 관할하는 경찰서장을 거쳐 시·도경찰청장에게 제출하여야 한다. 이 경우 배치장소가 2 이상의 도(특별시 및 광역시를 포함)인 때에는 주된 사업장의 관할경찰서장을 거쳐 관할 시·도경찰청장에게 일괄 신청할 수 있다.

05. 다음 중 청원경찰의 임용승인권자는 누구인가?
① 청원주   ② 시·도경찰청장
③ 관할경찰서장   ④ 경찰청장

> 청원경찰은 청원경찰의 배치결정을 받은 청원주가 임용하되, 그 임용에 있어서는 미리 시·도경찰청장의 승인을 얻어야 한다.

정답 04. ② 05. ②

06. 청원경찰법상 다음 설명 중 틀린 것은?

① 청원경찰의 배치결정을 받은 자는 그 배치결정통지를 받은 날로부터 20일 이내에 배치 결정된 인원수의 임용예정자에 대하여 임용승인 신청서를 시·도경찰청장에서 제출하여야 한다.
② 청원주가 청원경찰을 임용한 때에는 10일 이내에 그 임용사항을 사업장의 소재지를 관할하는 경찰서장을 거쳐 시·도경찰청장에게 보고하여야 한다. 퇴직한 때도 또한 같다.
③ 청원주는 청원경찰을 신규로 배치하거나 이동배치한 때에는 배치지(이동배치의 경우에는 종전의 배치지) 관할경찰서장에게 통보하여야 한다.
④ 통보를 받은 경찰서장은 이동배치지가 관할구역을 달리할 때에는 전입지 관할경찰서장에게 이를 통보하여야 한다.

 ② 청원경찰의 배치결정을 받은 청원주는 그 배치결정통지를 받은 날부터 30일 이내에 배치결정 된 인원수의 임용예정자에 대하여 청원경찰임용승인을 시·도경찰청장에게 신청하여야 한다.

07. 청원경찰업무에 종사하는 자를 공무원으로 보는 경우는?

① 형법 기타 법령에 의한 벌칙의 적용에 있어서
② 민법 기타 법령의 적용 시
③ 경찰법의 적용 시
④ 경찰관직무집행법 및 법령에 의한 벌칙의 적용 시

 청원경찰업무에 종사하는 자는 형법 기타 법령에 의한 벌칙의 적용에 있어서는 공무원으로 본다.

정답 06. ① 07. ①

08. 다음 중 청원경찰의 직무범위와 관련이 없는 내용은?

① 청원경찰은 배치구역내의 사고발생시 범인의 체포 및 수사를 할 수 있다.
② 청원경찰은 경비구역의 정문, 기타 지정된 장소에서 경비구역의 내부, 외부 및 출입자의 동태를 감시한다.
③ 청원경찰은 직무를 행하는 경우에 경찰관직무집행법 및 동법 시행령에 의하여 행하여야 할 제 보고는 관할경찰서장에게 서면으로 보고함에 앞서 지체 없이 구두로 보고하여 그 지시에 따라야 한다.
④ 청원경찰은 청원주가 지정한 일정한 구역을 순회하면서 경비임무를 행한다.

① 사고발생 시 범인의 체포 및 수사는 경찰의 업무에 해당한다.

09. 다음 청원경찰의 근무요령 중 옳지 않은 것을 고르면?

① 입초근무자는 경비구역의 정문 기타 지정된 장소에서 경비구역의 내부, 외부 및 출입자의 동태를 감시한다.
② 소내근무자는 근무 중 특이한 사항이 발생한 때에는 지체없이 청원주 또는 관할경찰서장에게 보고하여 그 지시를 따라야 한다.
③ 순찰근무자는 청원주가 지정한 일정한 구역을 순회하면서 경비임무를 수행한다. 다만, 순찰은 정선순찰에 의하되, 청원주가 필요하다고 인정한 때에는 요점, 난선 또는 복수 순찰을 행하게 할 수 있다.
④ 대기근무자는 소내근무를 협조하기 보다는 집에서 휴식을 취하면서 불의의 사고에 대비한다.

④ 대기근무자는 소내근무를 협조하거나 휴식하면서 불의의 사고에 대비한다.

정 답   08. ①   09. ④

10. 다음 중 청원경찰의 무기휴대 및 사용에 관한 내용 중 옳지 않은 것은?

① 관할경찰서장은 청원경찰이 직무수행을 위하여 필요하다고 인정한 때에는 청원주의 신청에 의하여 관할파출소장으로 하여금 무기를 대여하여 휴대하게 할 수 있다.
② 청원경찰이 휴대할 무기를 대여 받고자 할 때에는 무기대여 신청서를 관할경찰서장을 거쳐 시·도경찰청장에게 제출하여야 한다.
③ 청원주가 무기를 대여한 때에는 관할경찰서장은 청원경찰의 무기관리사항을 수시 점검하여야 한다.
④ 청원주 및 청원경찰은 행정안전부령이 정하는 청원경찰 무기관리수칙을 준수하여야 한다.

📢 시·도경찰청장은 청원경찰이 직무수행을 위하여 필요하다고 인정할 때에는 청원주의 신청에 의하여 관할경찰서장으로 하여금 무기를 대여하여 휴대하게 할 수 있다.

11. 다음 중 경찰의 소극적 원칙에 대해 설명하고 있는 것은?

① 경찰권은 단순한 민사관계에는 관여하지 못한다는 원칙이다.
② 경찰권은 사유재산제도 및 계약자유의 원칙에 의한 사경제적 거래에는 관여할 수 없다는 원칙이다.
③ 경찰권은 사회질서에 직접 영향을 미치지 않는 사무소안의 행동은 관여할 수 없다는 원칙이다.
④ 경찰권은 질서유지를 위한 위해 방지라는 소극적 목적을 위해서만 발동할 수 있고, 복리증진이라는 적극적인 목적을 위해서는 발동할 수 없다는 원칙이다.

📢 ①, ②, ③은 경찰 공공의 원칙에 해당되고 ④는 경찰 소극의 원칙에 해당된다.

정답 10. ① 11. ④

⊙ 경찰 소극의 원칙 : 경찰권은 '소극적으로' 사회공공의 안녕·질서의 유지를 위해서만 발동되며, 적극적으로 공공복리의 증진을 위해서는 발동될 수 없다는 원칙이다.
ⓒ 경찰 공공의 원칙 : 경찰권은 사회공공의 안녕질서와 직접적 관련이 없는 생활관계에 대해서는 경찰권이 관여할 수 없다는 원칙으로, 예외적으로 그것이 공공의 안녕·질서에 대해 위해를 미칠 때는 경찰권이 발동된다.

12. 다음 중 불심검문의 방법이 아닌 것은?
① 정지와 질문
② 동행요구
③ 소지품 검사와 자동차 검문
④ 압수와 수색

④ 압수와 수색은 영장이 있어야 가능한 것이므로 불심검문과는 관계가 없다.

13. 다음 중 임의동행 시 경찰관은 당해인을 몇 시간 이상 경찰관서에 머물게 할 수 없는가?
① 4시간 이상
② 6시간 이상
③ 8시간 이상
④ 12시간 이상

동행을 한 경우 경찰관은 당해인을 6시간을 초과하여 경찰관서에 머물게 할 수 없다.

14. 다음의 경찰관의 무기사용이 가능한 때의 내용으로 올바르지 않은 것은?

① 형법에 규정한 정당방위와 긴급피난에 해당하는 때
② 사형, 무기 또는 장기 3년 이상의 죄를 범한 자의 체포, 도주 방지 시
③ 체포 · 구속영장, 압수 · 수색영장 집행 시 본인의 항거 또는 제3자가 그 본인을 도주시키려고 하는 경우
④ 불법집회 및 시위로 인하여 자기 또는 타인의 생명 · 신체와 재산 및 공공시설안전에 대한 현저한 위해 발생을 억제하기 위하여 부득이한 경우

 ④ 총포·도검·화약류 등 단속법의 규정에 의한 분사기와 최루 등의 작용제 또는 최루탄을 사용할 수 있는 경우에 해당한다.

15. 청원경찰의 업무수행 시 위법성의 조각사유가 아닌 것은?

① 정당방위   ② 긴급피난
③ 현행범 체포   ④ 수사 활동

 청원경찰은 경찰관직무집행법에 의한 직무 이외의 수사 활동 등 사법경찰관리의 직무를 행하여서는 안 된다.

16. 청원경찰(국가기관 또는 지방자치단체에 근무하는 청원경찰을 제외)의 직무상 불법행위에 대한 배상은 어느 법의 적용 받는가?

① 형법의 규정에 의한다.   ② 민법의 규정에 의한다.

정답   14. ④   15. ④   16. ②

③ 청원경찰법에 의한다.   ④ 경찰관직무집행법에 의한다.

> 청원경찰(국가기관 또는 지방자치단체에 근무하는 청원경찰을 제외)의 직무상 불법행위에 대한 배상책임에 관하여는 민법의 규정에 의한다.

17. 경찰관이 피구호자가 휴대하고 있는 무기, 흉기 등 위험을 야기할 수 있는 것으로 인정되는 물건을 경찰관서에 며칠까지 임시영치 할 수 있는가?

① 5일   ② 7일
③ 10일   ④ 15일

> 경찰관서에서의 보호는 24시간을, 임시영치는 10일을 초과할 수 없다.

18. 다음 중 청원경찰의 임용권자는 누구인가?

① 청원주   ② 관할경찰서장
③ 관할 시·도경찰청장   ④ 경찰청장

> 청원경찰은 청원경찰의 배치결정을 받은 청원주가 임용하되, 그 임용에 있어서는 미리 시·도경찰청장의 승인을 얻어야 한다.

정 답   17. ③   18. ①

제 3 회 경비지도사
2001. 12. 9. 시행

01. 다음 중 청원경찰이 근무 중에 적용되는 법은?
① 경찰법   ② 경비업법
③ 소방법   ④ 경찰관직무집행법

> 청원경찰은 그 경비구역 안에 한하여 경비목적을 위하여 필요한 범위 안에서 경찰관직무집행법에 의한 경찰관의 직무를 행한다.

02. 다음 중 청원경찰의 임용자격, 임용방법, 교육, 보수 및 징계에 관한 내용을 규정한 법령은?
① 대통령령   ② 행정안전부령
③ 국무총리령   ④ 형사소송법

> 청원경찰의 임용자격·임용방법·교육·보수 및 징계에 관하여는 대통령령으로 정한다.

03. 청원경찰의 업무수행 시 위법성의 조각사유가 아닌 것은?
① 정당방위   ② 긴급피난
③ 현행범 체포   ④ 수사 활동

> 청원경찰은 경찰관직무집행법에 의한 직무 이외의 수사 활동 등 사법경찰관리의 직무를 행하여서는 안 된다.

정답   01. ④   02. ①   03. ④

기출문제(2001. 12. 9. 시행)

04. 다음 중 배치된 기관, 시설 또는 사업장에서 근무하는 청원경찰은 누가 감독하는가?
① 경비업자　　　　　② 청원주
③ 시·도경찰청장　　　④ 경찰청장

청원경찰은 청원경찰의 배치결정을 받은 청원주와 배치된 기관·시설 또는 사업장 등의 구역을 관할하는 경찰서장의 감독을 받아 그 경비구역 안에 한하여 경비목적을 위하여 필요한 범위 안에서 경찰관직무집행법에 의한 경찰관의 직무를 행한다.

05. 다음 중 청원주가 청원경찰을 임용했을 때에는 며칠 이내에 시·도경찰청장에게 보고하여야 하는가?
① 30일 이내　　　　② 20일 이내
③ 10일 이내　　　　④ 7일 이내

청원주가 청원경찰을 임용한 때에는 10일 이내에 그 임용사항을 사업장의 소재지를 관할하는 경찰서장을 거쳐 시·도경찰청장에게 보고하여야 한다. 청원경찰이 퇴직한 때에도 또한 같다.

06. 다음 중 청원경찰의 제복·장구 및 부속물에 관하여 필요한 사항을 규정한 법령은?
① 대통령령　　　　　② 국무총리령
③ 행정안전부령　　　④ 경찰관직무집행법

정답　04. ②　05. ③　06. ③

📢 청원경찰의 제복·장구 및 부속물에 관하여 필요한 사항은 행정안전부령으로 정한다.

07. 다음 중 청원경찰의 임용 나이로서 알맞은 것은?
① 만 18세 이상 만 49세 미만인 자
② 만 50세 이상인 자
③ 만 18세 이상 만 50세 미만인 자
④ 만 18세 이상 만 50세 이하인 자

📢 18세 이상으로 행정안전부령으로 정하는 신체조건에 해당하는 사람이다.

행정안전부령으로 정하는 신체조건
㉠ 신체가 건강하고 팔다리가 완전할 것
㉡ 시력(교정시력 포함)은 양쪽 눈이 각각 0.8 이상일 것

08. 다음 중 청원경찰의 직무교육은 월 몇 시간 이상인가?
① 10시간 이상 ② 8시간 이상
③ 6시간 이상   ④ 4시간 이상

📢 청원주는 소속 청원경찰에 대하여 그 직무집행에 관하여 필요한 교육을 매월 4시간이상 실시하여야 한다.

정답   07. ③ 08. ④

09. 다음 중 청원경찰의 직무 중 직권을 남용했을 경우의 처벌의 내용으로 알맞은 것은?
　　① 6월 이하의 징역　　　② 8월 이하의 징역
　　③ 6월 이하의 금고　　　④ 6월 이하의 징역이나 금고

　　청원경찰이 직무를 수행함에 있어서 직권을 남용하여 국민에게 해를 끼친 경우에는 6월 이하의 징역이나 금고에 처한다.

10. 다음 중 청원경찰이 청원경찰의 업무를 행하는 도중 경찰관직무집행법 및 동법 시행령에 의하여 행하여야 할 제보고는 서면으로 보고하기에 앞서 취하는 행동으로서 옳은 것은?
　　① 시간적인 여유를 두고 천천히 구두로 보고 한다.
　　② 앞으로의 사건의 진행상황을 지켜보면서 꼭 필요하다고 생각될 때 구두로 보고한다.
　　③ 지체없이 구두로 보고한다.
　　④ 어떠한 내용도 즉각 보고하면, 나중의 책임이 문제됨으로 24시간 정도 시간을 두고 정리해 본 후 보고해도 된다.

　　청원경찰이 직무를 행하는 경우에 경찰관직무집행법 및 동법시행령에 의하여 행하여야 할 제보고는 관할 경찰서장에게 서면으로 보고함에 앞서 지체없이 구두로 보고하여 그 지시에 따라야 한다.

11. 다음 중 그 내용상 틀린 것은 어느 것인가?
　　① 대기근무자는 집에서 휴식을 하면서 불의의 사고에 대비한다.

정답　　09. ④　10. ③　11. ①

② 순찰근무자는 소내에서 업무처리 및 자체경비를 한다.
③ 소내근무자는 소내에서 업무처리 및 자체경비를 한다.
④ 입초근무자는 경비구역의 정문 기타 지정된 장소에서 경비구역의 내부, 외부 및 출입자의 동태를 감시한다.

📢 ① 대기근무자는 소내근무를 협조하거나 휴식하면서 불의의 사고에 대비한다.

12. 다음의 청원경찰법시행규칙 제8조(무기관리수칙)의 내용으로서 옳지 않은 것은?
① 지급받은 무기는 타인에게 보관하거나 휴대시킬 수 없으며, 손질을 의뢰할 수 없다.
② 무기를 손질 또는 조작할 때에는 반드시 총구를 지상으로 향하여야 한다.
③ 무기 및 탄약을 반납할 때에는 손질을 철저히 하여야 한다.
④ 근무시간 이후에는 무기 및 탄약을 청원주에게 반납하거나, 교대근무자에게 인계하여야 한다.

📢 무기를 손질 또는 조작할 때에는 반드시 총구를 공중으로 향하여야 한다.

13. 다음 중 경비업법에 의한 경비업자가 중요시설의 경비를 도급받은 때에는 청원주는 그 사업장에 배치된 청원경찰의 근무배치 및 감독에 관한 권한을 누구에게 위임할 수 있는가?
① 관할 시·도경찰청장　② 관할경찰서장

정답　12. ②　13. ③

③ 해당 경비업자　　　　④ 경비대장

 경비업법에 의한 경비업자가 중요시설의 경비를 도급받은 때에는 청원주는 그 사업장에 배치된 청원경찰의 근무배치 및 감독에 관한 권한을 해당 경비업자에게 위임할 수 있다.

14. 다음 중 청원주는 청원경찰의 배치결정 통보를 받은 때에는 그날로부터 며칠 이내에 청원경찰에 대한 징계규정을 제정하여 관할 시·도경찰청장에게 신고하여야 하는가?
① 20일 이내　　　　② 15일 이내
③ 10일 이내　　　　④ 7일 이내

 청원주는 청원경찰의 배치결정통지를 받은 때에는 그 날로부터 15일 이내에 청원경찰에 대한 징계규정을 제정하여 관할 시·도경찰청장에게 신고하여야 한다. 징계규정을 변경한 때에도 또한 같다.

15. 국가기관 또는 지방자치단체에서 근무하는 청원경찰을 제외한 청원경찰의 봉급 및 각종 수당의 지급규정은 어느 것인가?
① 경찰청장이 고시한 최고 부담기준액 이상
② 경찰청장이 고시한 최고 부담기준액 이하
③ 경찰청장이 고시한 최저 부담기준액 이상
④ 경찰청장이 고시한 최저 부담기준액 이하

청원경찰의 봉급 및 제수당은 경찰청장이 고시한 최저부담기준액 이상을 지급하여야 한다.

정답　14. ②　15. ③

16. 다음 중 청원주가 청원경찰로 하여금 그 분사기를 휴대하여 직무를 수행하게 하기 전에 미리 어떠한 법에 의한 소지허가를 획득하여야 하는가?
① 경찰관직무집행법
② 총포·도검·화약류 등 단속법
③ 청원경찰법
④ 형법

 청원주는 총포·도검·화약류 등 단속법에 의한 분사기의 소지허가를 받아 청원경찰로 하여금 그 분사기를 휴대하여 직무를 수행하게 할 수 있다.

17. 다음 중 청원주는 청원경찰을 신규로 배치한 때에는 누구에게 이를 통보하여야 하는가?
① 배치지 관할파출소장
② 배치지 관할경찰서장
③ 배치지 관할 시·도경찰청장
④ 경찰청장

 청원주는 청원경찰을 신규로 배치하거나 이동배치한 때에는 배치지(이동배치의 경우에는 종전의 배치지) 관할경찰서장에게 이를 통보하여야 한다.

18. 다음 중 청원경찰이 직무를 행함에 있어서 그 범위로서 가장 알맞은 것은?
① 경비구역 내에 한하여 경찰관직무집행법에 의한 경찰관의 직무를 행한다.
② 경비구역만의 경비를 목적으로 필요한 범위에서 경찰관직무집행법에 따른 경찰관의 직무를 행한다.
③ 청원주의 관리권 범위 내에서 경찰관직무집행법에 의한 경찰관의

정 답 16. ② 17. ② 18. ②

직무를 행한다.
④ 청원주의 시설 내에서 경찰관직무집행법에 의한 경찰관의 직무를 행한다.

 청원경찰은 청원경찰의 배치결정을 받은 청원주와 배치된 기관·시설 또는 사업장등의 구역을 관할하는 경찰서장의 감독을 받아 그 경비구역 안에 한하여 경비목적을 위하여 필요한 범위 안에서 경찰관직무집행법에 의한 경찰관의 직무를 행한다.

제4회 경비지도사
2002. 11. 10. 시행

01. 다음 중 청원경찰과 일반경비 활동의 기본적 공통사항은 무엇인가?
① 국민을 위한 공공복리를 위한 봉사활동
② 기본 경찰활동을 위한 형사법의 기초적 집행활동
③ 준공공적 복지활동
④ 방범 및 기초방호 등 사전적 범죄예방활동

> 일반경비와 청원경찰업무의 공통점 : 범죄 발생의 사전 예방적 차원의 방범 활동이다.

02. 다음 중 청원경찰의 임용승인권자는 누구인가?
① 청원주
② 시·도경찰청장
③ 관할경찰서장
④ 경찰청장

> 청원경찰은 청원경찰의 배치결정을 받은 청원주가 임용하되, 그 임용에 있어서는 미리 시·도경찰청장의 승인을 얻어야 한다.

03. 다음 중 청원경찰의 업무 수행 시 공무원으로 보는 사항은?
① 형법 기타 법령에 의한 벌칙이 적용에 있어서
② 경비업무의 발전방향 연구
③ 경비진단에 관련된 사항
④ 경비도급계약과 관련된 사항과 그 알선업무에 관한 사항

정 답   01. ④   02. ②   03. ①

기출문제(2002. 11. 10. 시행)

 청원경찰에 대하여는 형법 기타 법령에 의한 벌칙의 적용과 법 및 이 영에서 특히 규정한 경우를 제외하고는 이를 공무원으로 보지 않는다.

04. 경찰관이 거수자 등을 경찰관직무집행법상 임의 동행한 경우에 해서는 안 되는 사항은?
 ① 변호사 선임의 기회가 있음을 고지한다.
 ② 외부로 연락할 수 있는 기회를 준다.
 ③ 증거인멸 등의 이유로 연락을 일정시간 동안 단절시킨다.
 ④ 가족 또는 친지에게 동행 경찰관의 신분, 장소, 동행 목적 등에 대해 고지한다.

 동행을 한 경우 경찰관은 당해인의 가족 또는 친지 등에게 동행한 경찰관의 신분, 동행 장소, 동행목적과 이유를 고지하거나 본인으로 하여금 즉시 연락할 수 있는 기회를 부여하여야 하며, 변호인의 조력을 받을 권리가 있음을 고지하여야 한다.

05. 다음 사항 중 불신검문의 방법이 아닌 것은 어느 것인가?
 ① 동행요구   ② 소지품검사와 자동차 검문
 ③ 압수 및 수색   ④ 정지와 질문

 불심검문에는 정지와 질문, 동행요구, 소지품 검사가 있고, 압수와 수색은 법원의 압수수색영장이 있어야 할 수 있다.

정 답   04. ③ 05. ③

06. 다음 중 청원주가 청원경찰을 신규로 배치한 때에는 누구에게 통보해야 하는가?
① 배치지 관할 경찰서장　　② 배치지 관할 파출소장
③ 배치지 관할 시·도경찰청장　　④ 경찰청장

청원주는 청원경찰을 신규로 배치하거나 이동배치한 때에는 배치지(이동배치의 경우에는 종전의 배치지) 관할경찰서장에게 이를 통보하여야 한다.

07. 청원경찰법상 청원주가 청원경찰로 하여금 분사기 등을 휴대시키기 위해 관계되는 법령으로 다음 중 맞는 것은?
① 경찰관직무집행법　　② 총포·도검·화약류 등 단속법
③ 청원경찰법　　④ 일반 형법

청원주는 총포·도검·화약류 등 단속법에 의한 분사기의 소지허가를 받아 청원경찰로 하여금 그 분사기를 휴대하여 직무를 수행하게 할 수 있다.

08. 경찰관직무집행법상 무기사용이 가능한 때의 내용으로 맞지 않는 것은?
① 사형, 무기 또는 장기 3년 이상의 죄를 범한 자의 체포, 도주 방지 시
② 형법에 규정한 정당방위 및 긴급피난에 해당되는 때
③ 체포, 압수, 수색영장 집행 시 본인의 항거 또는 제3자가 그 본인을 도주시키려고 하는 경우
④ 불법집회 및 시위로 인하여 자기 또는 타인의 생명, 신체와 재산

정답　06. ①　07. ②　08. ④

및 공공시설안전에 대한 현저한 위해 발생을 억제하기 위하여 부득이한 경우

 ④는 분사기를 사용하여도 무방한 경우이다.

09. 다음 중 청원경찰의 직무교육은 월 몇 시간 이상인가?
① 10시간이상 ② 8시간이상
③ 6시간이상 ④ 4시간 이상

 청원주는 소속 청원경찰에게 그 직무집행에 관하여 필요한 교육을 매월 4시간이상 실시하여야 한다.

10. 다음 중 청원경찰직무 중 직권남용 시 처벌되는 내용으로 맞는 것은?
① 6월 이하의 징역 ② 8월 이하의 징역
③ 6월 이하의 징역이나 금고 ④ 6월 이하의 금고

청원경찰이 직무를 수행함에 있어서 직권을 남용하여 국민에게 해를 끼친 경우에는 6월 이하의 징역이나 금고에 처한다.

제6회 경비지도사
2004. 11. 21. 시행

01. 청원경찰이 직무를 수행함에 있어서 직권을 남용하여 국민에게 해를 끼친 경우 처벌은?

① 6월 이하의 징역이나 금고 ② 2년 이하의 징역이나 금고
③ 1년 이하의 징역이나 금고 ④ 3년 이하의 징역이나 금고

 청원경찰이 직무를 수행함에 있어서 직권을 남용하여 국민에게 해를 끼친 경우에는 6월 이하의 징역이나 금고에 처한다.

02. 다음 중 청원경찰에 대한 경찰청장의 권한이 아닌 것은?
① 청원경찰 배치결정
② 청원경찰의 배치변경 통보 접수
③ 청원경찰의 무기휴대여부 결정
④ 청원경찰임용승인

 ①, ③, ④가 시·도경찰청장도 권한에 속하는 것으로 위임에 의한 관할경찰서장의 권한이기도 하다.

시·도경찰청장의 권한
㉠ 청원경찰 배치의 결정 및 요청에 관한 권한
㉡ 청원경찰의 임용승인에 관한 권한
㉢ 청원주에 대한 지도 및 감독상 필요한 명령에 관한 권한
㉣ 따른 과태료 부과·징수에 관한 권한

정답 01. ① 02. ②

03. 다음 ( )에 들어갈 내용이 올바르게 나열된 것은?

청원주는 청원경찰에 임용된 자에 대하여 경비구역에 배치하기 전에 경찰교육기관에서 직무수행 상 필요한 교육을 (   ) 받게 하여야 한다. 다만, 경찰교육기관의 교육계획상 부득이하다고 인정할 때에는 우선 배치하고 임용 후 (   ) 이내에 교육을 받게 할 수 있다.

① 1주 40시간 - 6개월   ② 1주 40시간 - 1년
③ 2주 76시간 - 6개월   ④ 2주 76시간 - 1년

㉠ 청원주는 청원경찰에 임용된 자에 대하여 경비구역에 배치하기 전에 경찰교육기관에서 직무수행 상 필요한 교육을 받게 하여야 한다. 다만, 경찰교육기관의 교육계획상 부득이하다고 인정할 때에는 우선 배치하고 임용 후 1년 이내에 교육을 받게 할 수 있다.
㉡ 교육기간은 2주간으로 하고, 그 교육과목 및 수업시간은 다음과 같다.

청원경찰교육과목 및 시간표

학과별	과목		시간
총 시간			76시간
정신교육	정신교육		8
학술교육	형사법		10
	청원경찰법		15
실무교육	경무	경찰관직무집행법	5
	방범	방범업무	3
		경범죄처벌법	2
	경비	시설경비	6
		소방	4
	정보	대공이론	2
		불심검문	2

정답 03. ④

	민방위	민방공	3
		화생방	2
	기본훈련		5
	총기조작		2
	총검술		2
	사격		6
술과	체포술 및 호신술		6
기타	입교·수료 및 평가		3

04. 청원경찰에 대한 징계처분과 관련된 내용 중 틀린 것은?
① 청원주는 청원경찰이 직무상의 의무에 위반하거나 직무를 태만히 하면 징계 처분하여야 한다.
② 감봉은 1월 이상 6월 이하로 하여 봉급의 2분의 1을 감한다.
③ 징계의 종류는 파면, 감봉, 해임, 정직, 견책의 5종류가 있다.
④ 청원주는 청원경찰의 배치결정통보를 받은 후 15일 이내에 징계규정을 제정해야 한다.

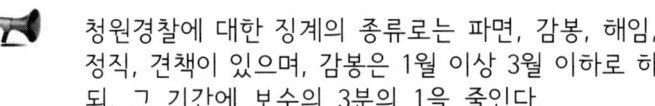
청원경찰에 대한 징계의 종류로는 파면, 감봉, 해임, 정직, 견책이 있으며, 감봉은 1월 이상 3월 이하로 하되, 그 기간에 보수의 3분의 1을 줄인다.

05. 다음 설명 중 틀린 것은?
① 청원경찰의 임용자격·임용방법·교육·보수 및 징계에 관하여는 대통령령으로 정한다.
② 청원경찰이 퇴직한 때에는 원칙적으로 근로자퇴직급여보장법의 규

정 답   04. ②   05. ③

정에 의한 퇴직금을 지급하여야 한다.
③ 청원경찰경비의 봉급 등의 최저부담기준액이나 피복비·교육비의 부담기준액은 행정안전부장관이 정하여 고시한다.
④ 시·도경찰청장은 청원경찰의 배치신청을 받은 때에는 지체없이 그 배치여부를 결정하여 신청인에게 통지하여야 한다.

③ 청원경찰에게 지급할 봉급 및 제수당에 대한 최저부담기준액과 청원경찰의 피복비 및 청원경찰의 교육비 등의 부담기준액은 경찰청장이 정하여 고시한다.

06. 매월 1회 이상 청원경찰을 배치한 경비구역에 임하여 복무규율 및 근무상황, 무기관리 및 취급사항을 감독하여야 하는 자는?
① 청원주 ② 경비업자
③ 관할파출소장 ④ 관할경찰서장

관할경찰서장은 매월 1회 이상 청원경찰을 배치한 경비구역에 임하여 복무규율 및 근무상황, 무기관리 및 취급사항을 감독하여야 한다.

07. 청원경찰이 배치되는 시설이 아닌 것은?
① 선박, 항공기 등 수송시설
② 의료법에 의한 의료기관
③ 사회복지법에 의한 사회복지시설
④ 학교 등 육영시설

정 답   06. ④ 07. ③

청원경찰의 배치 대상
㉠ 선박·항공기 등 수송시설
㉡ 금융 또는 보험을 업으로 하는 시설 또는 사업장
㉢ 언론·통신·방송 또는 인쇄를 업으로 하는 시설 또는 사업장
㉣ 학교 등 육영시설
㉤ 의료법에 의한 의료기관
㉥ 그 밖에 공공의 안녕질서 유지와 국민경제상 고도의 보호를 필요로 하는 중요시설·사업체 또는 장소

08. 다음 중 경찰관의 경찰관직무집행법상의 직무가 아닌 것은?
① 경비 및 요인경호
② 치안정보의 수집
③ 공공복리의 증진
④ 대간첩작전의 수행

직무의 범위
㉠ 범죄의 예방·진압 및 수사
㉡ 경비, 주요 인사 경호 및 대간첩·대테러작전 수행
㉢ 공공안녕에 대한 위험의 예방과 대응을 위한 정보의 수집·작성 및 배포
㉣ 교통 단속과 교통 위해의 방지
㉤ 그 밖의 공공의 안녕과 질서유지국민의 생명·신체 및 재산의 보호
㉥ 범죄피해자 보호
㉦ 외국 정부기관 및 국제기구와의 국제협력

09. 청원경찰에 관한 사항 중 틀린 것은?
① 청원경찰법에 의한 시·도경찰청장의 권한은 그 일부를 대통령령이 정하는 바에 의하여 관할경찰서장에게 위임할 수 있다.

정답 08. ③ 09. ④

② 청원주는 항시 소속 청원경찰의 근무수행상황을 감독하고 필요한 교양을 실시하여야 한다.
③ 청원경찰업무에 종사하는 자는 형법 기타 법령에 의한 벌칙의 적용에 있어서는 공무원으로 본다.
④ 국가기관에 근무하는 청원경찰의 직무상 불법행위에 대한 배상책임에 관해서는 민법의 규정에 의한다.

④ 청원경찰업무에 종사하는 자는 형법 기타 법령에 의한 벌칙의 적용에 있어서는 공무원으로 본다. 단, 청원경찰(국가기관 또는 지방자치단체에 근무하는 청원경찰을 제외)의 직무상 불법행위에 대한 배상책임에 관하여는 민법의 규정에 의한다.

제7회 경비지도사
2005. 11. 13. 시행

01. 청원경찰의 임용·배치·경비에 대한 설명으로 틀린 것은?
① 청원경찰의 임용자격은 18세 이상이다.
② 청원주가 청원경찰을 임용한 때에는 15일 이내에 그 임용사항을 관할 시·도경찰청장에게 보고하여야 한다.
③ 청원주는 청원경찰을 신규로 배치한 때에는 배치지 관할 경찰서장에게 이를 통보하여야 한다.
④ 원칙적으로 청원경찰경비의 최저부담기준액 및 부담기준액은 순경의 것을 참작하여 다음 연도분을 매년 12월에 고시하여야 한다.

 ② 청원경찰을 임용한 때에는 10일 이내에 그 임용사항을 사업장의 소재지를 관할하는 경찰서장을 거쳐 시·도경찰청장에게 보고하여야 하며 청원경찰이 퇴직한 때에도 같다.

02. 청원경찰의 복제에 대한 설명 중 틀린 것은?
① 장구는 허리띠·경찰봉·호루라기 및 포승으로 구분한다.
② 기동모·기동복의 색상은 검정색으로 한다.
③ 제복의 형태·규격 및 재질은 청원주가 결정하되, 경찰공무원 또는 군인 제복의 색상과 명확하게 구별될 수 있어야 한다.
④ 장구의 형태·규격 및 재질은 경찰장구와 같다.

 ② 기동모와 기동복의 색상은 진한 청색으로 한다.

정답 01. ② 02. ②

03. 청원경찰관의 신분보장을 위한 규정이 아닌 것은?
① 의사에 반한 면직금지
② 해임명령권 보장
③ 특수경비원 배치를 목적으로 한 배치폐지의 금지
④ 배치폐지 또는 감축 사유의 명시

> ②의 해임명령권 보장은 청원경찰의 신분보장에 반하는 사항이다.
> 의사에 반한 면직
> ㉠ 청원경찰은 형의 선고·징계처분 또는 신체·정신상의 이상으로 직무를 감당하지 못할 때를 제외하고는 그 의사에 반하여 면직되지 않는다.
> ㉡ 청원주가 청원경찰을 면직시킨 때에는 그 사실을 관할경찰서장을 거쳐 시·도경찰청장에게 보고하여야 한다.

04. 청원경찰의 청원주의 권한이 아닌 것은?
① 청원경찰의 임용권한
② 청원경찰 배치 폐지 권한
③ 청원경찰의 신분증명서 발급
④ 청원경찰에 대한 징계요청권

> 청원경찰에 대한 징계요청권자는 관할경찰서장이다.

05. 청원경찰법상 국가기관 또는 지방자치단체에 근무하는 청원경찰을 제외한 청원경찰의 직무상 불법행위에 대한 손해배상책임에 관하여는 무슨 법의 규정에 의하는가?

정 답   03. ② 04. ④ 05. ①

① 민법　　　　　　② 행정법
③ 청원경찰법　　　④ 청원경찰법시행령

 청원경찰의 직무상 불법행위에 대한 배상책임에 관하여는 민법의 규정에 의한다. 단, 국가기관 또는 지방자치단체에 근무하는 청원경찰은 제외한다.

06. 다음 중 청원경찰의 복무에 관하여 준용되는 국가공무원법상의 규정이 아닌 것은?

① 국가공무원법 제56조(성실의무)
② 국가공무원법 제58조 제1항(직장이탈금지)
③ 국가공무원법 제60조(비밀엄수의무)
④ 경찰공무원법 제24조(거짓 보고 등의 금지)

 청원경찰의 복무에 관하여는 국가공무원법 제57조(복종의 의무)·제58조제1항·제60조 및 경찰공무원법 제24조의 규정을 준용한다.

07. 청원경찰에 대한 설명으로 틀린 것은?

① 형법 적용에 있어서는 공무원으로 본다.
② 청원경찰에 임용된 자는 누구나 반드시 경비구역에 배치되기 전 교육을 받아야 한다.
③ 관할경찰서장은 매월 1회 이상 복무규율 및 근무상황을 감독하여야 한다.
④ 청원주는 청원경찰을 이동배치한 때에는 배치지 관할 경찰서장에게 통보해야 한다.

정답　06. ①　07. ②

청원주는 청원경찰에 임용된 자에 대하여 경비구역에 배치하기 전에 경찰교육기관에서 직무수행 상 필요한 교육을 받게 하여야 한다. 다만, 경찰교육기관의 교육계획상 부득이하다고 인정할 때에는 우선 배치하고 임용 후 1년 이내에 교육을 받게 할 수 있다고 규정되어 있으므로 반드시 배치되기 전에 교육을 받아야 하는 것은 아니다.

08. 청원경찰의 무기 휴대에 관한 사항 중 틀린 것은?

① 청원주가 청원경찰이 휴대할 무기를 대여 받고자 할 때에는 관할 경찰서장을 거쳐 시·도경찰청장에게 무기대여의 신청을 하여야 한다.
② 청원경찰은 별도의 허가를 받지 아니하고도 분사기를 휴대할 수 있다.
③ 청원경찰에게 무기를 대여한 경우에 관할 경찰서장은 청원경찰의 무기관리사항을 수시 점검하여야 한다.
④ 청원주는 경찰청장이 정하는 바에 의하여 매월 무기 및 탄약의 관리실태를 파악하여 다음 달 3일까지 관할 경찰서장에게 통보하여야 한다.

 ② 청원주는 「총포·도검·화약류 등 단속법」에 의한 분사기의 소지허가를 받아 청원경찰로 하여금 그 분사기를 휴대하여 직무를 수행하게 할 수 있다.

정 답   08. ②

제 3편 기출문제

제 8 회 경비지도사
2006. 11. 19. 시행

01. A광역시에 소재하고 있는 B은행 본점에는 20명의 청원경찰이 배치되어 있다. 이와 관한 설명으로 틀린 것은?
① 청원경찰에 대한 봉급 및 제수당은 B은행에서 지급한다.
② B은행은 B은행 직원의 봉급지급일에 청원경찰에 대한 봉급도 지급한다.
③ 청원경찰이 입을 피복은 B은행에서 직접 그 피복대금을 청원경찰에게 지급한다.
④ 청원경찰로 임용된 자는 원칙적으로 경비구역에 배치되기 전에 경찰교육기관에서 직무수행에 필요한 교육을 받아야 한다.

 청원주가 부담해야할 청원경찰경비
㉠ 청원경찰에게 지급할 봉급 및 각종 수당
㉡ 청원경찰의 피복비
㉢ 청원경찰의 교육비
㉣ 보상금 및 퇴직금
③ 청원경찰이 입을 피복은 청원주가 청원경찰에게 지급한다.

02. 다음 중 청원주가 부담해야 하는 청원경찰경비가 아닌 것은?
① 청원경찰의 피복비
② 청원경찰의 교육비
③ 청원경찰의 의료비
④ 청원경찰에게 지급할 봉급 및 각종 수당

③ 청원경찰의 의료비는 청원경찰 본인이 부담한다.

정답   01. ③   02. ③

기출문제(2006. 11. 19. 시행)

03. 다음 중 청원주가 청원경찰에게 무기 및 탄약을 지급할 때 지급하여서는 안 되며 지급된 무기 및 탄약을 회수하여야 하는 대상에 포함되지 않는 자는?
   ① 평소에 불평이 심하고 염세적인 사람
   ② 형사사건으로 인하여 조사대상이 된 사람
   ③ 직무상 비위로 징계대상이 된 사람
   ④ 민사사건의 피고가 된 사람

    ④ 민사사건의 피고는 형이 확정된 것이 아니므로 탄약이나 무기 지급대상에서 제외되지는 않는다.

04. 다음 중 청원경찰의 당연퇴직사유에 해당하는 것은?
   ① 청원경찰이 만 55세에 달한 때
   ② 청원주가 청원경찰이 배치된 시설을 축소하여 청원경찰의 배치인원을 감축한 경우
   ③ 청원주가 청원경찰이 배치된 시설을 폐쇄하여 청원경찰의 배치를 폐지한 때
   ④ 청원경찰이 견책처분을 받은 때

   당연 퇴직 사유
   ㉠ 임용결격 사유에 해당된 때
   ㉡ 청원경찰의 배치가 폐지된 때
   ㉢ 60세에 달한 때

05. 청원경찰의 보상금에 관한 설명으로 틀린 것은
   ① 직무수행으로 부상·질병·사망한 때 지급

정답   03. ④   04. ③   05. ③

② 직무상 부상, 질병으로 퇴직하거나 퇴직 후 2년 이내 사망한 때 지급
③ 청원주가 산업재해보상법에 의한 산업재해보상보험 가입 시 행정안전부장관이 지급
④ 설문③의 경우, 산업재해보상보험 미가입시 청원주가 지급

> 배치된 청원경찰에게 직무수행으로 인하여 부상을 입거나, 질병에 걸리거나 또는 사망한 때, 그리고 직무상의 부상, 질병으로 인하여 퇴직하거나, 퇴직 후 2년 이내에 사망한 때에 청원주가 산업재해보상보험법에 의한 산업재해보상보험에 가입하거나 근로기준법에 따라 보상금을 지급하기 위한 재원을 청원주가 따로 마련하여야 한다.

06. 다음 (   ) 안의 A, B에 알맞은 숫자는?

> 청원주가 청원경찰에게 무기 및 탄약을 출납할 때 소총은 1정당 (A)발 이내, 권총은 1정당 (B)발 이내로 하여야 한다.

	A	B		A	B
①	10	5	②	15	7
③	15	5	④	10	7

> 탄약의 출납은 소총에 있어서는 1정당 (15발) 이내, 권총에 있어서는 1정당 (7발) 이내로 하여야 한다.

07. 청원경찰의 신분보장에 관한 설명으로 틀린 것은?
① 청원주가 청원경찰을 면직시킨 때에는 그 사실을 관할경찰서장을

정답 06. ② 07. ③

거쳐 시·도경찰청장에게 보고하여야 한다.
② 청원경찰은 형의 선고·징계처분으로 직무를 감당하지 못할 때에는 그 의사에 반하여 면직될 수 있다.
③ 청원경찰은 신체상의 이상이 있는 경우에도 그 의사에 반하여 면직될 수는 없다.
④ 청원경찰은 원칙적으로 본인의 의사에 반하여 면직될 수 없다.

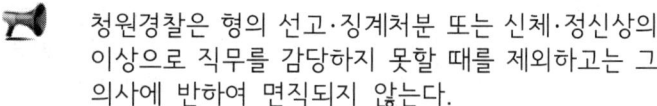
청원경찰은 형의 선고·징계처분 또는 신체·정신상의 이상으로 직무를 감당하지 못할 때를 제외하고는 그 의사에 반하여 면직되지 않는다.

08. 청원경찰의 임용에 관한 설명으로 맞는 것은?
① 청원경찰의 배치를 받고자 하는 자는 배치신청서와 경비구역 평면도, 배치계획서를 첨부하여 관할경찰서장을 거쳐 시·도경찰청장에게 제출하여야 한다.
② 청원경찰의 임용권자는 청원경찰의 배치결정을 한 시·도경찰청장이 된다.
③ 청원주는 배치결정의 통보를 받은 날부터 30일 이내에 청원경찰의 임용을 하여야 한다.
④ 청원경찰에 임용된 자는 경찰청으로부터 승인된 특수경비원 교육기관에서 30시간 이상의 교육을 이수하여야 한다.

② 청원경찰의 임용권자는 청원주이다.
③ 청원경찰의 배치결정을 받은 청원주는 그 배치결정통지를 받은 날부터 30일 이내에 배치결정 된 인원수의 임용예정자에 대하여 청원경찰임용승인을 시·도경찰청장에게 신청하여야 한다.
④ 청원경찰에 임용된 자는 2주간 76시간을 교육 받아야 한다.

정 답   08. ①

09. 경찰관직무집행법상 불심검문의 내용으로 옳은 것은?
① 정지권, 질문권, 임의동행요구권, 소지품검사권
② 현행범인체포권, 임의동행요구권, 외표검사권, 보호유치권
③ 임의동행요구권, 흉기소지조사권, 예방출입권, 가택수색권
④ 보호유치권, 체포권, 영장청구권, 임의동행요구권

㉠ 정지권·질문권 : 경찰관은 수상한 거동 기타 주위의 사정을 합리적으로 판단하여 어떠한 죄를 범하였거나 범하려 하고 있다고 의심할 만한 상당한 이유가 있는 자 또는 이미 행하여진 범죄나 행하여지려고 하는 범죄행위에 관하여 그 사실을 안다고 인정되는 자를 정지시켜 질문할 수 있다.
㉡ 임의동행요구권 : 그 장소에서 질문을 하는 것이 당해인에게 불리하거나 교통의 방해가 된다고 인정되는 때에는 질문하기 위하여 부근의 경찰서·지구대·파출소 또는 출장소 등에 동행할 것을 요구할 수 있다.
㉢ 소지품검사권 : 경찰관은 수상한 거동 기타 주위의 사정을 합리적으로 판단하여 어떠한 죄를 범하였거나 범하려 하고 있다고 의심할 만한 상당한 이유가 있는 자에게 질문을 할 때에 흉기의 소지여부를 조사할 수 있다.

10. 청원경찰의 직무에 관한 설명으로 틀린 것은?
① 청원경찰이 직무를 행할 때에는 경비목적을 위하여 필요한 최소한도 내에 그쳐야 한다.
② 청원경찰은 수사 활동 등 사법경찰관리의 활동을 행할 수 있다.
③ 청원경찰은 필요한 범위 내에서 경찰관직무집행법의 적용을 받는다.
④ 청원경찰은 청원주와 관할경찰서장의 감독을 받는다.

정답 09. ① 10. ②

기출문제(2006. 11. 19. 시행)

 청원경찰은 청원경찰의 배치결정을 받은 청원주와 배치된 기관·시설 또는 사업장 등의 구역을 관할하는 경찰서장의 감독을 받아 그 경비구역만의 경비를 목적으로 필요한 범위에서 경찰관직무집행법에 의한 경찰관의 직무를 행한다.

제9회 경비지도사
2007. 11. 18. 시행

01. 경찰관직무집행법상 불심검문에 관한 설명으로 올바른 것은?
① 경찰관이 질문할 수 있으나 흉기의 소지여부는 조사할 수 없다.
② 경찰관이 질문하거나 동행을 요구할 때는 증표를 제시하면서 소속과 성명을 밝혀야 하나 동행 장소를 알려줄 필요는 없다.
③ 동행한 경우 6시간을 초과하여 경찰관서에 머물게 할 수는 없다.
④ 경찰관의 질문에 답변을 거부할 수는 없다.

① 경찰관이 질문할 수 있으나 흉기의 소지여부는 조사할 수 있다.
② 경찰관이 질문하거나 동행을 요구할 때는 증표를 제시하면서 소속과 성명을 밝혀야 하며 동행하고자 하는 장소를 알려주어야 한다.
④ 경찰관의 질문에 답변을 거부할 수 있다.

02. 청원경찰법령상 무기 및 탄약을 지급받은 청원경찰이 준수해야 할 사항은?
① 별도의 지시가 없는 한 무기와 탄약을 분리하여 휴대한다.
② 무기를 타인에게 보관시킬 수 없으나, 손질은 의뢰할 수 있다.
③ 근무시간 이후에는 다음 근무시간까지 자신만이 아는 비밀스런 장소에 보관해 두어야 한다.
④ 무기를 손질하거나 조작할 때는 반드시 총구가 지면을 향하도록 해야 한다.

② 지급받은 무기는 타인에게 보관하거나 휴대시킬 수 없으며 손질을 의뢰할 수 없다.

정답   01. ③   02. ①

③ 근무시간이후에는 무기 및 탄약을 청원주에게 반납하거나 교대근무자에게 인계하여야 한다.
④ 무기를 손질 또는 조작할 때에는 반드시 총구를 공중으로 향하여야 한다.

03. 지방자치단체에 근무하는 청원경찰의 직무상 불법행위에 대한 배상책임의 근거법은?

① 국가배상법
② 지방자치법
③ 청원경찰법
④ 민법

 청원경찰의 직무상 불법행위에 대한 배상책임에 관하여는 민법의 규정에 의하나 국가기관 또는 지방자치단체에 근무하는 청원경찰에 대한 배상책임은 국가배상법에 의한다.

04. 청원경찰법령상 500만원 이하의 과태료 처분의 대상이 되는 자가 아닌 것은?

① 정당한 이유 없이 경찰청장이 고시한 최저부담기준액 이상의 보수를 지급하지 아니한 자
② 시·도경찰청장의 승인을 받지 않고 청원경찰을 임용한 자
③ 시·도경찰청장의 청원주에 대한 지도·감독상 필요한 명령을 정당한 이유 없이 이행하지 아니한 자
④ 시·도경찰청장에게 신청을 하지 않고 무기대여를 받으려는 자

 이 외에 시·도경찰청장의 배치 결정을 받지 않고 청원경찰을 배치한 경우에도 500만원 이하의 과태료가 부과되나 ④의 경우 별도의 과태료 규정이 없다.

정 답   03. ①   04. ④

05. 경찰관직무집행법상 보호조치에 관한 설명이다. (　) 안에 알맞은 것은?

> 경찰관서에서의 보호조치는 (　)시간, 임시영치는 (　)일을 초과할 수 없다.

① 24, 24　　② 10, 10
③ 24, 10　　④ 10, 24

 경찰관서에 보호하는 등 적당한 조치를 할 수 있는 규정에 의하여 경찰관서에서의 보호는 (24)시간을, 피보호자가 휴대하고 있는 무기·흉기 등 위험을 야기할 수 있는 것으로 인정되는 물건은 경찰관서에 영치할 수 있는 임시영치는 (10일)을 초과할 수 없다.

06. 청원경찰법령상 청원주가 무기 및 탄약을 지급해서는 안 되고 이미 지급된 무기 및 탄약도 회수해야 하는 대상이 되지 않는 청원경찰은?

① 직무상 비위로 징계대상이 된 사람
② 이혼경력이 있는 사람
③ 사직 의사를 표명한 사람
④ 주벽이 심한 사람

 청원주가 청원경찰에 대하여 무기 및 탄약을 지급해서는 안 되는 경우로는 ①, ③, ④ 외에 ㉠ 형사사건으로 인하여 조사대상이 된 사람 ㉡ 평소에 불평이 심하고 염세적인 사람 ㉢ 변태성벽이 있는 사람 등이다.

정　답　　05. ③　06. ②

07. 청원경찰법령상 청원주가 부담해야 하는 청원경찰경비가 아닌 것은?

① 청원경찰에게 지급할 봉급 및 각종 수당
② 청원경찰의 피복비
③ 청원경찰의 교육비
④ 청원경찰의 의료비

> 청원경찰법령상 청원주가 부담해야 하는 청원경찰경비로는 ①, ②, ③ 외에 보상금 및 퇴직금 등이다.

08. 청원경찰법령상 청원경찰의 교육에 관한 설명으로 틀린 것은?

① 청원주는 청원경찰에 임용된 자에 대하여 경비구역을 배치하기 전에 경찰교육기관에서 직무상 필요한 교육을 받게 하여야 한다.
② 경찰관 또는 청원경찰에서 퇴직한 자가 퇴직한 날로부터 3년 이내에 청원경찰로 임용된 때에는 교육을 면제할 수 있다.
③ 청원경찰의 신임교육의 기간은 4주간으로 한다.
④ 청원주는 소속 청원경찰에 그 직무집행에 관하여 필요한 교육을 매월 4시간이상 실시하여야 한다.

> 청원경찰의 신임교육 기간은 2주간으로 하고, 교육 과목에 따른 수업시간은 총 76 시간이다.

09. 청원경찰법령상 청원경찰의 임용권자와 임용승인권자가 순서대로 바르게 연결된 것은?

① 청원주 – 시·도경찰청장
② 청원주 – 경찰서장
③ 시·도경찰청장 – 청원주
④ 경찰서장 – 청원주

정답   07. ④   08. ③   09. ①

청원경찰은 청원주가 임용하되, 그 임용에 있어서는 미리 시·도경찰청장의 승인을 얻어야 한다.

10. 청원경찰법령상 청원경찰의 징계에 관한 설명으로 틀린 것은?
① 청원경찰의 징계권자는 청원주이다.
② 관할경찰서장으로부터 징계요청을 받은 때에는 그 해당자에 대하여 징계처분을 하여야 한다.
③ 청원경찰에 대한 징계의 종류는 파면, 감봉, 정직, 해임, 견책이 있다.
④ 청원주는 청원경찰의 배치결정통지를 받은 때에는 그 날로부터 30일 이내에 청원경찰에 대한 징계규정을 제정하여 관할 시·도경찰청장에게 신고하여야 한다.

④ 청원주는 청원경찰의 배치결정통지를 받은 때에는 그 날로부터 15일 이내에 청원경찰에 대한 징계규정을 제정하여 관할 시·도경찰청장에게 신고하여야 한다.

11. 청원경찰법령상 청원경찰의 당연 퇴직사유에 해당하는 것은?
① 금고 이상의 형의 선고유예를 받은 적이 있는 경우
② 직무상 의무에 위반하거나 직무를 태만히 한 경우
③ 청원경찰의 배치가 폐지된 경우
④ 청원경찰임용의 신체조건에 미달되는 사유가 발생한 경우

청원경찰의 당연퇴직 사유
㉠ 임용결격 사유에 해당된 때
㉡ 청원경찰의 배치가 폐지된 때
㉢ 60세에 달한 때

정답   10. ④   11. ③

제10회 경비지도사
2008. 11. 09. 시행

01. 청원경찰법령상 청원경찰에 관한 설명으로 옳은 것은?
① 청원경찰의 복무와 관련하여 국가공무원법상의 공무원의 복종의무, 직장이탈금지의무, 비밀엄수의무, 집단행위의 금지의무가 운용되며, 경찰공무원법상의 운용규정은 존재하지 않는다.
② 청원주가 관할 시·도경찰청장에게 청원경찰임용의 승인을 신청할 때 첨부할 서류는 이력서 1통, 주민등록증사본 1부, 민간인 신원진술서 1통, 사진 4매의 네 가지 종류이다.
③ 청원주는 청원경찰을 신규로 배치하거나 이동배치한 때에는 배치지(이동배치의 경우에는 종전의 배치지) 관할경찰서장에게 이를 통보하여야 한다.
④ 청원경찰의 임용자격은 20세 이상 50세 미만의 자에 한한다.

① 경찰공무원 제24조(거짓 보고 등의 금지)와 국가공무원법 제57조(복종의무), 제58조제1항(직장이탈금지의무), 제60조(비밀엄수의무)가 적용된다.
② 청원경찰임용의 승인을 신청할 때 첨부할 서류로는 이력서 1부, 주민등록증 사본 1부, 민간인 신원진술서 1부는「보안업무규정」제36조에 따른 신원조사가 필요한 경우만 해당함, 최근 3월 이내에 발행한 채용신체검사서 또는 취업용 건강진단서 1부, 가족관계등록부 중 기본증명서 1부 등이다.
④ 청원경찰의 임용자격은 18세 이상으로 행정안전부령으로 정하는 신체조건에 해당하는 사람이다.

02. A는 군 복무를 필하고 청원경찰로 2년간 근무하다가 퇴직하였다. 그 후 다시 청원경찰로 임용되었다면 청원경찰 법령상 봉급 산정에 있어서 산입되는 경력은? (단, A가 배치된 사업장의 취업규

정 답   01. ③   02. ③

칙에 특별한 규정이 없는 것을 전제로 한다)
① 군 복무경력과 청원경찰로 근무한 경력 중 어느 하나만 산입하여야 한다.
② 군 복무경력은 반드시 산입하여야 하고, 청원경찰 경력은 산입하지 않아도 된다.
③ 군 복무경력과 청원경찰의 경력을 모두 산입하여야 한다.
④ 군 복무경력은 산입하지 않아도 되고, 청원경찰경력은 산입하여야 한다.

청원경찰의 봉급산정 시 경력 산입 기준
㉠ 청원경찰로 근무한 경력
㉡ 군 또는 의무경찰에 복무한 경력
㉢ 수위·경비원·감시원 또는 그 밖에 청원경찰과 유사한 직무에 종사하던 사람이 해당 사업장의 청원주에 의하여 청원경찰로 임용된 경우에는 그 직무에 종사한 경력
㉣ 국가기관 또는 지방자치단체에서 근무하는 청원경찰에 대하여는 국가기관 또는 지방자치단체에서 상근으로 근무한 경력

03. 청원경찰법령상 청원경찰경비에 대한 설명으로 틀린 것은?
① 청원주가 부담하는 청원경찰경비는 청원경찰에게 지급할 봉급 및 각종 수당, 청원경찰의 피복비 및 교통비, 청원경찰법의 규정에 의한 보상금 및 퇴직금이 있다.
② 청원경찰에게 지급할 봉급 및 각종 수당의 최저부담기준액과 청원경찰의 피복비 및 교육비의 부담기준액을 경찰청장이 고시한다.
③ 청원경찰에게 지급할 봉급 및 각종 수당의 최저부담기준액을 순경의 것을 참작하여 매년 12월에 다음 연도분을 고시하여야 하며, 어떠한 경우에도 수시고시는 허용될 수 없다.

정 답   03. ③

④ 청원경찰에 대한 봉급 및 각종 수당은 청원주가 당해 사업장의 직원에 대한 보수지급일에 청원경찰에게 직접 지급한다.

 ③ 청원경찰에게 지급할 봉급 및 각종 수당의 최저부담기준액을 순경의 것을 참작하여 매년 12월에 다음 연도분을 고시하여야 하며 다만, 부득이한 사유가 있을 때에는 수시 고시할 수 있다

04. 청원경찰법령상 청원경찰의 교육에 대한 설명으로 틀린 것은?
① 청원주는 소속 청원경찰에 대하여 그 직무집행과 관련된 교육을 매월 2시간 실시하여야 한다.
② 청원경찰에서 퇴직한 자가 퇴직한 날부터 3년 이내에 청원경찰로 임용된 때에는 교육을 면제할 수 있다.
③ 청원경찰의 교육비는 청원주가 부담한다.
④ 청원주는 청원경찰에 임용된 자에 대하여 경비구역에 배치하기 전에 경찰교육기관에서 직무수행상 필요한 교육을 받게 하여야 한다.

 ① 청원주는 소속 청원경찰에 대하여 그 직무집행에 관하여 필요한 교육을 매월 4시간이상 실시하여야 한다.

05. 청원경찰법령상 청원경찰의 직무 등에 관한 설명으로 틀린 것은?
① 청원경찰이 직무를 수행함에 있어서 직권을 남용하여 국민에게 해를 끼친 경우에는 6월 이하의 징역이나 금고에 처한다.
② 청원경찰업무에 종사하는 자는 형법 기타 법령에 의한 벌칙의 적용에 있어서는 공무원으로 본다.

정 답 04. ① 05. ③

③ 청원경찰이 58세에 달한 때에는 당연 퇴직 된다.
④ 시·도경찰청장은 청원경찰의 효율적인 운영을 위하여 청원주를 지도하며 감독상 필요한 명령을 발할 수 있다.

 ③ 청원경찰의 당연 퇴직은 60세에 달한 때이다.

06. 청원경찰법령상 청원경찰의 제복착용과 무기휴대에 대한 설명으로 옳은 것은?

① 청원경찰은 근무 중 제복을 착용하여야 한다.
② 청원경찰의 제복·장구 및 부속물에 관하여 필요한 사항은 대통령령으로 정한다.
③ 경찰청장은 청원경찰이 직무수행을 위하여 필요하다고 인정할 때에는 관할경찰서장의 신청에 의하여 시·도경찰청장으로 하여금 무기를 대여하여 휴대하게 할 수 있다.
④ 청원경찰의 복제와 무기휴대에 관하여 필요한 사항은 경찰청장령으로 정한다.

 ② 행정안전부령으로 정한다.
③ 청원주의 신청에 의하여 관할경찰서장으로 하여금 무기를 대여하여 휴대하게 할 수 있다.
④ 필요한 사항은 대통령령으로 정한다.

07. 경찰법령상 국가 또는 지방자치단체의 기관이 아닌 사업장의 청원주가 산업재해보상보험법에 의한 산업재해 보상보험에 가입한 경우에 청원경찰이 직무수행 중의 부상으로 인하여 퇴직하였다면 다음 중 옳은 설명은?

① 고용노동부장관이 산업재해보상보험법에 의하여 보상금을 지급하

정 답   06. ① 07. ①

여야 하고, 청원주가 근로자퇴직급여보장법에 따른 퇴직금을 지급하여야 한다.
② 청원주는 근로기준법의 규정에 의한 보상금과 국가공무원법에 의한 퇴직금을 지급하여야 한다.
③ 청원주는 근로기준법의 규정에 의한 퇴직금만 지급하면 된다.
④ 청원주는 근로기준법의 규정에 의한 보상금과 퇴직금을 지급하여야 한다.

② 청원경찰이 국가나 지방자치단체의 기관이 아닌 사업장에서 직무수행 중 부상으로 인하여 퇴직한 경우 국가공무원법의 규정에 해당되지 않는 다.
③, ④ 청원주가 근로자퇴직급여보장법에 따른 퇴직금을 지급하여야 한다.

08. 청원경찰법령상 청원주와 관할경찰서장이 공통적으로 비치해야 할 부책은?

① 청원경찰명부 ② 무기탄약출납부
③ 전용입관계철 ④ 징계관계철

청원주와 관할경찰서장이 공통적으로 비치해야 할 부책으로는 청원경찰명부, 교육훈련실시부이다.

09. 경찰관직무집행법상 경찰관의 불심검문에 대한 설명으로 틀린 것은?

① 경찰관은 수상한 거동 기타 주위의 사정을 합리적으로 판단하여 어떠한 죄를 범하였거나 범하려 하고 있다고 의심할 만한 상당한 이유

정 답   08. ①   09. ③

가 있는 자를 정지시켜 질문할 수 있다.
② 그 장소에서 질문을 하는 것이 당해인에게 불리하거나 교통의 방해가 된다고 인정되는 때에는 질문하기 위하여 부근의 경찰관서에 동행할 것을 요구할 수 있다.
③ 경찰관의 동행요구는 거절할 수 없으며, 경찰관은 불심검문 시 총기의 소지 여부를 조사할 수 있다.
④ 동행을 한 경우 경찰관은 본인으로 하여금 즉시 연락할 수 있는 기회를 부여하여야 하며, 변호인의 조력을 받을 권리가 있음을 고지하여야 한다.

③ 경찰관의 동행요구는 거절할 수 있다.

10. 청원경찰법령상 청원경찰에 대한 설명으로 틀린 것은?

① 청원경찰은 청원주가 소요경비를 부담할 것을 조건으로 경찰의 배치를 신청하는 경우 그 경비를 담당하게 하기 위하여 배치되는 경찰이다.
② 청원경찰의 배치를 받고자 하는 사람은 경찰청장령이 정하는 바에 의하여 관할 시·도경찰청에게 신청하여야 한다.
③ 청원경찰은 청원주와 배치된 기관·시설 또는 사업장 등의 구역을 관할하는 경찰서장의 감독을 받아 경비구역 내에서 경비목적을 위하여 필요한 범위 내에서 「경찰관직무집행법」에 의한 경찰관의 직무를 행한다.
④ 청원경찰은 공공의 안녕질서 유지와 국민경제상 고도의 보호를 필요로 하는 중요시설·사업체 또는 장소에도 배치될 수 있다.

② 청원경찰의 배치를 받고자 하는 사람은 청원경찰 배치신청서에 사업장의 소재지를 관할하는 관할

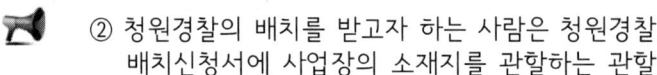

경찰서장을 거쳐 시·도경찰청장에게 제출하여야 하며 이 경우 배치장소가 2 이상의 도(특별시 및 광역시를 포함)인 때에는 주된 사업장의 관할경찰서장을 거쳐 관할 시·도경찰청장에게 일괄 신청할 수 있다.

11. 경찰관직무집행법상의 설명으로 틀린 것은?
① 경찰관은 직무수행 중 경찰장비를 사용할 수 있다.
② 경찰관은 공무집행에 대한 항거의 억제를 위하여 필요하다고 인정할 때에는 상당한 이유가 있을 때에는 그 사태를 합리적으로 판단하여 필요한 한도 내에서 무기를 사용할 수 있다.
③ 법령의 규정에 의하여 무기를 사용하는 경우 그 책임자는 사용일시·사용장소·사용대장·현장책임자 등을 기록하여 보관하여야 한다.
④ 법령의 규정에 의한 경찰관서에서의 보호조치는 12시간을 초과할 수 없다.

④ 경찰관서에서의 보호는 24시간을 초과할 수 없다.

12. 청원경찰법령상 청원경찰의 배치에 관한 설명으로 틀린 것은?
① KBS와 같은 언론사는 청원경찰의 배치대상이 되는 시설에 해당한다.
② 청원경찰의 배치를 받고자 하는 자는 청원경찰배치신청서를 사업장 소재지 관할경찰서장을 거쳐 시·도경찰청장에게 제출하여야 한다.
③ 청원경찰의 배치장소가 2이상의 도인 때에는 주된 사업장의 관할경

정답   11. ④   12. ④

찰서장을 거쳐 관할 시·도경찰청장에게 일괄 신청할 수 있다.
④ 청원경찰의 배치를 받고자 하는 자는 청원경찰배치신청서에 경비구역 평면도 1부 또는 배치계획서 1부를 첨부하여야 된다.

 ④ 청원경찰의 배치를 받고자 하는 자는 청원경찰배치신청서에 경비구역 평면도 1부와 배치계획서 1부를 첨부하여야 한다.

제11회 경비지도사
2009. 11. 08. 시행

01. 청원경찰법령상 청원경찰에 관한 설명으로 옳은 것은?
① 청원경찰의 복무에 관하여는 지방공무원법에 관한 규정을 준용한다.
② 지방자치단체에 근무하는 청원경찰의 직무상 불법행위에 대한 배상책임에 관하여는 민법의 규정에 의한다.
③ 청원주는 형사사건으로 조사대상이 된 자에게는 무기 및 탄약을 지급하여서는 아니 된다.
④ 경찰서장은 관할 청원경찰에 대하여 그 직무집행에 관하여 필요한 교육을 매월 4시간 이상 실시하여야 한다.

① 청원경찰의 복무에 관하여는 국가공무원법에 관한 규정을 준용하며 규정 외에 청원경찰의 복무에 관하여는 당해사업장의 취업규칙에 의한다.
② 청원경찰의 직무상 불법행위에 대한 배상책임에 관하여는「민법」의 규정을 따르며 국가기관이나 지방자치단체에 근무하는 청원경찰은 제외한다.
④ 청원경찰에 대하여 그 직무집행에 관하여 필요한 교육을 매월 4시간 이상 실시하여야 하는 사람은 청원주이다.

02. 청원경찰법령상 청원경찰의 무기대여 및 무기관리에 관한 설명으로 옳은 것은?
① 청원주는 대여받은 무기 및 탄약에 분실 등의 사고가 발생한 때에는 지체 없이 그 사유를 관할경찰서장에게 통보하여야 한다.
② 청원주 및 청원경찰은 대통령령이 정하는 청원경찰무기관리수칙을 준수하여야 한다.

정답 01. ③ 02. ①

③ 청원주는 자신이 국가에 기부 채납하지 않은 무기도 대여신청 후 국가로부터 대여받아 휴대할 수 있다.
④ 청원경찰은 무기를 손질 또는 조작할 때에는 반드시 총구를 바닥으로 향하여야 한다.

② 청원주 및 청원경찰은 행정안전부령이 정하는 청원경찰무기관리수칙을 준수하여야 한다.
③ 청원주는 자신이 국가에 기부 채납된 무기에 한하여 관할경찰서장으로 하여금 무기를 대여하여 휴대하게 할 수 있다.
④ 청원경찰은 무기를 손질 또는 조작할 때에는 반드시 총구를 공중으로 향하여야 한다.

03. 청원경찰법령상 청원경찰의 근무요령에 대한 설명으로 옳지 않은 것은?
① 자체경비를 위한 입초근무자는 경비구역의 정문 기타 지정된 장소에서 경비구역의 내부·외부 및 출입자의 동태를 감시한다.
② 소내에서 업무처리 및 자체경비를 하는 소내 근무자는 근무 중 특이한 사항이 발생한 때에는 지체 없이 청원주 또는 관할경찰서장에게 보고하여 그 지시에 따라야 한다.
③ 순찰근무자는 원칙적으로 요점·난선 또는 복수순찰을 행하되 청원주가 필요하다고 인정할 때에는 정선순찰을 할 수 있다.
④ 대기근무자는 소내근무를 협조하거나 휴식하면서 불의의 사고에 대비한다.

③ 순찰근무자는 청원주가 지정한 일정한 구역을 순회하면서 경비 임무를 수행함에 있어 순찰은 정선순찰에 의하되, 청원주가 필요하다고 인정할 때에는 요점·난선 또는 복수순찰을 행하게 할 수 있다.

정답 03. ③

04. 청원경찰법령상 청원경찰의 직무에 관한 설명으로 옳지 않은 것은?

① 청원경찰은 경비구역만의 경비목적을 위하여 필요한 범위 안에서 경찰관직무집행법에 의한 경찰관의 직무를 행할 수 있다.
② 청원경찰은 경비구역 안에서 수사 활동 등 사법경찰관리의 직무를 수행할 수 있다.
③ 청원경찰의 무기휴대에 관하여 필요한 사항은 대통령령으로 정한다.
④ 청원경찰은 청원주와 배치된 기관·시설 또는 사업장 등의 구역을 관할하는 경찰서장의 감독을 받는다.

② 청원경찰은 경비구역만의 경비를 목적으로 필요한 범위에서 「경찰관직무집행법」에 따른 경찰관의 직무를 수행할 수 있고 그 외의 수사 활동 등 사법경찰관리의 직무를 수행할 수 없다.

05. 청원경찰법령상 청원경찰의 임용 등에 관한 설명으로 옳지 않은 것은?

① 20세의 여자로서 행정안전부령이 정하는 신체조건에 해당하는 자는 임용자격이 있다.
② 청원주가 청원경찰을 임용한 때에는 10일 이내에 그 임용사항을 사업장의 소재지를 관할하는 경찰서장을 거쳐 시·도경찰청장에게 보고하여야 한다.
③ 청원주는 청원경찰이 직무수행으로 인하여 부상을 입거나, 질병에 걸리거나 또는 사망한 때에는 대통령령이 정하는 바에 따라 보상금을 지급하여야 한다.
④ 지방자치단체에 근무하는 청원경찰이 퇴직할 때는 행정안전부령에 따라 근로기준법의 규정에 의한 퇴직금을 청원주가 지급하여야 한다.

정답   04. ②   05. ④

④ 청원주는 청원경찰이 퇴직할 때에는 「근로자퇴직급여 보장법」에 따른 퇴직금을 지급하여야 한다. 다만, 국가기관이나 지방자치단체에 근무하는 청원경찰의 퇴직금에 관하여는 따로 대통령령으로 정한다.

06.
청원경찰법령상 청원경찰을 배치하고 있는 사업장이 하나의 경찰서 관할구역 안에 있는 경우 시·도경찰청장이 관할경찰서장에게 위임할 수 없는 권한은?
① 청원경찰의 배치결정 및 요청에 관한 권한
② 청원경찰의 임용 승인에 관한 권한
③ 청원경찰의 특수복장 착용에 대한 승인 권한
④ 과태료 부과·징수에 관한 권한

 시·도경찰청장이 관할경찰서장에게 위임 할 수 있는 권한
㉠ 청원경찰 배치의 결정 및 요청에 관한 권한
㉡ 청원경찰의 임용 승인에 관한 권한
㉢ 청원주에 대한 지도·감독 및 명령의 권한
㉣ 과태료 부과·징수에 관한 권한

07.
청원경찰법령상 무기관리수칙에 관한 설명으로 옳지 않은 것은?
① 청원주가 무기 및 탄약을 대여 받았을 때에는 경찰청장이 정하는 무기탄약출납부 및 무기장비운영카드를 비치·기록하여야 한다.
② 청원주는 무기 및 탄약의 관리를 위하여 관리책임자를 지정하고 관할경찰서장에게 이를 통보하여야 한다.
③ 무기고 및 탄약고는 복층에 설치하고 환기·방습·방화 및 총가 등

정답 06. ③ 07. ③

의 시설을 하여야 한다.
④ 탄약고는 무기고와 떨어져 설치하여야 하며 그 위치는 사무실이나 기타 다수인을 수용하거나 내왕하는 시설로부터 격리되어야 한다.

📢 ③ 무기고 및 탄약고는 단층에 설치하고 환기·방습·방화 및 총가 등의 시설을 하여야 한다.

08. 청원경찰법령상 청원경찰경비 등에 관한 설명으로 옳지 않은 것은?

① 청원경찰에 대한 봉급 및 각종 수당은 청원주가 당해 사업장의 직원에 대한 보수지급일에 청원경찰에게 직접 지급한다.
② 경비원으로 근무하던 자가 그 사업장의 청원주에 의하여 청원경찰로 임용된 경우 경비원 종사경력은 그 사업장의 취업규칙에 특별한 규정이 없는 경우 청원경찰의 봉급산정의 기준에 있어 경력으로 산입하여야 한다.
③ 청원경찰이 직무수행으로 인하여 부상을 입은 경우 보상금의 지급주체는 청원주의 산업재해보상보험 가입여부에 따라 달라진다.
④ 교육비는 청원주가 당해 청원경찰의 입교 후 청원경찰에게 직접 지급한다.

📢 ④ 교육비는 청원경찰에게 직접 지급하는 것이 아니라 청원주가 당해 청원경찰의 입교 3일전에 해당 경찰 교육기관에 납부한다.

09. 청원경찰법령상 청원경찰의 배치에 관한 설명으로 옳은 것은?

① 청원경찰법령상 청원경찰이 배치될 수 있는 곳은 국가기관 또는 공공단체와 그 관리 하에 있는 중요시설 또는 사업장, 국내주재 외국

기관으로 한정된다.
② 시·도경찰청장은 청원경찰의 배치가 필요하다고 인정되는 기관의 장 또는 시설·사업장의 경영자에게 청원경찰을 배치할 것을 요청할 수 있다.
③ 시·도경찰청장은 배치신청을 받은 후 20일 이내에 배치여부를 결정하여 통지하여야 한다.
④ 청원경찰의 배치를 받고자 하는 배치장소가 2 이상의 도에 해당하는 경우에는 각 사업장의 관할 경찰서장간의 협의를 통해 배치신청을 할 시·도경찰청장을 결정한다.

① 청원경찰법령상 청원경찰이 배치될 수 있는 곳은 국가기관 또는 공공단체와 그 관리 하에 있는 중요 시설 또는 사업장, 국내 주재 외국기관, 그 밖에 행정안전부령으로 정하는 중요 시설, 사업장 또는 장소이다.
③ 시·도경찰청장은 청원경찰 배치 신청을 받으면 지체 없이 그 배치 여부를 결정하여 신청인에게 알려야 한다.
④ 청원경찰의 배치를 받고자 하는 배치장소가 2이상의 도(특별시 및 광역시 포함)인 때에는 주된 사업장의 관할경찰서장을 거쳐 관할 시·도경찰청장에게 한꺼번에 신청할 수 있다.

제 12 회 경비지도사
2010. 11. 14. 시행

01. 청원경찰법령상 청원경찰의 직무에 관한 설명으로 옳은 것은?
① 청원경찰은 청원주와 관할경찰서장의 감독을 받아 그 경비구역만의 경비를 목적으로 필요한 범위에서 경찰관직무집행법에 따른 경찰관의 직무를 수행한다.
② 청원경찰은 자신이 배치된 기관의 경비 뿐 아니라 그 구역을 관할하는 경찰서장의 명에 따라 관할 경찰서의 경비업무를 보조하여야 한다.
③ 복무에 관하여 청원경찰은 해당 사업장의 취업규칙에 따르지 않는다.
④ 청원경찰은 청원주의 신청에 따라 배치되며, 청원주의 감독을 받는 것이 아니라 배치된 기관·시설 또는 사업장 등의 구역을 관할하는 경찰서장의 감독을 받는다.

청원경찰의 직무
청원경찰의 배치 결정을 받은 자(청원주)와 배치된 기관·시설 또는 사업장 등의 구역을 관할하는 경찰서장의 감독을 받아 그 경비구역만의 경비를 목적으로 필요한 범위에서 「경찰관 직무집행법」에 따른 경찰관의 직무를 수행한다.

02. 청원경찰법령상의 내용에 관한 설명으로 옳지 않은 것은?
① 법령에 의한 청원경찰 임용의 신체조건 중 시력(교정시력을 포함)은 양쪽 눈이 각각 0.8 이상이어야 한다.
② 청원경찰의 배치를 받으려는 자는 대통령령으로 정하는 바에 따라 관할 시·도경찰청장에게 청원경찰배치신청을 하여야 한다.

정 답   01. ①   02. ③

③ 청원주가 청원경찰을 신규로 배치한 때에는 배치지를 관할하는 시·도경찰청장에게 그 사실을 통보하여야 한다.
④ 청원경찰이 직무수행으로 인하여 사망한 경우 청원주는 사망한 청원경찰의 유족에게 보상금을 지급하여야 한다.

 ③ 청원주는 청원경찰을 신규로 배치하거나 이동 배치하였을 때에는 배치지 또는 이동배치의 경우에는 종전의 배치지를 관할하는 경찰서장에게 그 사실을 통보하여야 한다.

03. 청원경찰법령상 청원경찰의 배치 등에 관한 설명으로 옳은 것은?

① 청원경찰을 배치 받으려는 자는 법령이 정하는 청원경찰 배치신청서를 경찰청장에게 직접 제출하여야 한다.
② 청원경찰 배치신청서에는 경비구역 평면도와 배치계획서 및 청원경찰경비에 관한 사항이 첨부되어야 한다.
③ 시·도경찰청장은 청원경찰 배치 신청을 받으면 1개월 이내에 그 배치 여부를 결정하여 신청인에게 알려야 한다.
④ 시·도경찰청장은 청원경찰의 배치가 필요하다고 인정되는 기관의 장에게 청원경찰을 배치할 것을 요청할 수 있다.

 ① 청원경찰의 배치를 받으려는 자는 청원경찰 배치신청서에 서류를 첨부하여 기관·시설·사업장 또는 장소의 소재지를 관할하는 관할 경찰서장을 거쳐 시·도경찰청장에게 제출하여야 한다.
② 청원경찰 배치신청서에 부하는 서류로는 경비구역 평면도 1부와 배치계획서 1부이다.
③ 청원주가 청원경찰을 임용하였을 때에는 임용한 날부터 10일 이내에 그 임용사항을 관할 경찰서장을 거쳐 시·도경찰청장에게 보고하여야 한다.

정답 03. ④

04. 청원경찰법령상 무기관리수칙 등에 관한 설명으로 옳지 않은 것은?

① 청원주는 무기와 탄약의 관리를 위하여 관리책임자를 지정하고 관할 경찰서장을 거쳐 관할 시·도경찰청장에게 그 사실을 통보하여야 한다.
② 청원주가 청원경찰이 휴대할 무기를 대여 받으려는 경우에는 관할 경찰서장을 거쳐 시·도경찰청장에게 무기대여를 신청하여야 한다.
③ 대여받은 무기와 탄약을 청원주가 청원경찰에게 출납하려는 경우에는 원칙적으로 소총의 탄약은 1정당 15발 이내, 권총의 탄약은 1정당 7발 이내로 출납하여야 한다.
④ 청원주는 무기와 탄약을 출납하였을 때에는 무기·탄약 출납부에 그 출납사항을 기록하여야 한다.

① 청원주는 무기와 탄약의 관리를 위하여 관리책임자를 지정하고 관할 경찰서장에게 그 사실을 통보하여야 한다.

05. 청원경찰법령상 청원경찰경비 등에 관한 설명으로 옳지 않은 것은 몇 개인가?

㉠ 청원주는 청원경찰이 퇴직할 때에는 국민연금법에 따른 퇴직금을 지급하여야 한다.
㉡ 법령에 따라 청원주는 청원경찰의 피복비를 부담하여야 한다.
㉢ 국가기관 또는 지방자치단체에 근무하는 청원경찰의 보수산정시의 기준이 되는 재직기간은 청원경찰로서 근무한 기간으로 한다.
㉣ 국가기관 또는 지방자치단체에 근무하는 청원경찰 외의 청원경찰의 봉급과 각종 수당은 시·도경찰청장이 고시한 최저부담기준액 이상으로 지급하여야 한다.

정답 04. ① 05. ②

① 1개 ② 2개
③ 3개 ④ 4개

㉠ 청원주는 청원경찰이 퇴직할 때에는 근로자퇴직급여 보장법에 따른 퇴직금을 지급하여야 한다. 다만, 국가기관이나 지방자치단체에 근무하는 청원경찰의 퇴직금에 관하여는 따로 대통령령으로 정한다.
㉢ 국가기관 또는 지방자치단체에 근무하는 청원경찰 외의 청원경찰의 봉급과 각종 수당은 경찰청장이 고시한 최저부담기준액 이상으로 지급하여야 한다.

06. 청원경찰법령상 청원경찰에 관한 설명으로 옳은 것은?
① 청원경찰은 청원주 사업장 소재지의 관할 경찰서장이 임용하며 그 임용을 할 때에는 시·도경찰청장의 승인을 얻어야 한다.
② 징계에 의하여 파면처분을 받고 3년이 지난 자는 청원경찰로 임용될 수 있다.
③ 청원주는 경비업법에 따른 특수경비원을 배치할 목적으로 청원경찰의 배치를 폐지하거나 배치인원을 감축할 수 없다.
④ 청원주는 청원경찰의 자녀교육비를 부담하여야 한다.

① 청원경찰은 청원주가 임용하되, 임용을 할 때에는 미리 시·도경찰청장의 승인을 받아야 한다.
② 징계로 파면처분을 받은 때로부터 5년이 지나지 않으면 청원경찰이 될 수 없다(국가공무원법 제33조제7호).
④ 청원주가 부담하여야 하는 청원경찰의 경비로는 ㉠ 청원경찰에게 지급할 봉급과 각종 수당 ㉡ 청원경찰의 피복비 ㉢ 청원경찰의 교육비 ㉣ 보상금 및 퇴직금이 있다.

정답 06. ③

07. 청원경찰법령상 청원경찰의 징계에 관한 설명으로 옳지 않은 것은?
   ① 관할경찰서장은 청원경찰이 직무상 의무를 위반하거나 직무를 태만히 한 때에는 대통령령이 정하는 징계절차를 거쳐 징계처분을 할 수 있다.
   ② 청원경찰에 대한 징계의 종류는 파면, 해임, 정직, 감봉 및 견책으로 구분한다.
   ③ 정직은 1개월 이상 3개월 이하로 하고, 그 기간에 청원경찰의 신분은 보유하나 직무에 종사하지 못하며, 보수의 3분의 2를 줄인다.
   ④ 감봉은 1개월 이상 3개월 이하로 하고, 그 기간에 보수의 3분의 1을 줄인다.

　① 청원경찰이 직무상의 의무를 위반하거나 직무를 태만히 한 때와 품위를 손상하는 행위를 한 때에는 대통령령으로 정하는 징계절차를 거쳐 징계처분을 하여야 하는 자는 청원주이다.

08. 청원경찰법상 청원경찰의 면직 및 퇴직에 관한 설명으로 옳지 않은 것은?
   ① 청원경찰이 품위를 손상하는 행위를 한 경우에는 당연히 퇴직된다.
   ② 청원경찰이 나이가 60세가 되는 날이 8월인 경우 12월 31일에 당연 퇴직된다.
   ③ 청원주가 청원경찰을 면직시켰을 때에는 그 사실을 관할 경찰서장을 거쳐 시·도경찰청장에게 보고하여야 한다.
   ④ 청원경찰은 신체상·정신상의 이상으로 직무를 감당하지 못하는 경우에는 그 의사에 반하여 면직될 수 있다.

정답　　07. ①　08. ①

청원경찰이 품위를 손상하는 행위를 한 때의 처분
㉠ 정직 처분 : 1개월 이상 3개월 이하로 하고, 그 기간에 청원경찰의 신분은 보유하나 직무에 종사하지 못하며, 보수의 3분의 2를 줄인다.
㉡ 감봉 : 1개월 이상 3개월 이하로 하고, 그 기간에 보수의 3분의 1을 줄인다.
㉢ 견책 : 전과에 대하여 훈계하고 회개하게 한다.

09. 청원경찰법령상 청원경찰의 제복착용 및 무기휴대에 관한 설명으로 옳은 것은?

① 청원경찰의 하복·동복의 착용 시기는 사업장별로 관할경찰서장이 결정한다.
② 제복의 형태·규격 및 재질은 청원주가 결정하되 사업장별로 통일하여야 한다.
③ 청원경찰은 교육훈련 중에도 허리띠와 경찰봉을 착용하거나 휴대해야 하나 휘장은 부착하지 아니할 수 있다.
④ 청원주 및 청원경찰은 대통령령으로 정하는 무기관리수칙을 준수하여야 한다.

① 하복·동복의 착용 시기는 사업장별로 청원주가 결정하되, 착용 시기를 통일하여야 한다.
③ 교육훈련이나 그 밖의 특수근무 중에는 기동모, 기동복, 기동화 및 휘장을 착용하거나 부착하되, 허리띠와 경찰봉은 착용하거나 휴대하지 않을 수 있다.
④ 청원주 및 청원경찰은 행정안전부령으로 정하는 무기관리수칙을 준수하여야 한다.

정답 09. ②

10. 청원경찰법령상 과태료처분 대상이 아닌 것은?
   ① 시·도경찰청장의 배치결정을 받지 않은 청원경찰을 배치한 자
   ② 시·도경찰청장의 승인을 받지 않고 청원경찰을 임용한 자
   ③ 정당한 사유없이 경찰청장이 고시한 최저부담기준액 이상의 보수를 지급한 자
   ④ 청원경찰의 효율적인 운영을 위하여 시·도경찰청장이 발한 감독상 필요한 명령을 정당한 사유없이 이행하지 아니한 자

    ③ 경찰청장이 고시한 최저부담기준액 이상의 보수를 지급하지 않은 사람이다.

11. 경찰관직무집행법령상의 내용에 관한 설명으로 옳지 않은 것은?
   ① 경찰관서에서는 보호조치를 할 수 없다.
   ② 피구호자가 휴대하고 있는 무기·흉기 등 위험을 야기할 수 있는 물건은 경찰관서에 임시로 영치를 할 수 있다.
   ③ 위험발생방지조치를 한 경우에는 지체없이 이를 소속경찰관서의 장에게 보고하여야 하며, 보고를 받은 경찰관서의 장은 적당한 조치를 하여야 한다.
   ④ 경찰장구라 함은 경찰관이 휴대하여 범인검거와 범죄진압 등 직무수행에 사용하는 수갑·포승·경찰봉·방패 등을 말한다.

   ① 경찰관은 수상한 거동 기타 주위의 사정을 합리적으로 판단하여 정신착란 또는 술 취한 상태로 인하여 자기 또는 타인의 생명·신체와 재산에 위해를 미칠 우려가 있는 자와 자살을 기도하는 자 또는 미아·병자·부상자 등으로서 적당한 보호자가 없으며 응급의 구호를 요한다고 인정되는 자에 해당함이 명백하며 응급의 구호를 요한다고 믿을

정답 10. ③ 11. ①

만한 상당한 이유가 있는 자를 발견한 때에는 보건의료기관 또는 공공구호기관에 긴급구호를 요청하거나 경찰관서에 보호하는 등 적당한 조치를 할 수 있다.

제13회 경비지도사
2011. 11. 13. 시행

01. 청원경찰법령상 청원경찰에 대한 징계의 종류가 아닌 것은?
① 경고
② 견책
③ 감봉
④ 파면

 청원경찰의 징계 종류로는 파면, 해임, 정직, 감봉 및 견책이 있다.

02. 청원경찰법령상 청원경찰에 관한 설명으로 옳은 것은?
① 군 복무를 마친 55세의 남자는 청원경찰이 될 수 있다.
② 청원경찰의 신체조건으로서 두 눈의 교정시력이 각각 0.2 이상이어야 한다.
③ 금고 이상의 형을 선고받고 그 집행유예 기간이 끝난 날부터 2년이 지나지 아니한 자는 청원경찰로 임용될 수 없다.
④ 청원경찰의 복무와 관련하여 경찰공무원법상의 교육훈련에 관한 규정이 준용된다.

① 18세 이상인 사람은 누구나 응시 가능하다.
② 청원경찰의 신체조건에서 두 눈의 교정시력이 각각 0.8 이상이어야 한다.
④ 청원경찰의 복무와 관련하여 「국가공무원법」 및 「경찰공무원법」을 준용한다.

정 답   01. ① 02. ③

03. 청원경찰법령상 무기와 관련된 내용으로 옳지 않은 것은?
① 관할 경찰서장은 무기를 대여하였을 경우에는 월 1회 정기적으로 무기관리 상황을 점검하여야 한다.
② 청원주가 청원경찰이 휴대할 무기를 대여 받으려는 경우에는 관할 경찰서장을 거쳐 시·도경찰청장에게 무기대여를 신청하여야 한다.
③ 시·도경찰청장은 청원경찰이 직무를 수행하기 위하여 필요하다고 인정하면 청원주의 신청을 받아 관할 경찰서장으로 하여금 청원경찰에게 무기를 대여하여 지니게 할 수 있다.
④ 청원주로부터 무기를 지급받은 청원경찰이 무기를 손질하거나 조작할 때에는 반드시 총구를 공중으로 향하게 하여야 한다.

① 청원경찰에게 지급한 무기와 탄약에 대하여 관할 경찰서장은 청원경찰의 무기관리 상황을 수시로 점검하여야 한다.

04. 청원경찰법령상 청원경찰의 임용과 승인에 관한 내용이다. ( ) 안에 들어갈 말로 옳게 짝지어진 것은?

청원경찰은 (㉠)가(이) 임용하되, 임용을 할 때에는 미리 (㉡)의 승인을 받아야 한다.

	㉠	㉡
①	시·도경찰청장	청원주
②	경찰청장	청원주
③	청원주	시·도경찰청장
④	청원주	경찰청장

청원경찰은 (청원주)가 임용하되, 임용을 할 때에는 미리 (시·도경찰청장)의 승인을 받아야 한다.

정답   03. ①   04. ③

05. 청원경찰법령상 청원주와 관할 경찰서장이 갖추어 두어야 할 문서와 장부로서 공통적인 것은?
① 청원경찰 명부, 교육훈련 실시부
② 근무일지, 징계요구서철
③ 경비구역 배치도, 감독 순시부
④ 무기장비 운영카드, 전출입 관계철

㉠ 청원주가 갖춰야 할 문서와 장부
ⓐ 청원경찰 명부 ⓑ 근무일지 ⓒ 근무 상황카드 ⓓ 경비구역 배치도 ⓔ 순찰표철 ⓕ 무기·탄약 출납부 ⓖ 무기장비 운영카드 ⓗ 봉급지급 조서철 ⓘ 신분증명서 발급대장 ⓙ 징계 관계철 ⓚ 교육훈련 실시부 ⓛ 청원경찰 직무교육계획서 ⓜ 급여품 및 대여품 대장 ⓝ 그 밖에 청원경찰의 운영에 필요한 문서와 장부
㉡ 관할 경찰서장이 갖춰야 할 문서와 장부
ⓐ 청원경찰 명부 ⓑ 감독 순시부 ⓒ 전출입 관계철 ⓓ 교육훈련 실시부 ⓔ 무기·탄약 대여대장 ⓕ 징계요구서철 ⓖ 그 밖에 청원경찰의 운영에 필요한 문서와 장부
㉢ 시·도경찰청장이 갖춰야 할 문서와 장부
ⓐ 배치 결정 관계철 ⓑ 청원경찰 임용승인 관계철 ⓒ 전출입 관계철 ⓓ 그 밖에 청원경찰의 운영에 필요한 문서와 장부

06. 청원경찰법령상의 내용으로 옳지 않은 것은?
① 청원주는 청원경찰의 피복비를 부담하여야 한다.
② 청원주는 청원경찰의 교육비를 부담하여야 한다.
③ 청원경찰의 직무상의 부상·질병으로 인하여 퇴직하거나, 퇴직 후 3년 이내에 사망한 경우 보상금을 지급하여야 한다.

정답 05. ① 06. ③

④ 청원주는 보상금의 지급을 이행하기 위하여 산업재해보상보험법에 따른 산업재해보상보험에 가입하거나, 근로기준법에 따라 보상금을 지급하기 위한 재원을 따로 마련하여야 한다.

③ 청원경찰의 직무상의 부상·질병으로 인하여 퇴직하거나, 퇴직 후 2년 이내에 사망한 경우와 직무수행으로 인하여 부상을 입거나, 질병에 걸리거나 또는 사망한 경우 보상금을 지급하여야 한다.

07. 청원경찰법령상의 내용으로 옳은 것은?
① 지방자치단체에 근무하는 청원경찰의 직무상 불법행위에 대한 배상책임에 관하여는 민법의 규정을 따른다.
② 청원경찰 업무에 종사하는 사람은 형법이나 그 밖의 법령에 따른 벌칙을 적용할 때에는 공무원으로 본다.
③ 청원경찰은 불가피한 사정이 있는 경우 경찰관직무집행법에 따른 직무 외의 수사 활동 등 사법경찰관리의 직무를 수행할 수 있다.
④ 청원경찰이 직무를 수행할 때 직권을 남용하여 국민에게 해를 끼친 경우에는 1년 이하의 징역이나 금고에 처한다.

① 국가기관이나 지방자치단체에 근무하는 청원경찰을 제외한 청원경찰의 직무상 불법행위에 대한 배상책임에 관하여는 민법의 규정을 따른다.
③ 청원경찰은 불가피한 사정이 있는 경우 경찰관직무집행법에 따른 직무 외의 수사 활동 등 사법경찰관리의 직무를 수행할 수 없다.
④ 청원경찰이 직무를 수행할 때 직권을 남용하여 국민에게 해를 끼친 경우에는 6개월 이하의 징역이나 금고에 처한다.

정 답

07. ②

기출문제(2011. 11. 13. 시행)

08. 청원경찰법령상 다음의 위반행위에 따른 과태료 부과기준으로 옳게 짝지어진 것은?

> ㉮ 시·도경찰청장의 감독상 필요한 총기·실탄 및 분사기에 관한 명령을 정당한 사유 없이 이행하지 않은 경우
> ㉯ 시·도경찰청장의 승인을 받지 않고 국가공무원법상 임용결격사유에 해당하는 청원경찰을 임용한 경우

	㉮	㉯		㉮	㉯
①	300만원	400만원	②	400만원	400만원
③	400만원	500만원	④	500만원	500만원

㉠ 500만원의 과태료
　ⓐ 국가정보원장이 지정한 국가중요시설인 국가보안 목표시설에 시·도경찰청장의 배치 결정을 받지 않고 청원경찰을 배치한 경우
　ⓑ 시·도경찰청장의 승인을 받지 않고 국가공무원법상 임용결격사유에 해당하는 청원경찰을 임용한 경우
　ⓒ 시·도경찰청장의 감독상 필요한 총기·실탄 및 분사기에 관한 명령을 정당한 사유 없이 이행하지 않은 경우
　ⓓ 정당한 사유 없이 경찰청장이 고시한 최저부담기준액 이상의 보수를 지급하지 않은 경우
㉡ 400만원의 과태료 : 시·도경찰청장의 배치 결정을 받지 아니하고 국가 중요시설 외의 시설에 청원경찰을 배치한 자
㉢ 300만원의 과태료
　ⓐ 시·도경찰청장의 승인을 얻지 않고 청원경찰을 임용한 자
　ⓑ 시·도경찰청장의 감독상 필요한 총기·실탄 및 분사기에 관한 명령 외의 명령을 정당한 이유 없이 이행하지 않은 자

정 답　　　　　　　08. ④

09. 청원경찰법령상 청원경찰의 배치 대상이 되는 기관·시설·사업장을 모두 고른 것은?

㉠ 국가기관 또는 공공단체와 그 관리 하에 있는 중요시설 또는 사업장
㉡ 국외 주재 국내기관
㉢ 보험을 업으로 하는 시설 또는 사업장
㉣ 인쇄를 업으로 하는 시설 또는 사업장

① ㉠, ㉡
② ㉠, ㉢
③ ㉠, ㉢, ㉣
④ ㉡, ㉢, ㉣

청원경찰의 배치 대상
㉠ 국가기관 또는 공공단체와 그 관리 하에 있는 중요 시설 또는 사업장
㉡ 국내 주재 외국기관
㉢ 그 밖에 다음의 중요 시설, 사업장 또는 장소
　ⓐ 선박, 항공기 등 수송시설
　ⓑ 금융 또는 보험을 업으로 하는 시설 또는 사업장
　ⓒ 언론, 통신, 방송 또는 인쇄를 업으로 하는 시설 또는 사업장
　ⓓ 학교 등 육영시설
　ⓔ 「의료법」에 따른 의료기관
　ⓕ 그 밖에 공공의 안녕질서 유지와 국민경제를 위하여 고도의 경비가 필요한 중요 시설, 사업체 또는 장소

10. 청원경찰법령상 직무교육에 관한 내용이다. ( ) 안에 들어갈 말로 옳은 것은?

청원주는 소속 청원경찰에게 그 직무집행에 필요한 교육을 매월 ( ) 이상 하여야 한다.

정답　09. ③　10. ②

① 2시간 ② 4시간
③ 6시간 ④ 8시간

 청원주는 소속 청원경찰에게 그 직무집행에 필요 한 교육을 매월 4시간 이상 하여야 한다.

11. 청원경찰법령상 내용으로 옳지 않은 것은?
① 2명 이상의 청원경찰을 배치한 사업장의 청원주는 청원경찰의 지휘·감독을 위하여 청원경찰 중에서 유능한 사람을 선정하여 감독자로 지정하여야 한다.
② 관할 경찰서장은 청원주의 신청에 따라 경비를 위하여 필요하다고 인정할 때에는 청원경찰이 배치된 사업장에 경비전화를 가설할 수 있으며, 가설에 드는 비용은 관할 경찰서장이 부담한다.
③ 청원경찰이 직무를 수행할 때에는 경비목적을 위하여 필요한 최소한의 범위에서 하여야 한다.
④ 시·도경찰청장, 관할 경찰서장 또는 청원주는 청원경찰에게 표창을 수여할 수 있다.

 ② 관할 경찰서장은 청원주의 신청에 따라 경비를 위하여 필요하다고 인정할 때에는 청원경찰이 배치된 사업장에 경비전화를 가설할 수 있으며, 가설에 드는 비용은 청원주가 부담한다.

12. 청원경찰법령상 관할 경찰서장에게 위임된 권한이 아닌 것은? (청원경찰을 배치하고 있는 사업장이 하나의 경찰서의 관할구역에 있는 경우에 한함)
① 청원주에 대한 지도 및 감독상 필요한 명령에 관한 권한

② 청원경찰 임용승인에 관한 권한
③ 청원경찰 배치의 결정 및 요청에 관한 권한
④ 청원경찰에게 지급할 봉급·수당의 최저부담기준 결정에 관한 권한

 시·도경찰청장의 권한을 관할 경찰서장에게 위임한 권한은 ①, ②, ③ 외에 과태료 부과·징수에 관한 권한이고 ④의 청원경찰에게 지급할 봉급·수당의 최저부담기준 결정에 관한 권한은 경찰청장의 권한에 해당한다.

13. 청원경찰법령상 청원경찰에 관한 내용으로 옳지 않은 것은?
① 국가기관이나 지방자치단체에 근무하는 청원경찰의 명예퇴직에 관하여는 국가공무원법을 준용한다.
② 청원경찰은 형의 선고, 징계처분 또는 신체상·정신상의 이상으로 직무를 감당하지 못할 때를 제외하고는 그 의사에 반하여 면직되지 아니한다.
③ 청원주가 청원경찰을 면직시켰을 때에는 그 사실을 관할 경찰서장을 거쳐 시·도경찰청장에게 보고하여야 한다.
④ 청원주는 청원경찰이 퇴직할 때에는 고용보험법에 따른 퇴직금을 지급하여야 한다.

 ④ 청원주는 청원경찰이 퇴직할 때에는 근로자퇴직급여 보장법에 따른 퇴직금을 지급하여야 한다.

정답　13. ④

제14회 경비지도사
2012. 11. 17. 시행

01. 청원경찰법령상의 내용으로 옳은 것은?
   ① 청원경찰의 경비는 시·도경찰청에서 부담한다.
   ② 청원경찰은 시·도경찰청장이 임용하며 미리 시설·사업장의 경영자의 승인을 받아야 한다.
   ③ 법원의 판결 또는 다른 법률에 따라 자격이 정지된 자는 청원경찰로 임용될 수 없다.
   ④ 경찰청장은 청원경찰 배치가 필요하다고 인정하는 기관의 장 또는 시설·사업장의 경영자에게 청원경찰을 배치할 것을 요청할 수 있다.

① 청원경찰의 경비는 청원주가 부담한다.
② 청원경찰은 청원주가 임용하되, 임용을 할 때에는 미리 시·도경찰청장의 승인을 받아야 한다.
④ 시·도경찰청장은 청원경찰 배치가 필요하다고 인정하는 기관의 장 또는 시설·사업장의 경영자에게 청원경찰을 배치할 것을 요청할 수 있다.

02. 청원경찰법령상 청원경찰의 직무에 관한 설명으로 옳지 않은 것은?
   ① 청원경찰은 청원주와 배치된 기관·시설 또는 사업장 등의 구역을 관할하는 경찰서장의 감독을 받는다.
   ② 청원경찰은 재직 중은 물론 퇴직 후에도 직무상 알게 된 비밀을 엄수하여야 한다.
   ③ 순찰은 요점순찰을 하되, 청원주가 필요하다고 인정할 때에는 정선

정답   01. ③   02. ③

순찰 또는 난선순찰을 할 수 있다.
④ 자체경비를 하는 입초근무자는 경비구역의 정문이나 그 밖의 지정된 장소에서 경비구역의 내부, 외부 및 출입자의 움직임을 감시한다.

 ③ 순찰은 단독 또는 복수로 정선순찰을 하되, 청원주가 필요하다고 인정할 때에는 요점순찰 또는 난선순찰을 할 수 있다.

03. 청원경찰법령상 관할 경찰서장에게 위임할 수 있는 시·도경찰청장의 권한이 아닌 것은?
① 청원경찰 배치의 결정 및 요청
② 청원경찰의 임용승인
③ 청원경찰의 징계처분 요청
④ 청원경찰법상 과태료 부과·징수

 시·도경찰청장이 관할 경찰서장에게 위임할 수 있는 권한
㉠ 청원경찰 배치의 결정 및 요청에 관한 권한
㉡ 청원경찰의 임용승인에 관한 권한
㉢ 청원주에 대한 지도 및 감독상 필요한 명령에 관한 권한
㉣ 과태료 부과·징수에 관한 권한

04. 청원경찰법령에 관한 내용으로 옳지 않은 것은?
① 청원경찰 업무에 종사하는 사람은 형법이나 그 밖의 법령에 따른 벌칙을 적용할 때에는 공무원으로 본다.
② 경비업법에 따른 경비업자가 중요 시설의 경비를 도급받았을 때에

정답 03. ③ 04. ②

는 시·도경찰청장은 그 사업장에 배치된 청원경찰의 근무 배치 및 감독에 관한 권한을 해당 경비업자에게 위임할 수 있다.
③ 청원경찰을 배치하고 있는 사업장이 하나의 경찰서의 관할구역에 있는 경우 시·도경찰청장은 청원주에 대한 지도 및 감독상 필요한 명령에 관한 권한을 관할경찰서장에게 위임한다.
④ 관할 경찰서장은 매달 1회 이상 청원경찰을 배치한 경비구역에 대하여 복무규율과 근무상황, 무기의 관리 및 취급 사항을 감독하여야 한다.

📢 ② 경비업법에 따른 경비업자가 중요 시설의 경비를 도급받았을 때 그 사업장에 배치된 청원경찰의 근무 배치 및 감독에 관한 권한을 해당 경비업자에게 위임할 수 있는 사람은 청원주이다.

05. 청원경찰법령상 청원경찰에 대한 징계의 종류에 해당되지 않는 것은?

① 파면
② 해임
③ 견책
④ 강등

📢 청원경찰에 대한 징계로는 파면, 해임, 정직, 감봉 및 견책이 있다.

06. 청원경찰법령상 청원경찰 임용의 조건에 해당하지 않는 것은?

① 체중이 남자는 50kg 이상, 여자는 40kg 이상일 것
② 신체가 건강하고 팔다리가 완전할 것
③ 시력(교정시력을 포함한다)은 양쪽 눈이 각각 0.8 이상일 것

정답   05. ②   06. ①

④ 18세 이상의 사람

 청원경찰 임용의 조건은 국가공무원법 제33조의 결격사유에 해당하지 않는 사람으로서 ②, ③, ④와 같은 조건을 가진 사람이어야 하며 ①의 체중 조건은 삭제 조항에 해당한다.

07. 청원경찰법령상 청원경찰의 교육에 관한 내용으로 옳은 것을 모두 고른 것은?

㉠ 청원경찰에서 퇴직한 자가 퇴직한 날부터 3년 이내에 청원경찰로 임용되었을 때에는 경비구역에 배치하기 전에 경찰교육기관에서 시행하는 직무수행에 필요한 교육을 면제할 수 있다.
㉡ 청원경찰로 임용된 자가 받는 교육과목 중 학술교육과목으로 형사법, 청원경찰법이 있다.
㉢ 청원경찰로 임용된 자가 경찰교육기관에서 받는 직무수행에 필요한 교육의 기간은 4주로 한다.
㉣ 청원주는 소속 청원경찰에게 그 직무집행에 필요한 교육을 매년 4시간 이상 하여야 한다.

① ㉠, ㉡ ② ㉠, ㉢
③ ㉡, ㉢ ④ ㉢, ㉣

 ㉢ 청원경찰로 임용된 자가 경찰교육기관에서 받는 직무수행에 필요한 교육의 기간은 2주로 한다.
㉣ 청원주는 소속 청원경찰에게 그 직무집행에 필요한 교육을 매월 4시간 이상 하여야 한다.

정답　07. ①

08. 청원경찰법령상 청원주가 비치해야 할 문서와 장부가 아닌 것은?
   ① 무기·탄약 대여대장   ② 청원경찰 명부
   ③ 경비구역 배치도   ④ 무기장비 운영카드

 청원주가 비치해야 할 문서와 장부
   ㉠ 청원경찰 명부   ㉡ 근무일지
   ㉢ 근무 상황카드   ㉣ 경비구역 배치도
   ㉤ 순찰표철   ㉥ 무기·탄약 출납부
   ㉦ 무기장비 운영카드   ㉧ 봉급지급 조서철
   ㉨ 신분증명서 발급대장 ㉩ 징계 관계철
   ㉪ 교육훈련 실시부
   ㉫ 청원경찰 직무교육계획서
   ㉬ 급여품 및 대여품 대장
   ㉭ 그 밖에 청원경찰의 운영에 필요한 문서와 장부
   ① 무기·탄약 대여대장은 관할 경찰서장이 갖춰 두어야 할 문서와 장부에 해당한다.

09. 청원경찰법령상 청원경찰의 징계에 관한 내용으로 옳지 않은 것은?
   ① 청원경찰이 품위를 손상하는 행위를 하는 경우 청원주는 징계절차에 따라 징계처분을 하여야 한다.
   ② 관할 경찰서장은 청원경찰이 직무상 의무 위반에 해당한다고 인정되면 청원주에게 해당 청원경찰에 대하여 징계처분을 하도록 요청할 수 있다.
   ③ 정직은 1개월 이상 3개월 이하로 하고, 그 기간에 청원경찰의 신분은 보유하나 직무에 종사하지 못하며, 보수의 3분의 1을 줄인다.
   ④ 감봉은 1개월 이상 3개월 이하로 하고, 그 기간에 보수의 3분의 1을 줄인다.

정답 08. ① 09. ③

③ 정직은 1개월 이상 3개월 이하로 하고, 그 기간에 청원경찰의 신분은 보유하나 직무에 종사하지 못하며, 보수의 3분의 2를 줄인다.

10. 청원경찰법령상 벌칙 및 과태료에 관한 내용으로 옳지 않은 것은?

① 청원경찰이 직무를 수행할 때 직권을 남용하여 국민에게 해를 끼친 경우 6개월 이하의 징역이나 금고에 처한다.
② 정당한 사유 없이 경찰청장이 고시한 최저부담기준액 이상의 보수를 지급하지 아니한 청원주에게는 500만원 이하의 과태료를 부과한다.
③ 청원경찰로서 노동운동이나 그 밖에 공무 외의 일을 위한 집단 행위를 하는 자는 1년 이하의 징역 또는 200만원 이하의 벌금에 처한다.
④ 청원경찰로서 직무에 관하여 거짓으로 보고하거나 통보하는 자에게는 500만원 이하의 과태료를 부과한다.

 500만원 이하의 과태료를 부과하는 경우
㉠ 시·도경찰청장의 배치 결정을 받지 않고 청원경찰을 배치한 경우
㉡ 시·도경찰청장의 승인을 받지 않고 청원경찰을 임용한 경우
㉢ 정당한 사유 없이 경찰청장이 고시한 최저부담기준액 이상의 보수를 지급하지 않은 경우
㉣ 감독상 필요한 명령을 정당한 사유 없이 이행하지 않은 경우

③은 삭제 조항이고, ④는 과태료 부과 기준에 해당하지 않는다.

정답 10 ③, ④

11.
청원경찰법령상 청원주가 청원경찰에 대하여 무기 및 탄약을 지급하여서는 안 되며, 지급된 경우 회수하여야 하는 경우는 모두 몇 개인가?

> ㉠ 변태적 성벽이 있는 사람
> ㉡ 주벽이 심한 사람
> ㉢ 직무상 비위로 징계 대상이 된 사람
> ㉣ 평소에 불평이 심하고 염세적인 사람
> ㉤ 형사사건으로 조사 대상이 된 사람

① 2개 ② 3개
③ 4개 ④ 5개

 ㉠ ~ ㉤ 외에도 사직 의사를 밝힌 사람에게는 무기 및 탄약을 지급하여서는 안 되며, 지급된 경우 회수하여야 한다.

12.
청원경찰법령상 청원주로부터 무기 및 탄약을 지급받은 청원경찰의 무기관리수칙에 관한 내용으로 옳은 것을 모두 고른 것은?

> ㉠ 지급받은 무기는 다른 사람에게 보관하거나 휴대시킬 수 없으며 손질을 의뢰할 수 없다.
> ㉡ 무기와 탄약을 지급받았을 때에는 별도의 지시가 없으면 무기와 탄약을 분리하여 휴대하여야 하며, 소총은 "우로 어깨 걸어 총"의 자세를 유지하고, 권총은 "권총집에 넣어 총"의 자세를 유지하여야 한다.
> ㉢ 무기를 손질 또는 조작할 때에는 반드시 총구를 바닥으로 향하여야 한다.
> ㉣ 무기를 지급받거나 반납할 때 또는 인계인수할 때에는 반드시 "검사총" 자세 이후 "앞에 총"을 하여야 한다.

정답 11 ④ 12 ①

① ㉠, ㉡   ② ㉠, ㉢
③ ㉡, ㉣   ④ ㉢, ㉣

㉢ 무기를 손질 또는 조작할 때에는 반드시 총구를 공중으로 향하게 하여야 한다.
㉣ 무기를 지급받거나 반납할 때 또는 인계인수할 때에는 반드시 "앞에 총" 자세에서 "검사 총"을 하여야 한다.

13. 청원경찰법령상 분사기 및 무기의 휴대에 관한 내용으로 옳은 것은?

① 시·도경찰청장은 청원경찰의 직무수행을 위하여 필요하다고 인정하면 청원주의 신청을 받아 관할 경찰서장으로 하여금 청원경찰에게 무기를 대여하여 지니게 할 수 있다.
② 청원경찰로 하여금 분사기를 휴대하여 직무를 수행하게 하고자 하는 경우 청원주는 총포·도검·화약류 등 단속법에 따라 관할 경찰서장에게 소지신고를 하여야 한다.
③ 관할 경찰서장이 대여할 수 있는 무기는 청원주가 국가에 기부채납한 무기에 한하지 않는다.
④ 청원주가 무기와 탄약을 출납하려는 경우 청원주는 청원경찰에게 지급한 무기와 탄약을 월 2회 손질하게 하여야 한다.

② 청원경찰로 하여금 분사기를 휴대하여 직무를 수행하게 하고자 하는 경우 청원주는 총포·도검·화약류 안전관리에 관한 법률에 따라 소재지를 관할하는 시·도경찰청장의 허가를 받아야 한다.
③ 시·도경찰청장이 무기를 대여하여 휴대하게 하려는 경우에는 청원주로부터 국가에 기부채납된 무기에 한정하여 관할 경찰서장으로 하여금 무기를 대여하여 휴대하게 할 수 있다.

정 답   13 ①

④ 청원주가 무기와 탄약을 출납하려는 경우 청원주는 청원경찰에게 지급한 무기와 탄약은 매주 1회 이상 손질하게 하여야 한다.

제15회 경비지도사
2013. 11. 16. 시행

01. 청원경찰법령상 청원경찰의 복무에 관하여 국가공무원법의 규정이 준용되지 않는 것은?
① 청원경찰의 정치 활동의 금지
② 청원경찰의 비밀 엄수의 의무
③ 청원경찰의 복종의 의무
④ 청원경찰의 직장 이탈의 금지

> 청원경찰의 복무에 관하여는 국가공무원법 제57조(복종의 의무), 제58조제1항(직장이탈 금지의 의무), 제60조(비밀엄수의 의무)를 준용한다.

02. 청원경찰법령상 청원경찰의 직무 및 배치에 관한 설명으로 옳지 않은 것은?
① 청원경찰을 배치 받으려는 자는 관할 시·도경찰청장에게 청원경찰 배치를 신청해야 한다.
② 시·도경찰청장은 청원경찰 배치 신청을 받으면 지체 없이 그 배치 여부를 결정하여 신청인에게 알려야 한다.
③ 청원경찰이 직무를 수행할 때에 경찰관직무집행법령에 따라 하여야 할 모든 보고는 관할 시·도경찰청장에게 서면으로 해야 한다.
④ 시·도경찰청장은 청원경찰 배치가 필요하다고 인정하는 기관의 장에게 청원경찰을 배치할 것을 요청할 수 있다.

정답 01 ① 02 ③

③ 청원경찰이 직무를 수행할 때에 「경찰관 직무집행법」 및 같은 법 시행령에 따라 하여야 할 모든 보고는 관할 경찰서장에게 서면으로 보고하기 전에 지체 없이 구두로 보고하고 그 지시에 따라야 한다.

03. 청원경찰법령상 청원경찰의 배치 및 임용방법 등에 관한 설명으로 옳지 않은 것은?
   ① 청원경찰의 배치를 받으려는 자는 청원경찰 배치신청서에 경비구역 평면도 1부와 배치계획서 1부를 첨부해야 한다.
   ② 청원주는 청원경찰 배치 결정의 통지를 받은 날부터 30일 이내에 청원경찰 임용승인을 시·도경찰청장에게 신청해야 한다.
   ③ 청원주가 청원경찰을 임용하였을 때에는 임용한 날부터 10일 이내에 그 임용사항을 관할 경찰서장을 거쳐 시·도경찰청장에게 보고해야 한다.
   ④ 청원주는 청원경찰이 퇴직하였을 때에는 그 퇴직한 날부터 14일 이내에 시·도경찰청장에게 보고해야 한다.

 ④ 청원주가 청원경찰을 임용하였을 때에는 임용한 날부터 10일 이내에 그 임용사항을 관할 경찰서장을 거쳐 시·도경찰청장에게 보고하여야 한다. 청원경찰이 퇴직하였을 때에도 또한 같다.

04. 청원경찰법령상 청원경찰의 교육 및 배치 등에 관한 설명으로 옳은 것은?
   ① 청원경찰의 교육기간은 2주이며, 수업시간은 76시간이다.
   ② 경찰공무원으로 퇴직한 사람이 퇴직한 날부터 5년 이내에 청원경찰

로 임용되었을 때에는 청원경찰 교육을 면제해야 한다.
③ 청원주의 사정상 부득이하다고 인정될 때에는 청원경찰을 우선 배치하고 임용 후 1년 이내에 청원경찰 교육을 받게 할 수 있다.
④ 청원경찰을 이동 배치하여 이동배치지가 다른 관할구역에 속할 때에는 청원주는 전입지를 관할하는 경찰서장에게 그 사실을 통보해야 한다.

② 경찰공무원(의무경찰순경을 포함) 또는 청원경찰에서 퇴직한 사람이 퇴직한 날부터 3년 이내에 청원경찰로 임용되었을 때에는 경찰교육기관에서 직무 수행에 필요한 교육을 면제할 수 있다.
③ 경찰교육기관의 교육계획상 부득이하다고 인정할 때에는 우선 배치하고 임용 후 1년 이내에 청원경찰 교육을 받게 할 수 있다.
④ 청원주는 청원경찰을 신규로 배치하거나 이동 배치하였을 때에는 배치지(이동배치의 경우에는 종전의 배치지)를 관할하는 경찰서장에게 그 사실을 통보하여야 한다. 통보를 받은 경찰서장은 이동배치지가 다른 관할구역에 속할 때에는 전입지를 관할하는 경찰서장에게 이동 배치한 사실을 통보하여야 한다.

05. 청원경찰법령상 청원경찰의 임용 등에 관한 설명으로 옳지 않은 것은?

① 청원경찰은 청원주가 임용하되, 임용을 할 때에는 미리 시·도경찰청장의 승인을 받아야 한다.
② 피한정후견인은 청원경찰로 임용될 수 있다.
③ 청원경찰로 임용되기 위해서는 신체가 건강하고 팔다리가 완전하며, 시력(교정시력을 포함)은 양쪽 눈이 각각 0.8 이상이어야 한다.
④ 군복무가 면제된 만 25세인 남자는 청원경찰로 임용될 수 있다.

정 답   05 없다

출제 당시엔 ②번이 정답이었으나 개정(2021.1.12.)으로 피한정후견인은 청원경찰의 결격사유에 해당하지 않게 되어 정답이 없다.

06. 청원경찰법령상 청원경찰경비의 지급방법 또는 납부방법을 행정안전부령으로 정하지 않는 것은?

① 청원경찰의 피복비
② 청원경찰의 교육비
③ 청원경찰의 퇴직금
④ 청원경찰에게 지급할 봉급과 각종 수당

 ④ 청원주는 청원경찰이 퇴직할 때에는 「근로자퇴직급여 보장법」에 따른 퇴직금을 지급하여야 한다. 다만, 국가기관이나 지방자치단체에 근무하는 청원경찰의 퇴직금에 관하여는 따로 대통령령으로 정한다.

07. 청원경찰법령상 청원경찰의 봉급과 각종 수당은 누가 부담하여야 하는가?

① 청원주
② 시 · 도경찰청장
③ 관할 경찰서장
④ 지방자치단체장

 ① 청원주는 청원경찰에게 지급할 봉급과 각종 수당, 청원경찰의 피복비, 청원경찰의 교육비, 보상금 및 퇴직금 등 청원경찰경비를 부담하여야 한다.

정답 06 ③ 07 ①

08. 청원경찰법령상 청원경찰의 보수 등에 관한 설명으로 옳지 않은 것은?
① 국가기관에 근무하는 청원경찰의 각종 수당은 공무원수당 등에 관한 규정에 따른 수당 중 가계보전수당, 실비변상 등으로 하며, 그 세부 항목은 경찰청장이 정하여 고시한다.
② 국가기관에 근무하는 청원경찰의 보수산정을 위한 재직기간은 청원경찰로서 근무한 기간으로 한다.
③ 국가기관에 근무하는 청원경찰 보수의 호봉 간 승급기간은 경찰공무원의 승급기간에 관한 규정을 준용한다.
④ 국가기관 또는 지방자치단체에 근무하는 청원경찰 외의 청원경찰 보수의 호봉 간 승급기간 및 승급액은 순경의 승급에 관한 규정을 사업장의 취업규칙보다 우선 준용한다.

 ④ 국가기관 또는 지방자치단체에 근무하는 청원경찰 외의 청원경찰 보수의 호봉 간 승급기간 및 승급액은 그 배치된 사업장의 취업규칙에 따르며, 이에 관한 취업규칙이 없을 때에는 순경의 승급에 관한 규정을 준용한다.

09. 청원경찰법령상 국가기관이나 지방자치단체에 근무하는 청원경찰 본인의 의사에도 불구하고 휴직을 명하여야 하는 경우가 아닌 것은?
① 국외유학을 하게 된 때
② 신체・정신상의 장애로 장기 요양이 필요할 때
③ 병역법에 따른 병역 복무를 마치기 위하여 징집된 때
④ 천재지변 등의 사유로 생사가 불명확하게 된 때

본인의 의사에 반하는 휴직으로는 ②, ③, ④ 외에

㉠ 그 밖의 법률 규정에 따른 의무를 수행하기 위하여 직무를 이탈한 때
㉡ 노동조합 전임자로 종사하게 된 때이다.
① 본인이 원하는 경우에 휴직이 가능하다.

10. 청원경찰법령상 청원경찰의 징계에 관한 설명으로 옳은 것은?
① 징계처분권자는 청원주이다.
② 견책은 보수의 3분의 1을 줄인다.
③ 직위해제는 청원경찰에 대한 징계의 종류에 해당한다.
④ 관할 경찰서장은 징계규정의 보완이 필요하다고 인정할 때에는 청원주에게 그 보완을 요구할 수 있다.

② 견책은 전과에 대하여 훈계하고 회개하게 한다.
③ 청원경찰에 대한 징계의 종류는 파면, 해임, 정직, 감봉 및 견책으로 구분한다.
④ 징계규정의 보완이 필요하다고 인정될 때 청원주에게 그 보완을 요구할 수 있는 사람은 시·도경찰청장이다.

11. 청원경찰법령상 청원경찰의 복제와 무기휴대에 관한 설명으로 옳지 않은 것은?
① 시·도경찰청장은 청원경찰이 직무를 수행하기 위하여 필요하다고 인정하면 청원주의 신청을 받아 관할 경찰서장으로 하여금 청원경찰에게 무기를 대여하여 지니게 할 수 있다.
② 청원주가 청원경찰이 휴대할 무기를 대여 받으려는 경우에는 관할 경찰서장을 거쳐 시·도경찰청장에게 무기대여를 신청해야 한다.
③ 청원주는 대여받은 무기와 탄약에 분실되거나 도난당하거나 빼앗기

거나 훼손되는 등의 사고가 발생하였을 때에는 지체 없이 그 사유를 관할 군부대장에게 통보해야 한다.
④ 청원주로부터 무기와 탄약을 지급받은 청원경찰은 무기를 인계인수할 때에는 반드시 "앞에 총" 자세에서 "검사 총"을 해야 한다.

 ③ 청원주는 대여받은 무기와 탄약에 분실되거나 도난당하거나 빼앗기거나 훼손 등의 사고가 발생하였을 때에는 지체 없이 그 사유를 관할 경찰서장에게 통보하여야 한다.

12. 청원경찰법령상 과태료의 부과기준금액이 가장 적은 것은? (단, 과태료의 경감이나 가중은 고려하지 않는다.)
① 시·도경찰청장의 승인을 받지 않고 임용 결격사유에 해당하는 청원경찰을 임용한 경우
② 시·도경찰청장의 배치 결정을 받지 않고 국가 중요 시설 외의 시설에 청원경찰을 배치한 경우
③ 정당한 사유 없이 경찰청장이 고시한 최저부담기준액 이상의 보수를 지급하지 않은 경우
④ 총기·실탄 및 분사기에 관한 시·도경찰청장의 감독상 필요한 명령을 정당한 사유 없이 이행하지 않은 경우

 ① 500만원 ② 400만원 ③ 500만원 ④ 500만원

13. 청원경찰법령상 관할 경찰서장과 시·도경찰청장이 공통으로 갖춰 두어야 할 문서나 장부에 해당하는 것은?
① 청원경찰 명부   ② 전출입 관계철

정답   12 ② 13 ②

③ 교육훈련 실시부　　　　④ 청원경찰 임용승인 관계철

㉠ 관할 경찰서장이 갖춰야 할 문서와 장부
청원경찰 명부, 감독 순시부, 전출입 관계철, 교육훈련 실시부, 무기·탄약 대여대장, 징계요구서철, 그 밖에 청원경찰의 운영에 필요한 문서와 장부이다.
㉡ 시·도경찰청장은 갖춰야 할 문서와 장부
배치 결정 관계철, 청원경찰 임용승인 관계철, 전출입 관계철, 그 밖에 청원경찰의 운영에 필요한 문서와 장부이다.

제16회 경비지도사
2014. 11. 15. 시행

01. 청원경찰법 제1조의 내용이다. ( ) 안에 들어갈 용어로 옳은 것은?

> 청원경찰법은 청원경찰의 직무·임용·배치·보수·( ) 및 그 밖에 필요한 사항을 규정함으로써 청원경찰의 원활한 운영을 목적으로 한다.

① 무기휴대　　② 신분보장
③ 사회보장　　④ 징계

 청원경찰법의 목적 : 청원경찰법은 청원경찰의 직무·임용·배치·보수·사회보장 및 그 밖에 필요한 사항을 규정함으로써 청원경찰의 원활한 운영을 목적으로 한다.

02. 청원경찰법령상 청원경찰의 직무에 관한 설명으로 옳지 않은 것은?
① 경비구역 내에서의 입초근무, 소내근무, 순찰근무, 대기근무를 수행한다.
② 청원경찰의 배치 결정을 받은 자의 지시와 감독에 의해서만 직무를 수행해야 한다.
③ 직무를 수행할 때에는 경비 목적을 위하여 필요한 최소한의 범위에서 해야 한다.
④ 경찰관 직무집행법에 따른 직무외의 수사활동 등의 직무를 수행해

정답　01 ③　02 ②

서는 아니 된다.

 ② 청원경찰은 청원경찰의 배치 결정을 받은 청원주와 배치된 기관·시설·사업장 등의 구역을 관할하는 경찰서장의 감독을 받아 직무를 수행한다.

03. 청원경찰법령상 청원경찰 배치 대상 기관·시설·사업장에 해당하는 것을 모두 고른 것은?

㉠ 국내 주재(駐在) 외국기관
㉡ 선박, 항공기 등 수송시설
㉢ 언론, 통신, 방송을 업으로 하는 시설
㉣ 공공의 안녕질서 유지와 국민경제를 위해 고도의 경비가 필요한 장소

① ㉠, ㉡   ② ㉠, ㉢, ㉣
③ ㉡, ㉢, ㉣   ④ ㉠, ㉡, ㉢, ㉣

 청원경찰을 배치하여야 하는 중요 시설, 사업장 또는 장소
㉠ 국내 주재 외국기관
㉡ 선박, 항공기 등 수송시설
㉢ 언론, 통신, 방송 또는 인쇄를 업으로 하는 시설 또는 사업장
㉣ 공공의 안녕질서 유지와 국민경제를 위하여 고도의 경비가 필요한 중요 시설, 사업체 또는 장소
㉤ 금융 또는 보험을 업으로 하는 시설 또는 사업장
㉥ 학교 등 육영시설
㉦ 「의료법」에 따른 의료기관

정답 03 ①

04. 청원경찰법령상 청원경찰의 교육에 관한 설명으로 옳지 않은 것은?

① 청원경찰은 배치하기 전에 직무수행에 필요한 교육을 받게 해야 한다. 다만 부득이한 경우 임용 후 2년 이내에 교육을 받게 할 수 있다.
② 청원경찰의 신임교육기간은 2주이다.
③ 청원주는 소속 청원경찰에게 월 4시간 이상의 직무교육을 실시해야 한다.
④ 청원경찰의 신임교육과목에는 형사법, 경찰관 직무집행법, 화생방 등이 있다.

① 경찰교육기관의 교육계획상 부득이하다고 인정할 때에는 우선 배치하고 임용 후 1년 이내에 교육을 받게 할 수 있다.

05. 청원경찰법령상 청원경찰의 근무요령에 관한 설명으로 옳은 것은?

① 대기근무자는 소내근무에 협조하거나 휴식하면서 불의의 사고에 대비한다.
② 소내근무자는 근무 중 특이한 사항이 발생하였을 때에는 지체 없이 관할 시·도경찰청장에게 보고하고 그 지시에 따라야 한다.
③ 순찰근무자는 요점순찰 또는 난선순찰을 하되, 청원주가 필요하다고 인정할 때에는 정선순찰을 할 수 있다.
④ 소내근무자는 경비구역의 정문이나 그 밖의 지정된 장소에서 경비구역의 내부, 외부 및 출입자의 움직임을 감시한다.

② 소내 근무자는 근무 중 특이한 사항이 발생하였을 때에는 지체 없이 청원주 또는 관할 경찰서장에게 보고하고 그 지시에 따라야 한다.

정답 04 ④ 05 ①

③ 순찰은 단독 또는 복수로 정선순찰을 하되, 청원주가 필요하다고 인정할 때에는 요점순찰 또는 난선순찰을 할 수 있다.
④ 경비구역의 정문이나 그 밖의 지정된 장소에서 경비구역의 내부, 외부 및 출입자의 움직임을 감시하는 입초근무자이다.

06.
청원경찰법령상 청원주가 시·도경찰청장에게 청원경찰 임용승인을 신청할 때 청원경찰 임용승인신청서에 첨부해야 하는 서류가 아닌 것은?

① 주민등록증 사본 1부
② 가족관계등록부 중 가족관계증명서 1부
③ 민간인 신원진술서 1부
④ 최근 3개월 이내에 발행한 채용신체검사서 1부

첨부서류
㉠ 주민등록증 사본 1부
㉡ 가족관계등록부 중 기본증명서 1부
㉢ 민간인 신원진술서(「보안업무규정」 제36조에 따른 신원조사가 필요한 경우만 해당) 1부
㉣ 최근 3개월 이내에 발행한 채용신체검사서 또는 취업용 건강진단서 1부
㉤ 이력서 1부

07.
청원경찰법령상 청원주가 부담해야 하는 청원경찰경비를 모두 고른 것은?

㉠ 청원경찰의 교통비	㉡ 청원경찰의 피복비
㉢ 청원경찰의 교육비	㉣ 청원경찰 본인 또는 유족 보상금

정답 06 ② 07 ④

① ㉠, ㉡, ㉢   ② ㉠, ㉡, ㉣
③ ㉠, ㉢, ㉣   ④ ㉡, ㉢, ㉣

청원경찰경비 : 피복비, 교육비, 봉급과 각종 수당, 보상금 및 퇴직금

08. 청원경찰법령상 청원경찰의 경비와 보상 등에 관한 설명으로 옳은 것은?

① 지방자치단체에 근무하는 청원경찰의 봉급·수당의 최저부담기준액은 경찰청장이 정하여 고시한다.
② 지방자치단체에 근무하는 청원경찰의 퇴직금에 관하여는 따로 행정안전부령으로 정한다.
③ 청원경찰이 퇴직할 때에는 급여품 및 대여품을 청원주에게 반납해야 한다.
④ 국가기관에 근무하는 청원경찰의 보수는 재직기간 15년 이상 23년 미만인 경우, 경장에 해당하는 경찰공무원의 보수를 감안하여 대통령령으로 정한다.

① 국가기관 또는 지방자치단체에 근무하는 청원경찰 외의 청원경찰의 봉급과 각종 수당의 최저부담기준액은 경찰청장이 정하여 고시한다.
② 국가기관이나 지방자치단체에 근무하는 청원경찰의 퇴직금에 관하여는 따로 대통령령으로 정한다.
③ 청원경찰이 퇴직할 때에는 대여품만 청원주에게 반납하면 된다.
④ 국가기관에 근무하는 청원경찰의 보수는 재직기간 15년 이상 23년 미만인 경우 경장에 해당하는 경찰공무원의 보수를 재직기간이 23년 이상 30년 미만은 경사, 재직기간이 30년 이상이면 경위의 보수를 감안하여 대통령령으로 정한다.

정답 08 ④

09. 청원경찰법령상 청원경찰의 신분 및 근무 등에 관한 설명으로 옳지 않은 것은?
　① 청원경찰은 형법이나 그 밖의 법령에 따른 벌칙을 적용할 때에는 공무원으로 본다.
　② 국가기관에 근무하는 청원경찰의 직무상 불법행위에 대한 배상책임에 관하여는 민법의 규정을 적용해야 한다.
　③ 청원경찰이 직무를 수행할 때 직권을 남용하여 국민에게 해를 끼친 경우에는 6개월 이하의 징역이나 금고에 처한다.
　④ 청원경찰은 형의 선고, 징계처분 또는 신체상·정신상의 이상으로 직무를 감당하지 못할 때를 제외하고는 그 의사에 반하여 면직되지 아니한다.

 ② 국가기관이나 지방자치단체에 근무하는 청원경찰을 제외한 청원경찰의 직무상 불법행위에 대한 배상책임에 관하여는 「민법」의 규정을 따른다.

10. 청원경찰법령상 청원경찰의 징계에 관한 설명으로 옳은 것은?
　① 청원경찰에 대한 징계의 종류는 파면, 해임, 강등, 정직, 감봉 및 견책으로 구분한다.
　② 정직은 1개월 이상 6개월 이하로 하고, 그 기간에 직무에 종사하지 못하며, 보수의 2분의 1을 줄인다.
　③ 감봉은 1개월 이상 3개월 이하로 하고, 그 기간에 보수의 3분의 1을 줄인다.
　④ 청원주는 청원경찰 배치 결정의 통지를 받았을 때에는 통지를 받은 날부터 30일 이내에 청원경찰에 대한 징계규정을 제정하여 관할 시·도경찰청장에게 신고해야 한다.

정답 09 ② 10 ③

① 청원경찰에 대한 징계의 종류는 파면, 해임, 정직, 감봉 및 견책으로 구분한다.
② 정직은 1개월 이상 3개월 이하로 하고, 그 기간에 청원경찰의 신분은 보유하나 직무에 종사하지 못하며, 보수의 3분의 2를 줄인다.
④ 청원주는 청원경찰 배치 결정의 통지를 받았을 때에는 통지를 받은 날부터 15일 이내에 청원경찰에 대한 징계규정을 제정하여 관할 시·도경찰청장에게 신고하여야 한다.

11. 청원경찰법령상 청원경찰의 무기 휴대 등에 관한 설명으로 옳은 것은?
① 청원주는 청원경찰이 직무를 수행하기 위하여 필요하다고 인정하면 관할 경찰서장으로 하여금 청원경찰에게 무기를 대여하여 지니게 할 수 있다.
② 청원주는 청원경찰에게 지급한 무기와 탄약을 월 1회 이상 손질하게 해야 한다.
③ 시·도경찰청장이 무기를 대여하여 휴대하게 하려는 경우에는 청원주로부터 국가에 기부채납된 무기에 한정하여 관할 경찰서장으로 하여금 무기를 대여하여 휴대하게 할 수 있다.
④ 청원경찰에게 무기를 대여하였을 때에는 시·도경찰청장은 청원경찰의 무기관리 상황을 수시로 점검해야 한다.

① 청원경찰이 직무를 수행하기 위하여 필요하다고 인정하면 관할 경찰서장으로 하여금 청원경찰에게 무기를 대여하여 지니게 할 수 있는 사람은 시·도경찰청장이다.

② 청원주는 청원경찰에게 지급한 무기와 탄약을 매주 1회 이상 손질하게 해야 한다.
④ 청원경찰에게 무기를 대여하였을 때 청원경찰의 무기관리 상황을 수시로 점검해야 하는 사람은 관할 경찰서장이다.

12. 청원경찰법령상 청원주가 무기와 탄약을 지급해서는 안 되는 청원경찰로 명시되지 않은 자는?

① 민사소송의 피고로 소송 계류 중인 사람
② 사직 의사를 밝힌 사람
③ 주벽이 심한 사람
④ 변태적 성벽이 있는 사람

무기와 탄약 지급 금지 대상
㉠ 직무상 비위로 징계 대상이 된 사람
㉡ 형사사건으로 조사 대상이 된 사람
㉢ 사직 의사를 밝힌 사람
㉣ 평소에 불평이 심하고 염세적인 사람
㉤ 주벽이 심한 사람
㉥ 변태적 성벽이 있는 사람

13. 청원경찰법령상 청원주가 비치해야 할 문서와 장부에 해당되는 것은?

① 감독 순시부, 징계요구서철
② 경비구역 배치도, 교육훈련 실시부
③ 무기·탄약 대여대장, 전출입 관계철
④ 배치 결정 관계철, 청원경찰 임용승인 관계철

①, ③ 관할 경찰서장이 갖추어야 할 문서와 장부

청원주가 갖춰야 할 문서와 장부
㉠ 청원경찰 명부
㉡ 근무일지
㉢ 근무 상황카드
㉣ 경비구역 배치도
㉤ 순찰표철
㉥ 무기·탄약 출납부
㉦ 무기장비 운영카드
㉧ 봉급지급 조서철
㉨ 신분증명서 발급대장
㉩ 징계 관계철
㉪ 교육훈련 실시부
㉫ 청원경찰 직무교육계획서
㉬ 급여품 및 대여품 대장
㉭ 그 밖에 청원경찰의 운영에 필요한 문서와 장부

기출문제(2015. 11. 21. 시행)

제 17 회 경비지도사
2015. 11. 21. 시행

01. 청원경찰법령상 청원경찰에 관한 설명으로 옳지 않은 것은?
① 청원경찰은 「경찰관 직무집행법」에 따른 직무 외의 수사 활동 등 사법경찰관리의 직무를 수행해서는 안 된다.
② 청원경찰은 「형법」이나 그 밖의 법령에 따른 벌칙을 적용하는 경우를 제외하고는 공무원으로 본다.
③ 청원경찰이 직무를 수행할 때에는 경비 목적을 위하여 필요한 최소한의 범위에서 하여야 한다.
④ 청원경찰이 직무를 수행할 때에 「경찰관 직무집행법」 및 같은 법 시행령에 따라 하여야 할 모든 보고는 관할 경찰서장에게 서면으로 보고하기 전에 지체 없이 구두로 보고하고 그 지시에 따라야 한다.
④ 경찰청장은 청원경찰 배치가 필요하다고 인정하는 기관의 장 또는 시설·사업장의 경영자에게 청원경찰을 배치할 것을 요청할 수 있다.

 ② 청원경찰 업무에 종사하는 사람은 「형법」이나 그 밖의 법령에 따른 벌칙을 적용할 때에는 공무원으로 본다.

02. 청원경찰법상 청원경찰의 복무에 관하여 경찰공무원법 규정이 준용되는 것은?
① 거짓 보고 등의 금지   ② 비밀 엄수의 의무
③ 집단 행위의 금지   ④ 복종의 의무

청원경찰의 복무에 관하여는 「국가공무원법」 제57조

정 답   01. ② 02. ①

(복종의 의무), 제58조제1항(직장 이탈 금지), 제60조(비밀 엄수의 의무) 및 「경찰공무원법」 제24조(거짓 보고 등의 금지) 규정을 준용한다.

03. 청원경찰법령상 근무요령 중 '업무처리 및 자체경비를 하며, 근무 중 특이한 사항이 발생하였을 때에는 지체 없이 청원주 또는 관할 경찰서장에게 보고하고 그 지시에 따라야 하는' 근무자는 누구인가?

① 입초근무자　　② 순찰근무자
③ 소내근무자　　④ 대기근무자

 업무처리 및 자체경비를 하는 소내 근무자는 근무 중 특이한 사항이 발생하였을 때에는 지체 없이 청원주 또는 관할 경찰서장에게 보고하고 그 지시에 따라야 한다.

04. 청원경찰법령상 임용방법 등에 관한 내용이다. (　) 안에 들어갈 내용을 순서대로 옳게 나열한 것은?

- 청원주는 청원경찰의 배치 결정의 통지를 받은 날부터 (　)일 이내에 배치 결정된 인원수의 임용예정자에 대하여 청원경찰 임용승인을 시·도경찰청장에게 신청하여야 한다.
- 청원주가 청원경찰을 임용하였을 때에는 임용한 날부터 (　)일 이내에 그 임용사항을 관할 경찰서장을 거쳐 시·도경찰청장에게 보고하여야 한다.

① 10, 30　　② 15, 30
③ 30, 10　　④ 30, 15

정답　03 ③　04 ③

㉠ 청원경찰의 배치 결정을 받은 자(청원주)는 그 배치 결정의 통지를 받은 날부터 (30)일 이내에 배치 결정된 인원수의 임용예정자에 대하여 청원경찰 임용승인을 시·도경찰청장에게 신청하여야 한다.
㉡ 청원주가 청원경찰을 임용하였을 때에는 임용한 날부터 (10)일 이내에 그 임용사항을 관할 경찰서장을 거쳐 시·도경찰청장에게 보고하여야 한다. 청원경찰이 퇴직하였을 때에도 또한 같다.

05. 청원경찰법령상 청원경찰의 교육에 관한 설명으로 옳지 않은 것은?

① 청원경찰의 교육과목에는 대공이론, 국가보안법, 통합방위법이 포함된다.
② 청원주는 소속 청원경찰에게 그 직무집행에 필요한 교육을 매월 4시간 이상 하여야 한다.
③ 의무경찰순경을 포함한 경찰공무원 또는 청원경찰에서 퇴직한 사람이 퇴직한 날부터 3년 이내에 청원경찰로 임용되었을 때에는 신임 교육을 면제할 수 있다.
④ 청원경찰의 신임 교육기간은 2주로 한다.

청원경찰의 교육과목 및 수업시간표

학과별	과목	시간
정신교육	정신교육	8
학술교육	형사법	10
	청원경찰법	5
실무	경무(경찰관직무집행법)	5
	방범(방범업무)	3
	경범죄처벌법	2

정답 05 ①

교육	경비	시설경비	6
		소방	4
	정보	대공이론	2
		불심검문	2
	민방위	민방공	3
		화생방	2
	기본훈련		5
	총기조작		2
	총검술		2
	사격		6
술과	체포술 및 호신술		6
기타	입교·수료 및 평가		3
계			76시간

06. 청원경찰법령상 청원경찰 경비 등에 관한 설명으로 옳지 않은 것은?

① 청원경찰의 교육비는 청원주가 해당 청원경찰의 입교 후 3일 이내에 해당 경찰교육기관에 낸다.

② 청원주는 보상금의 지급을 이행하기 위하여 「산업재해보상보험법」에 따른 산업재해보상보험에 가입하거나, 「근로기준법」에 따라 보상금을 지급하기 위한 재원을 따로 마련하여야 한다.

③ 봉급과 각종 수당은 청원주가 그 청원경찰이 배치된 기관·시설·사업장 또는 장소의 직원에 대한 보수 지급일에 청원경찰에게 직접 지급한다.

④ 청원주는 청원경찰이 직무상의 부상·질병으로 인하여 퇴직하거나, 퇴직 후 2년 이내에 사망한 경우 청원경찰 본인 또는 그 유족에게 보상금을 지급하여야 한다.

정답 06 ①

① 청원경찰의 교육비는 청원주가 해당 청원경찰의 입교 3일 전에 해당 경찰교육기관에 내야한다.

07. 청원경찰법령상 청원경찰이 퇴직할 때 청원주에게 반납해야 하는 것은?
① 장갑 ② 허리띠
③ 방한화 ④ 호루라기

 청원경찰이 퇴직할 때에는 대여품을 청원주에게 반납하여야 한다.
대여품에는 허리띠, 경찰봉, 가슴표장, 분사기, 포승이 있다.

08. 청원경찰법령상 청원경찰의 보수에 관한 설명으로 옳지 않은 것은?
① 국가기관 또는 지방자치단체에 근무하는 청원경찰 보수의 호봉 간 승급기간은 경찰공무원의 승급기간에 관한 규정을 준용한다.
② 국가기관에 근무하는 청원경찰의 보수는 그 재직기간이 25년인 경우, 경찰공무원 경사의 보수를 감안하여 대통령령으로 정한다.
③ 국가기관 또는 지방자치단체에 근무하는 청원경찰의 봉급·수당에 관한 청원주의 최저부담기준액은 경찰청장이 정하여 고시한다.
④ 국가기관 또는 지방자치단체에 근무하는 청원경찰의 각종 수당은 「공무원수당 등에 관한 규정」에 따른 수당 중 가계보전수당, 실비변상 등으로 하며, 그 세부항목은 경찰청장이 정하여 고시한다.

정답 07 ② 08 ③

③ 국가기관 또는 지방자치단체에 근무하는 청원경찰 외의 청원경찰의 봉급과 각종 수당은 경찰청장이 고시한 최저부담기준액 이상으로 지급하여야 한다.

09. 청원경찰법령상 청원경찰의 지휘·감독을 위한 감독자 지정기준에 관한 설명으로 옳지 않은 것은?

① 근무인원이 9명인 경우 반장 1명을 지정하여야 한다.
② 근무인원이 30명인 경우에는 반장 1명, 조장 3~4명을 지정하여야 한다.
③ 근무인원이 60명인 경우 대장 1명, 반장 2명, 조장 6명을 지정하여야 한다.
④ 근무인원이 100명인 경우 대장 1명, 반장 4명, 조장 12명을 지정하여야 한다.~

 감독자 지정기준

근무인원	직급별 지정기준		
	대장	반장	조장
9명까지			1명
10명 이상 29명 이하		1명	2~3명
30명 이상 40명 이하		1명	3~4명
41명 이상 60명 이하	1명	2명	6명
61명 이상 120명 이하	1명	4명	12명

정답 09 ①

10. 청원경찰법령상 청원경찰의 징계 및 불법행위 책임에 관한 설명으로 옳지 않은 것은?
   ① 청원경찰이 직무를 수행할 때 직권을 남용하여 국민에게 해를 끼친 경우에는 6개월 이하의 징역이나 금고에 처한다.
   ② 국가기관이나 지방자치단체에 근무하는 청원경찰의 직무상 불법행위에 대한 배상책임에 관하여는 「민법」의 규정을 따른다.
   ③ 청원주는 청원경찰이 직무상의 의무를 위반하거나 직무를 태만히 한 때, 품위를 손상하는 행위를 한 때에는 대통령령으로 정하는 징계절차를 거쳐 징계처분을 하여야 한다.
   ④ 청원경찰에 대한 징계처분 중 정직은 1개월 이상 3개월 이하로 하고, 그 기간에 청원경찰의 신분은 보유하나 직무에 종사하지 못하며, 보수의 3분의 2를 줄인다.

② 국가기관이나 지방자치단체에 근무하는 청원경찰을 제외한 청원경찰의 직무상 불법행위에 대한 배상책임에 관하여는 「민법」의 규정을 따른다.

11. 청원경찰법령상 무기관리수칙에 관한 설명으로 옳지 않은 것은?
   ① 청원주는 청원경찰에게 지급한 무기와 탄약을 매주 1회 이상 손질하게 하여야 한다.
   ② 청원주는 사직 의사를 밝힌 청원경찰에게 무기와 탄약을 지급해서는 안 된다.
   ③ 청원주는 수리가 필요한 무기가 있을 때에는 그 목록과 무기장비 운영카드를 첨부하여 관할 시·도경찰청장에게 수리를 요청할 수 있다.
   ④ 청원경찰은 무기를 지급받거나 반납할 때 또는 인계인수할 때에는 반드시 '앞에 총' 자세에서 '검사 총'을 하여야 한다.

정답 10 ② 11 ③

③ 청원주는 수리가 필요한 무기가 있을 때에는 그 목록과 무기장비 운영카드를 첨부하여 관할 경찰서장에게 수리를 요청할 수 있다.

12. 청원경찰법상 500만원 이하의 과태료를 부과하는 대상이 아닌 자는?

① 시·도경찰청장의 배치 결정을 받지 아니하고 청원경찰을 배치한 자
② 정당한 사유 없이 경찰청장이 고시한 최저부담기준액 이상의 보수를 지급하지 아니한 자
③ 시·도경찰청장의 감독상 필요한 명령을 정당한 사유 없이 이행하지 아니한 자
④ 청원경찰로서 직무에 관하여 허위로 보고한 자

 500만원의 과태료를 부과하는 경우로는 ①, ②, ③과 시·도경찰청장의 승인을 받지 않고 청원경찰을 임용한 사람이다.

13. 청원경찰법령상 관할 경찰서장과 청원주가 공통으로 비치해야 할 문서와 장부에 해당하는 것은?

① 전출입 관계철 ② 교육훈련 실시부
③ 신분증명서 발급대장 ④ 경비구역 배치도

 ㉠ 청원주가 비치해야 할 문서와 장부 : 청원경찰 명, 근무일지, 근무 상황카드, 경비구역 배치도, 순찰 표철, 무기·탄약 출납부, 무기장비 운영카드, 봉급지급 조서철, 신분증명서 발급

대장, 징계 관계철, 교육훈련 실시부, 청원경찰 직무교육계획서, 급여품 및 대여품 대장, 그 밖에 청원경찰의 운영에 필요한 문서와 장부
　　ⓒ 경찰서장이 비치해야 할 문서와 장부 : 청원경찰 명부, 감독 순시부, 전출입 관계철, 교육훈련 실시부, 무기·탄약 대여대장, 징계요구서철, 그 밖에 청원경찰의 운영에 필요한 문서와 장부

01. 청원경찰법령상 청원경찰로 임용이 된 경우에 이수하여야 할 교육과목과 수업시간으로 옳지 않은 것은? (단, 교육면제자는 고려하지 않는다.)
① 형사법 - 5시간
② 청원경찰법 - 5시간
③ 경찰관직무집행법 - 5시간
④ 시설경비 - 6시간

 ① 형사법 - 10시간

02. 청원경찰법령상 청원경찰 배치에 관한 설명으로 옳은 것은?
① 청원경찰을 배치 받으려는 자는 행정안전부령으로 정하는 바에 따라 경찰청장에게 청원경찰 배치를 신청하여야 한다.
② 청원경찰의 배치를 받으려는 자는 청원경찰 배치신청서에 경비구역 평면도 1부와 배치계획서 1부를 첨부하여야 한다.
③ 사회복지법에 따른 사회복지시설은 청원경찰 배치 대상이다.
④ 금융 또는 보험을 업(業)으로 하는 시설 또는 사업장은 청원경찰 배치 대상이 아니다.

① 청원경찰을 배치 받으려는 자는 대통령령으로 정하는 바에 따라 관할 시·도경찰청장에게 청원경찰 배치를 신청하여야 한다.
③ 사회복지법에 따른 사회복지시설은 청원경찰 배치 대상이 아니다
④ 금융 또는 보험을 업으로 하는 시설 또는 사업장은 청원경찰 배치 대상이다.

정 답   01. ①   02. ②

청원경찰의 배치대상
㉠ 선박, 항공기 등 수송시설
㉡ 금융 또는 보험을 업으로 하는 시설 또는 사업장
㉢ 언론, 통신, 방송 또는 인쇄를 업으로 하는 시설 또는 사업장
㉣ 학교 등 육영시설
㉤ 「의료법」에 따른 의료기관
㉥ 그 밖에 공공의 안녕질서 유지와 국민경제를 위하여 고도의 경비가 필요한 중요 시설, 사업체 또는 장소

03. 청원경찰법령에 관한 설명으로 옳지 않은 것은?

① 청원경찰은 청원주가 임용하되 임용할 때에는 미리 시·도경찰청장의 승인을 받아야 한다.
② 청원경찰의 배치 결정을 받은 자는 그 배치 결정의 통지를 받은 날부터 60일 이내에 임용예정자에 대한 임용승인을 관할 경찰서장에게 신청하여야 한다.
③ 청원주가 청원경찰을 임용하였을 때에는 임용한 날부터 10일 이내에 그 임용사항을 관할 경찰서장을 거쳐 시·도경찰청장에게 보고하여야 한다.
④ 청원주가 청원경찰을 면직시켰을 때에는 그 사실을 관할 경찰서장을 거쳐 시·도경찰청장에게 보고하여야 한다.

 ② 청원경찰의 배치 결정을 받은 청원주는 배치 결정의 통지를 받은 날부터 30일 이내에 배치 결정된 인원수의 임용예정자에 대하여 청원경찰 임용승인을 시·도경찰청장에게 신청하여야 한다.

04. 청원경찰법령상 청원경찰의 교육에 관한 설명으로 옳지 않은 것은?

① 경찰공무원(의무경찰을 포함)에서 퇴직한 사람이 퇴직한 날부터 3년 이내에 청원경찰로 임용되었을 때에는 직무수행에 필요한 교육을 면제할 수 있다.
② 청원주는 청원경찰로 임용된 사람으로 하여금 경비구역에 배치하기 전에 경찰교육기관에서 직무 수행에 필요한 교육을 받게 하여야 한다. 다만, 경찰교육기관의 교육계획상 부득이하다고 인정할 때에는 우선 배치하고 임용 후 1년 이내에 교육을 받게 할 수 있다.
③ 청원경찰의 교육과목에는 법학개론, 민사소송법, 민간경비론이 있다.
④ 청원주는 소속 청원경찰에게 그 직무집행에 필요한 교육을 매월 4시간 이상 하여야 한다.

청원경찰의 교육과목 및 수업시간표

학과별	과목		시간
정신교육	정신교육		8
학술교육	형사법		10
	청원경찰법		5
실무교육	경무	경찰관직무집행법	5
	방범	방범업무	3
		경범죄처벌법	2
	경비	시설경비	6
		소방	4
	정보	대공이론	2
		불심검문	2
	민방위	민방공	3
		화생방	2
	기본훈련		5
	총기조작		2
	총검술		2
	사격		6

정답 04. ③

술과	체포술 및 호신술	6
기타	입교·수료 및 평가	3
계		76시간

05. 청원경찰법령상 청원경찰경비 등에 관한 설명으로 옳지 않은 것은?

① 지방자치단체에 근무하는 청원경찰의 각종 수당에는 공무원수당 등에 관한 규정에 따른 수당 중 가계보전수당은 포함되지 않는다.

② 지방자치단체에 근무하는 재직기간이 22년인 청원경찰의 보수는 같은 재직기간에 해당하는 경찰공무원 중 경장의 보수를 감안하여 대통령령으로 정한다.

③ 국가기관 또는 지방자치단체에 근무하는 청원경찰 보수의 호봉 간 승급기간은 경찰공무원의 승급기간에 관한 규정을 준용한다.

④ 청원경찰의 피복비의 지급방법은 행정안전부령으로 정한다.

① 국가기관 또는 지방자치단체에 근무하는 청원경찰의 각종 수당은「공무원수당 등에 관한 규정」에 따른 수당 중 가계보전수당, 실비변상 등으로 하며, 그 세부 항목은 경찰청장이 정하여 고시한다.

06. 청원경찰법상 청원주가 청원경찰 본인 또는 유족에게 보상금을 지급해야 하는 경우가 아닌 것은?

① 청원경찰이 직무상의 부상·질병으로 인하여 퇴직한 경우
② 청원경찰이 직무수행으로 인하여 부상을 입은 경우
③ 청원경찰이 고의·과실에 의한 위법행위로 타인에게 손해를 가한 경우

정 답   05. ①   06. ③

④ 청원경찰이 직무수행으로 인하여 사망한 경우

보상금 지급 사유
㉠ 직무수행으로 인하여 부상을 입거나, 질병에 걸리거나 또는 사망한 경우
㉡ 직무상의 부상·질병으로 인해 퇴직하거나, 퇴직 후 2년 이내에 사망한 경우

07. 청원경찰법에 관한 설명으로 옳지 않은 것은?

① 청원경찰 업무에 종사하는 사람은 형법이나 그 밖의 법령에 따른 벌칙을 적용할 때에는 공무원으로 본다.
② 국가기관이나 지방자치단체에 근무하는 청원경찰의 직무상 불법행위에 대한 배상책임에 관하여는 민법의 규정을 따른다.
③ 청원경찰법에 따른 시·도경찰청장의 권한은 그 일부를 대통령으로 정하는 바에 따라 관할 경찰서장에게 위임할 수 있다.
④ 청원경찰이 직무를 수행할 때 직권을 남용하여 국민에게 해를 끼친 경우에는 6개월 이하의 징역이나 금고에 처한다.

② 국가기관이나 지방자치단체에 근무하는 청원경찰을 제외한 청원경찰의 직무상 불법행위에 대한 배상책임에 관하여는 「민법」의 규정을 따른다.

08. 청원경찰법령상 청원주가 무기와 탄약을 지급할 수 있는 청원경찰은?

① 청원경찰이 직무상 비위(非違)로 징계 대상이 된 사람
② 사직 의사를 밝힌 사람

정답 07. ② 08. ④

③ 변태적 성벽이 있는 사람
④ 근무 중 휴대전화를 자주 사용하는 사람

> 청원주는 다음에 해당하는 청원경찰에게 무기와 탄약을 지급해서는 안 되며, 지급한 무기와 탄약은 회수하여야 한다.
> ㉠ 직무상 비위로 징계 대상이 된 사람
> ㉡ 형사사건으로 조사 대상이 된 사람
> ㉢ 사직 의사를 밝힌 사람
> ㉣ 평소에 불평이 심하고 염세적인 사람
> ㉤ 주벽이 심한 사람
> ㉥ 변태적 성벽이 있는 사람

09. 청원경찰법 제12조(과태료) 제2항에 관한 규정이다. (   ) 안에 들어갈 내용으로 옳은 것은?

제1항에 따른 과태료는 대통령령으로 정하는 바에 따라 (   ) 이(가) 부과·징수한다.

① 경찰청장 ② 시·도경찰청장
③ 지방자치단체장 ④ 청원주

> 과태료는 대통령령으로 정하는 바에 따라 (시·도경찰청장)이 부과·징수한다.

10. 청원경찰법령상 청원경찰의 복제에 관한 설명으로 옳지 않은 것은?
① 부속물에는 모자표장, 가슴표장, 휘장, 계급장, 넥타이핀, 단추 및

정답 09. ② 10. ④

장갑이 있다.
② 제복의 형태·규격 및 재질은 청원주가 결정하되 경찰공무원 또는 군인 제복의 색상과 명확하게 구별될 수 있어야 하며 사업장별로 통일하여야 한다.
③ 청원경찰이 그 배치지의 특수성 등으로 특수복장을 착용할 필요가 있을 때에는 청원주는 시·도경찰청장의 승인을 받아 특수복장을 착용하게 할 수 있다.
④ 장구의 종류에는 허리띠, 경찰봉, 권총이 있다.

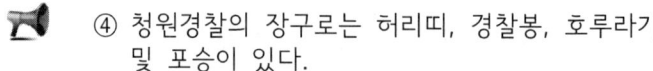 ④ 청원경찰의 장구로는 허리띠, 경찰봉, 호루라기 및 포승이 있다.

11. 청원경찰법령상 무기관리수칙에 관한 설명으로 옳지 않은 것은?
① 청원주는 대여받은 무기와 탄약에 분실되거나 도난당하거나 빼앗기거나 훼손 등의 사고가 발생하였을 때에는 지체 없이 그 사유를 지방자치단체장에게 통보하여야 한다.
② 청원주가 무기와 탄약을 대여 받았을 때에는 경찰청장이 정하는 무기·탄약 출납부 및 무기장비 운영카드를 갖춰 두고 기록하여야 한다.
③ 청원주는 수리가 필요한 무기가 있을 때에는 그 목록과 무기장비 운영카드를 첨부하여 관할 경찰서장에게 수리를 요청할 수 있다.
④ 청원주는 주벽이 심한 청원경찰에게 무기와 탄약을 지급해서는 아니 되며 지급한 무기와 탄약은 회수하여야 한다.

① 청원주는 대여받은 무기와 탄약에 분실되거나 도난당하거나 빼앗기거나 훼손 등의 사고가 발생하였을 때에는 지체 없이 그 사유를 관할 경찰서장에게 통보하여야 한다.

정답   11. ①

12. 청원경찰법상 청원경찰에 대한 징계의 종류가 아닌 것은?

① 직위해제 ② 해임
③ 정직   ④ 감봉

 청원경찰에 대한 징계의 종류로는 파면, 해임, 정직, 감봉 및 견책이 있다.

13. 청원경찰법령상 청원주가 비치해야 할 문서와 장부가 아닌 것은?

① 경비구역 배치도   ② 징계관계철
③ 감독순시부   ④ 교육훈련실시부

 청원주가 비치해야 할 문서와 장부
㉠ 청원경찰 명부
㉡ 근무일지
㉢ 근무 상황카드
㉣ 경비구역 배치도
㉤ 순찰표철
㉥ 무기·탄약 출납부
㉦ 무기장비 운영카드
㉧ 봉급지급 조서철
㉨ 신분증명서 발급대장
㉩ 징계 관계철
㉪ 교육훈련 실시부
㉫ 청원경찰 직무교육계획서
㉬ 급여품 및 대여품 대장
㉭ 그 밖에 청원경찰의 운영에 필요한 문서와 장부

정답 12. ① 13. ③

제 19 회 경비지도사
2017. 11. 18. 시행

01. 청원경찰법령상 시·도경찰청장과 관할경찰서장이 모두 비치해야 할 장부 등으로 옳은 것은?
① 전출입 관계철
② 교육훈련 실시부
③ 청원경찰 명부
④ 배치 결정 관계철

관할 경찰서장이 갖추어야 할 문서와 장부
㉠ 청원경찰 명부
㉡ 감독 순시부
㉢ 전출입 관계철
㉣ 교육훈련 실시부
㉤ 무기·탄약 대여대장
㉥ 징계요구서철
㉦ 그 밖에 청원경찰의 운영에 필요한 문서와 장부

시·도경찰청장이 갖추어야 할 문서와 장부
㉠ 배치 결정 관계철
㉡ 청원경찰 임용승인 관계철
㉢ 전출입 관계철
㉣ 그 밖에 청원경찰의 운영에 필요한 문서와 장부

02. 청원경찰법상 청원경찰 등에 관한 설명으로 옳지 않은 것은?
① 청원경찰법은 청원경찰의 원활한 운영을 목적으로 제정되었다.
② 청원경찰은 국내 주재 외국기관에도 배치될 수 있다.
③ 청원경찰은 청원주 등이 경비를 부담할 것을 조건으로 사업장 등의 경비를 담당하게 하기 위하여 배치하는 경찰을 말한다.
④ 청원경찰은 청원주와 관할 시·도경찰청장의 감독을 받아 그 경비구

정 답   01. ① 02. ④

역만의 경비를 목적으로 필요한 범위에서 경찰공무원법에 따른 경찰관의 직무를 수행한다.

 ④ 청원경찰은 청원주와 관할 시·도경찰청장의 감독을 받아 그 경비구역만의 경비를 목적으로 필요한 범위에서 경찰관직무집행법에 따른 경찰관의 직무를 수행한다.

03. 청원경찰법령상 청원경찰이 퇴직할 때 청원주에게 반납하여야 하는 것을 모두 고른 것은?

| ㉠ 허리띠 | ㉡ 근무복 | ㉢ 방한화 | ㉣ 호루라기 |
| ㉤ 가슴표장 | ㉥ 분사기 | ㉦ 포승 | ㉧ 기동복 |

① ㉠, ㉢, ㉤, ㉧ ② ㉠, ㉤, ㉥, ㉦
③ ㉡, ㉢, ㉣, ㉧ ④ ㉡, ㉣, ㉥, ㉦

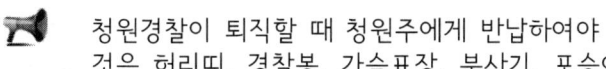

청원경찰이 퇴직할 때 청원주에게 반납하여야 하는 것은 허리띠, 경찰봉, 가슴표장, 분사기, 포승이다.

04. 청원경찰법령상 청원경찰의 근무 등에 관한 설명으로 옳지 않은 것은?

① 청원경찰은 형법에 따른 벌칙을 적용할 때에는 공무원으로 간주하지 않는다.
② 청원경찰은 근무 중에는 행정안전부령이 정하는 제복을 착용하여야 한다.
③ 청원경찰이 직무수행 시에 직권을 남용하여 국민에게 해를 끼친 경

정답 03 ② 04 ①

우에는 6개월 이하의 징역이나 금고에 처한다.
④ 시·도경찰청장은 직무수행에 필요하면 청원주의 신청을 받아 관할경찰서장으로 하여금 청원경찰에게 무기를 대여하여 지니게 할 수 있다.

① 청원경찰 업무에 종사하는 사람은 「형법」이나 그 밖의 법령에 따른 벌칙을 적용할 때에는 공무원으로 본다.

05. 청원경찰법령상 청원경찰의 경비(經費)에 관한 설명으로 옳은 것은?

① 청원주는 대통령령이 정하는 바에 따라 청원경찰에게 봉급과 각종 수당 등을 지급하여야 한다.
② 청원주는 대통령령이 정하는 바에 따라 청원경찰이 직무수행 중 부상을 당한 경우에 본인에게 보상금을 지급하여야 한다.
③ 청원주는 청원경찰이 퇴직할 때에는 행정안전부령이 정하는 바에 따라 근로자퇴직급여 보장법에 따른 퇴직금을 지급하여야 한다.
④ 지방자치단체에 근무하는 청원경찰의 각종 수당은 공무원수당 등에 관한 규정에 따른 수당 중 가계보전수당, 실비변상 등으로 하며, 그 세부 항목은 대통령령으로 정하여 고시한다.

① 청원주는 법률이 정하는 바에 따라 청원경찰에게 봉급과 각종 수당, 피복비, 교육비, 퇴직금 등을 지급하여야 한다.
③ 청원주는 청원경찰이 퇴직할 때에는 「근로자퇴직급여 보장법」에 따른 퇴직금을 지급하여야 한다. 다만, 국가기관이나 지방자치단체에 근무하는 청원경찰의 퇴직금에 관하여는 따로 대통령령으로

정답 05 ②

정한다.
④ 국가기관 또는 지방자치단체에 근무하는 청원경찰의 각종 수당은 「공무원수당 등에 관한 규정」에 따른 수당 중 가계보전수당, 실비변상 등으로 하며, 그 세부 항목은 경찰청장이 정하여 고시한다.

06. 청원경찰법령상 청원경찰의 배치폐지 등에 관한 설명으로 옳지 않은 것은?
① 청원주는 청원경찰을 대체할 목적으로 특수경비원을 배치하는 경우에 청원경찰의 배치를 폐지하거나 배치인원을 감축할 수 없다.
② 청원주가 청원경찰의 배치 폐지하였을 때에는 청원경찰 배치결정을 한 경찰관서장에게 알려야 한다.
③ 청원주가 청원경찰의 배치폐지 하는 경우에는 배치폐지로 과원이 되는 그 사업장내의 유사업무에 종사하게 하는 등 청원경찰의 고용을 보장하여야 한다.
④ 청원주는 청원경찰이 배치된 사업장이 배치인원의 변동사유 없이 다른 곳으로 이전하는 경우에 배치인원을 감축할 수 없다.

③ 청원경찰의 배치를 폐지하거나 배치인원을 감축하는 경우 해당 청원주는 배치폐지나 배치인원 감축으로 과원이 되는 청원경찰 인원을 그 기관·시설 또는 사업장 내의 유사 업무에 종사하게 하거나 다른 시설·사업장 등에 재배치하는 등 청원경찰의 고용이 보장될 수 있도록 노력하여야 한다.

정 답   06 ③

07. 청원경찰법령상 배상책임과 권한의 위임에 관한 설명으로 옳은 것은?
   ① 시·도경찰청장은 청원경찰의 임용승인에 관한 권한을 대통령령으로 관할경찰서장에게 위임할 수 있다.
   ② 경비업자가 중요시설의 경비를 도급받았을 때에는 청원주는 그 사업장에 배치된 청원경찰의 근무 배치 및 감독에 관한 권한을 해당 경비업자에게 위임할 수 없다.
   ③ 공기업에 근무하는 청원경찰의 직무상 불법행위로 인한 배상책임은 국가배상법에 의한다.
   ④ 국가기관에 근무하는 청원경찰의 직무상 불법행위로 인한 배상책임에 관해서는 민법의 규정에 의한다.

   ② 「경비업법」에 따른 경비업자가 중요시설의 경비를 도급받았을 때에는 청원주는 그 사업장에 배치된 청원경찰의 근무 배치 및 감독에 관한 권한을 해당 경비업자에게 위임할 수 있다.
   ③ 국가기관이나 지방자치단체에 근무하는 청원경찰의 직무상 불법행위로 인한 배상책임은 국가배상법에 의한다.
   ④ 국가기관이나 지방자치단체에 근무하는 청원경찰은 제외한 청원경찰의 직무상 불법행위에 대한 배상책임에 관하여는 「민법」의 규정을 따른다.

08. 청원경찰법령상 청원경찰을 배치하기 전에 직무수행에 필요한 교육의 내용으로 옳지 않은 것은? (단, 교육대상 제외자는 해당하지 않는다.)
   ① 학술교육은 형사법 10시간, 청원경찰법 5시간을 이수하여야 한다.
   ② 정신교육은 정신교육 과목을 8시간 이수하여야 한다.
   ③ 실무교육은 경범죄처벌법 및 사격 과목 등을 포함하여 40시간을

이수하여야 한다.

④ 술과는 체포술 및 호신술 과목 6시간과 입교·수료 및 평가 3시간을 이수하여야 한다.

 ③ 실무교육은 경범죄처벌법 및 사격 과목 등을 포함하여 44시간을 이수하여야 한다.

실무 교육	경무	경찰관직무집행법	5
	방범	방범업무	3
		경범죄처벌법	2
	경비	시설경비	6
		소방	4
	정보	대공이론	2
		불심검문	2
	민방위	민방공	3
		화생방	2
	기본훈련		5
	총기조작		2
	총검술		2
	사격		6
계		44	

09. 청원경찰법령상 청원경찰의 보수산정에 관하여 그 배치된 사업장의 취업규칙에 특별한 규정이 없는 경우에 봉급 산정의 기준이 되는 경력에 불산입 되는 것으로 옳은 것은?

① 군복무한 경력
② 의무경찰에 복무한 경력
③ 청원경찰로 임용되어 근무한 경력
④ 지방자치단체에서 근무하는 청원경찰에 대해서는 지방자치단체에

비상근으로 근무한 경력

보수 산정 시의 경력 인정 등
㉠ 청원경찰로 근무한 경력
㉡ 군 또는 의무경찰에 복무한 경력
㉢ 수위·경비원·감시원 또는 그 밖에 청원경찰과 비슷한 직무에 종사하던 사람이 해당 사업장의 청원주에 의하여 청원경찰로 임용된 경우에는 그 직무에 종사한 경력
㉣ 국가기관 또는 지방자치단체에서 근무하는 청원경찰에 대해서는 국가기관 또는 지방자치단체에서 상근으로 근무한 경력

10. 청원경찰법령상 청원경찰의 복제(服制) 등에 관한 설명으로 옳지 않은 것은?

① 청원경찰의 복제는 제복·장구 및 부속물로 구분하며 필요한 사항은 대통령령으로 정한다.
② 청원주 및 청원경찰은 행정안전부령으로 정하는 무기관리수칙을 준수하여야 한다.
③ 청원경찰이 특수복장을 착용할 필요가 있을 때 청원주는 시·도경찰청장의 승인을 받아 착용하게 할 수 있다.
④ 시·도경찰청장이 무기를 대여하여 휴대하게 하려는 경우에는 청원주로부터 국가에 기부채납된 무기에 한정하여 관할경찰서장으로 하여금 청원경찰에게 무기를 대여하여 휴대하게 할 수 있다.

① 청원경찰의 복제는 제복·장구 및 부속물로 구분하며 필요한 사항은 행정안전부령으로 정한다.

정답 10 ①

11. 청원경찰을 배치한 A은행은 서울 서초구 서초동에 소재하고 있다. 이 경우 청원경찰법령상 서울경찰청장이 서초경찰서장에게 위임할 수 있는 권한으로 옳지 않은 것은?

① 청원경찰 배치의 결정 및 요청에 관한 권한
② 청원경찰의 임용승인에 관한 권한
③ 청원주에 대한 지도 및 감독상 필요한 명령에 관한 권한
④ 청원경찰의 무기 대여 및 휴대에 관한 권한

권한의 위임 : 시·도경찰청장은 다음의 권한을 관할 경찰서장에게 위임하되, 청원경찰을 배치하고 있는 사업장이 하나의 경찰서의 관할구역에 있는 경우로 한정한다.
㉠ 청원경찰 배치의 결정 및 요청에 관한 권한
㉡ 청원경찰의 임용승인에 관한 권한
㉢ 청원주에 대한 지도 및 감독상 필요한 명령에 관한 권한
㉣ 과태료 부과·징수에 관한 권한

12. 청원경찰법령상 사업장의 청원주가 감독자 지정기준에 의할 때 근무인원이 100명일 경우에 대장, 반장, 조장의 인원을 순서대로 나열한 것은?

	대장	반장	조장		대장	반장	조장
①	0명	1명	4명	②	1명	2명	6명
③	1명	4명	12명	④	1명	6명	15명

감독자 지정기준

근무인원	직급별 지정기준		
	대장	반장	조장
9명까지			1명

10명 이상 29명 이하		1명	2~3명
30명 이상 40명 이하		1명	3~4명
41명 이상 60명 이하	1명	2명	6명
61명 이상 120명 이하	1명	4명	12명

13. 청원경찰법령상 청원주의 위반행위로 인한 과태료의 부과기준이 500만원에 해당하지 않는 것은?

① 시·도경찰청장의 승인을 받지 않고 임용 결격사유에 해당하는 사람을 청원경찰에 임용한 경우
② 시·도경찰청장의 감독상 필요한 총기·실탄 및 분사기에 관한 명령 외의 명령을 정당한 사유 없이 이행하지 않은 경우
③ 정당한 사유 없이 경찰청장이 고시한 최저부담기준액 이상의 보수를 지급하지 않은 경우
④ 시·도경찰청장의 배치 결정을 받지 않고 국가정보원장이 지정하는 국가보안 목표시설에 청원경찰을 배치한 경우

500만원의 과태료
㉠ 시·도경찰청장의 배치결정을 받지 않고 국가중요시설(국가정보원장이 지정하는 국가보안 목표시설)에 청원경찰을 배치한 경우
㉡ 시·도경찰청장의 승인을 얻지 않고 임용결격 사유에 해당하는 청원경찰을 임용한 경우
㉢ 정당한 이유 없이 경찰청장이 고시한 최저부담기준액 이상의 보수를 지급하지 않은 경우
㉣ 시·도경찰청의 감독상 필요한 총기·실탄·및 분사기에 관한 명령을 정당한 이유 없이 이행하지 않은 경우
②의 경우는 300만원의 과태료가 부과된다.

정답 13 ②

제20회 경비지도사
2018. 11. 17. 시행

01. 청원경찰법령상 명시된 청원경찰의 배치 대상이 아닌 것은?
① 선박, 항공기 등 수송시설
② 보험을 업으로 하는 시설
③ 「의료법」에 따른 의료기관
④ 「사회복지사업법」에 따른 사회복지시설

　청원경찰의 배치 대상
　㉠ 선박, 항공기 등 수송시설
　㉡ 금융 또는 보험을 업(業)으로 하는 시설 또는 사업장
　㉢ 언론, 통신, 방송 또는 인쇄를 업으로 하는 시설 또는 사업장
　㉣ 학교 등 육영시설
　㉤ 「의료법」에 따른 의료기관
　㉥ 그 밖에 공공의 안녕질서 유지와 국민경제를 위하여 고도의 경비가 필요한 중요 시설, 사업체 또는 장소

02. 청원경찰법령상 청원주의 무기관리수칙에 관한 설명으로 옳은 것은?
① 탄약고는 무기고와 떨어진 곳에 설치하고, 그 위치는 사무실이나 그 밖에 여러 사람을 수용하거나 여러 사람이 오고 가는 시설로부터 인접해 있어야 한다.
② 무기와 탄약을 대여 받았을 때에는 시·도경찰청장이 정하는 무기·탄약 출납부 등을 갖춰 두고 기록하여야 한다.

③ 대여 받은 무기와 탄약에 분실·도난 등의 사고가 발생하였을 때에는 지체 없이 그 사유를 관할 경찰서장에게 통보하여야 한다.
④ 청원경찰에게 지급한 무기와 탄약은 매월 1회 이상 손질하게 하여야 한다.

① 탄약고는 무기고와 떨어진 곳에 설치하고, 위치는 사무실이나 그 밖에 여러 사람을 수용하거나 여러 사람이 오고 가는 시설로부터 격리되어야 한다.
② 무기와 탄약을 대여 받았을 때에는 경찰청장이 정하는 무기·탄약 출납부 및 무기장비 운영카드를 갖춰 두고 기록하여야 한다.
④ 청원경찰에게 지급한 무기와 탄약은 매주 1회 이상 손질하게 하여야 한다.

03. 청원경찰법령상 청원경찰의 배치에 관한 설명으로 옳은 것은?

① 시·도경찰청장은 청원경찰 배치 신청을 받으면 15일 이내에 그 배치 여부를 결정하여 신청인에게 알려야 한다.
② 청원경찰 배치신청서 제출 시, 배치 장소가 둘 이상의 도(道)일 때에는 주된 사업장의 관할 경찰서장을 거쳐 시·도경찰청장에게 한꺼번에 신청할 수 있다.
③ 청원경찰의 배치를 받으려는 자는 청원경찰 배치신청서에 경비구역 배치도 1부를 첨부하여 사업장의 소재지를 관할하는 시·도경찰청장에게 제출하여야 한다.
④ 관할 경찰서장은 청원경찰이 배치된 시설이 축소될 경우 배치인원을 감축할 수 있다.

① 시·도경찰청장은 청원경찰 배치 신청을 받으면 지체 없이 그 배치 여부를 결정하여 신청인에게 알려야 한다.
③ 청원경찰의 배치를 받으려는 자는 청원경찰 배치

정답 03. ②

신청서에 경비구역 평면도 1부와 배치계획서 1부를 첨부하여 사업장의 소재지를 관할하는 시·도경찰청장에게 제출하여야 한다.
④ 청원경찰을 대체할 목적으로 「경비업법」에 따른 특수경비원을 배치하는 경우와 청원경찰이 배치된 기관·시설 또는 사업장 등이 배치인원의 변동사유 없이 다른 곳으로 이전하는 경우에는 배치인원을 감축할 수 없다.

04. 청원경찰법령상 국가기관에 근무하는 청원경찰의 보수는 재직기간에 해당하는 경찰공무원 보수를 감안하여 정한다. 이에 관한 예시로 옳은 것은?

① 16년: 경장, 20년: 경장, 25년: 경사, 32년: 경사
② 16년: 순경, 20년: 경장, 25년: 경사, 32년: 경사
③ 16년: 경장, 20년: 경장, 25년: 경사, 32년: 경위
④ 16년: 순경, 20년: 경장, 25년: 경사, 32년: 경위

청원경찰의 보수
㉠ 재직기간 15년 미만 : 순경
㉡ 재직기간 15년 이상 23년 미만 : 경장
㉢ 재직기간 23년 이상 30년 미만 : 경사
㉣ 재직기간 30년 이상 : 경위

05. 청원경찰법령상 과태료 부과기준 금액이 500만원에 해당하지 않는 경우는?

① 임용 결격사유에 해당하지 않는 청원경찰을 시·도경찰청장의 승인을 받지 않고 임용한 경우

정답   04. ③   05. ①

② 시·도경찰청장의 배치 결정을 받지 않고 국가정보원장이 지정하는 국가보안 목표시설에 청원경찰을 배치한 경우
③ 정당한 사유 없이 경찰청장이 고시한 최저부담기준액 이상의 보수를 지급하지 않은 경우
④ 시·도경찰청장의 감독상 필요한 총기·실탄 및 분사기에 관한 명령을 정당한 사유 없이 이행하지 않은 경우

 ① 임용 결격사유에 해당하지 않는 청원경찰을 시·도경찰청장의 승인을 받지 않고 임용한 경우에는 300만원 과태료에 처한다.

06. 청원경찰법령상 청원경찰의 징계에 관한 설명으로 옳은 것은?

① 징계의 종류는 파면, 해임, 강등, 정직, 감봉 및 견책으로 구분한다.
② 시·도경찰청장은 징계규정의 보완이 필요하다고 인정할 때에는 청원주에게 그 보완을 요구할 수 있다.
③ 정직은 1개월 이상 3개월 이하로 하고, 보수의 3분의 1을 줄인다.
④ 청원주는 청원경찰 배치 결정의 통지를 받았을 때에는 통지를 받은 날부터 10일 이내에 청원경찰에 대한 징계규정을 제정하여야 한다.

 ① 징계의 종류는 파면, 해임, 정직, 감봉 및 견책으로 구분한다.
③ 정직은 1개월 이상 3개월 이하로 하고, 그 기간에 청원경찰의 신분은 보유하나 직무에 종사하지 못하며, 보수의 3분의 2를 줄인다.
④ 청원주는 청원경찰 배치 결정의 통지를 받았을 때에는 통지를 받은 날부터 15일 이내에 청원경찰에 대한 징계규정을 제정하여 관할 시·도경찰청장에게 신고하여야 한다.

정답   06. ②

07. 청원경찰법령에 관한 설명으로 옳지 않은 것은?
   ① 청원경찰의 신분증명서는 청원주가 발행하며, 그 형식은 시·도경찰청장이 결정한다.
   ② 청원주는 소속 청원경찰에게 그 직무집행에 필요한 교육을 매월 4시간 이상 하여야 한다.
   ③ 청원경찰이 퇴직할 때에는 대여품을 청원주에게 반납하여야 한다.
   ④ 청원경찰은 국내 주재 외국기관에도 배치될 수 있다.

 ① 청원경찰의 신분증명서는 청원주가 발행하며, 그 형식은 청원주가 결정하되 사업장별로 통일하여야 한다.

08. 청원경찰법령상 청원경찰의 분사기 및 무기휴대에 관한 설명으로 옳은 것은?
   ① 관할 경찰서장은 대여한 청원경찰의 무기관리 상황을 월 1회 이상 점검하여야 한다.
   ② 청원경찰은 평상근무 중에 총기를 휴대하지 아니할 때에는 분사기를 휴대하여야 한다.
   ③ 청원주는 「위험물안전관리법」에 따른 분사기의 소지허가를 받아 청원경찰로 하여금 그 분사기를 휴대하여 직무를 수행하게 할 수 있다.
   ④ 관할 경찰서장은 청원경찰이 직무를 수행하기 위하여 필요하다고 인정하면 직권으로 청원경찰에게 무기를 대여하여 지니게 할 수 있다.

 ① 무기를 대여하였을 때에는 관할 경찰서장은 청원경찰의 무기관리 상황을 수시로 점검하여야 한다.
③ 청원주는 「총포·도검·화약류 등의 안전관리에 관한 법률」에 따른 분사기의 소지허가를 받아 청원

정답 07. ① 08. ②

경찰로 하여금 그 분사기를 휴대하여 직무를 수행하게 할 수 있다.
④ 시·도경찰청장은 청원경찰이 직무를 수행하기 위하여 필요하다고 인정하면 청원주의 신청을 받아 관할 경찰서장으로 하여금 청원경찰에게 무기를 대여하여 지니게 할 수 있다.

09. 청원경찰법령상 청원경찰경비(經費)에 관한 설명으로 옳지 않은 것은?

① 청원경찰경비는 봉급과 각종 수당, 피복비, 교육비, 보상금 및 퇴직금을 말한다.
② 봉급·수당의 최저부담기준액(국가기관 또는 지방자치단체에 근무하는 청원경찰의 봉급·수당은 제외)은 경찰청장이 정하여 고시한다.
③ 국가기관 또는 지방자치단체에 근무하는 청원경찰의 각종 수당은 「공무원수당 등에 관한 규정」에 따른 수당 중 가계보전수당, 실비변상 등으로 한다.
④ 교육비는 청원주가 해당 청원경찰의 입교 7일 전에 청원경찰에게 직접 지급한다.

 ④ 교육비는 청원주가 해당 청원경찰의 입교 3일 전에 해당 교육기관에 낸다.

10. 청원경찰법령상 청원경찰의 직무 등에 관한 설명으로 옳지 않은 것은?

① 「경찰관직무집행법」에 따른 직무 외의 수사 활동 등 사법경찰관리의 직무를 수행해서는 안 된다.

정답 09. ④ 10. ④

② 청원경찰 업무에 종사하는 사람은 「형법」이나 그 밖의 법령에 따른 벌칙을 적용할 때에는 공무원으로 본다.
③ 청원경찰이 직무를 수행할 때 직권을 남용하여 국민에게 해를 끼친 경우에는 6개월 이하의 징역이나 금고에 처한다.
④ 관할 경찰서장은 매달 2회 이상 청원경찰의 복무규율과 근무 상황을 감독하여야 한다.

④ 관할 경찰서장은 매달 1회 이상 청원경찰을 배치한 경비구역에 대하여 복무규율과 근무 상황, 무기의 관리 및 취급 사항을 감독하여야 한다.

11. 청원경찰법령상 청원경찰의 신분 및 직무수행에 관한 설명으로 옳지 않은 것은?
① 청원경찰은 파업, 태업 또는 그 밖에 업무의 정상적인 운영을 방해하는 일체의 쟁의행위를 하여서는 안 된다.
② 국가기관에 근무하는 청원경찰의 직무상 불법행위에 대한 배상책임은 「민법」의 규정을 따른다.
③ 청원경찰은 형의 선고, 징계처분 또는 신체상·정신상의 이상으로 직무를 감당하지 못할 때를 제외하고는 그 의사에 반하여 면직되지 아니한다.
④ 청원경찰의 근무구역 순찰은 단독 또는 복수로 정선순찰을 하되, 청원주가 필요하다고 인정할 때에는 요점순찰 또는 난선순찰을 할 수 있다.

② 청원경찰(국가기관이나 지방자치단체에 근무하는 청원경찰은 제외)의 직무상 불법행위에 대한 배상책임에 관하여는 「민법」의 규정을 따른다.

12. 청원경찰법령상 청원경찰의 임용 등에 관한 설명으로 옳은 것은?
   ① 청원경찰은 나이가 58세가 되었을 때 당연 퇴직된다.
   ② 청원경찰의 복무에 관하여는 「경찰관직무집행법」을 준용한다.
   ③ 청원경찰은 청원주가 임용하되, 임용을 할 때에는 「경찰공무원법」이 정하는 특별한 경우를 제외하고는 미리 경찰청장의 승인을 받아야 한다.
   ④ 청원주가 청원경찰을 임용하였을 때에는 임용한 날부터 10일 이내에 그 임용사항을 관할 경찰서장을 거쳐 시·도경찰청장에게 보고하여야 한다.

① 임용결격사유에 해당될 때, 청원경찰의 배치가 폐지되었을 때, 나이가 60세가 되었을 때. 당연 퇴직된다.
② 청원경찰의 복무에 관하여는 「국가공무원법」 제57조, 제58조제1항, 제60조 및 「경찰공무원법」 제24조를 준용한다.
③ 청원경찰은 청원주가 임용하되, 임용을 할 때에는 「국가공무원법」이 정하는 특별한 경우를 제외하고 미리 시·도경찰청장의 승인을 받아야 한다.

13. 청원경찰법령상 청원경찰의 복제(服制)에 관한 설명으로 옳은 것은?
   ① 청원경찰의 복제는 제복·장구 및 부속물로 구분하며, 이 가운데 모자표장, 계급장, 장갑 등은 부속물에 해당한다.
   ② 청원주는 청원경찰이 특수복장을 착용할 필요가 있을 때에는 관할 경찰서장에게 보고하고 특수복장을 착용하게 할 수 있다.
   ③ 청원경찰의 제복의 형태·규격 및 재질은 시·도경찰청장이 결정하되, 사업장별로 통일하여야 한다.

정 답   12. ④ 13. ①

④ 청원경찰은 특수근무 중에는 정모, 근무복, 단화, 호루라기, 경찰봉 및 포승을 착용하거나 휴대하여야 한다.

② 청원경찰이 그 배치지의 특수성 등으로 특수복장을 착용할 필요가 있을 때에는 청원주는 시·도경찰청장의 승인을 받아 특수복장을 착용하게 할 수 있다.
③ 제복의 형태·규격 및 재질은 청원주가 결정하되, 경찰공무원 또는 군인 제복의 색상과 명확하게 구별될 수 있어야 하며, 사업장별로 통일하여야 한다.
④ 청원경찰이 교육훈련이나 그 밖의 특수근무 중에는 기동모, 기동복, 기동화 및 휘장을 착용하거나 부착하되, 허리띠와 경찰봉은 착용하거나 휴대하지 아니할 수 있다.

01. 청원경찰법령상 급여품과 대여품에 관한 설명으로 옳지 않은 것은?
① 근무복과 기동화는 청원경찰에게 지급하는 급여품에 해당한다.
② 청원경찰에게 지급하는 대여품에는 허리띠, 경찰봉, 가슴표장, 분사기, 포승이 있다.
③ 급여품 중 호루라기, 방한화, 장갑의 사용기간은 2년이다.
④ 청원경찰이 퇴직할 때에는 급여품과 대여품을 청원주에게 반납하여야 한다.

④ 청원경찰이 퇴직할 때에는 대여품만 청원주에게 반납하면 된다.

02. 청원경찰법령상 관할 경찰서장이 갖춰 두어야 할 문서와 장부가 아닌 것은?
① 청원경찰 명부   ② 전출입 관계철
③ 교육훈련 실시부   ④ 청원경찰 임용승인 관계철

관할 경찰서장이 갖춰야 할 문서와 장부
㉠ 청원경찰 명부   ㉡ 감독 순시부
㉢ 전출입 관계철   ㉣ 교육훈련 실시부
㉤ 무기·탄약 대여대장 ㉥ 징계요구서철
㉦ 그 밖에 청원경찰의 운영에 필요한 문서와 장부
④ 청원경찰 임용승인 관계철은 시·도경찰청장이 갖추어야 한다.

03. 청원경찰법령상 벌칙과 과태료에 관한 설명으로 옳지 않은 것은?
① 시·도경찰청장의 승인을 받지 아니하고 청원경찰을 임용한 자에게는 500만원 이하의 과태료를 부과한다.
② 시·도경찰청장은 위반행위의 동기, 내용 및 위반의 정도 등을 고려하여 대통령령에서 정한 과태료 금액의 100분의 50의 범위에서 그 금액을 줄일 수 있다.
③ 경찰청장은 과태료 처분을 하였을 때에는 과태료 부과 및 징수 사항을 과태료 수납부에 기록하고 정리하여야 한다.
④ 파업 등 쟁의행위를 한 청원경찰은 1년 이하의 징역 또는 1천만원 이하의 벌금에 처한다.

③ 경찰서장은 과태료 처분을 하였을 때에는 과태료 부과 및 징수 사항을 과태료 수납부에 기록하고 정리하여야 한다.

04. 청원경찰법령상 청원경찰의 배치에 관한 설명으로 옳은 것은?
① 청원경찰 배치신청서에 첨부할 서류는 경비구역 평면도와 청원경찰 명부이다.
② 시·도경찰청장은 청원경찰 배치 신청을 받으면 30일 이내에 그 배치 여부를 결정하여 신청인에게 알려야 한다.
③ 경찰청장은 청원경찰 배치가 필요하다고 인정하는 기관의 장에게 청원경찰을 배치할 것을 요청하여야 한다.
④ 청원경찰 배치신청서상 배치 장소가 둘 이상의 도(道)일 때에는 주된 사업장의 관할 경찰서장을 거쳐 시·도경찰청장에게 한꺼번에 신청할 수 있다.

① 청원경찰 배치신청서에 첨부할 서류에는 경비구

평면도와 배치계획서이다.
② 시·도경찰청장은 청원경찰 배치 신청을 받으면 여부를 결정하여 신청인에게 알려야 한다.
③ 시·도경찰청장은 청원경찰 배치가 필요하다고 장에게 청원경찰을 배치할 것을 요청하여야 한

05. 청원경찰법령상 청원경찰의 임용과 교육에 관한 설명으로 옳은 것은?

① 청원경찰의 임용자격으로는 19세 이상인 사람으로 남자의 경우에는 군복무를 마친 사람으로 한다.
② 경찰공무원에서 퇴직한 사람이 퇴직한 날부터 3년 이내에 청원경찰로 임용되었을 때에는 직무수행에 필요한 교육을 면제할 수 있다.
③ 청원주가 청원경찰을 임용하였을 때에는 임용한 날부터 15일 이내에 그 임용사항을 관할 경찰서장을 거쳐 시·도경찰청장에게 보고하여야 한다.
④ 경찰교육기관의 교육계획상 부득이하다고 인정할 때에는 청원주는 청원경찰로 임용된 사람을 경비구역에 우선 배치하고 임용 후 2년 이내에 교육을 받게 할 수 있다.

① 청원경찰의 임용자격으로는 18세 이상인 사람으로 한다.
③ 청원주가 청원경찰을 임용하였을 때에는 임용한 날부터 10일 이내에 그 임용사항을 관할 경찰서장을 거쳐 시·도경찰청장에게 보고하여야 한다.
④ 경찰교육기관의 교육계획상 부득이하다고 인정할 때에는 청원주는 청원경찰로 임용된 사람을 경비구역에 우선 배치하고 임용 후 1년 이내에 교육을 받게 할 수 있다.

정답 05. ②

06. 청원경찰법령상 청원경찰의 배치와 이동 등에 관한 설명으로 옳지 않은 것은?
　① 청원경찰이 배치된 사업장이 배치인원의 변동사유 없이 다른 곳으로 이전하는 경우 청원주는 청원경찰의 배치를 폐지하거나 배치인원을 감축할 수 없다.
　② 청원주는 배치폐지나 배치인원 감축으로 과원(過員)이 되는 청원경찰의 고용이 보장될 수 있도록 노력하여야 한다.
　③ 청원주는 청원경찰을 신규로 배치하였을 때에는 배치지를 관할하는 경찰서장에게 그 사실을 통보하여야 한다.
　④ 청원경찰의 이동배치의 통보를 받은 경찰서장은 이동배치지가 다른 관할구역에 속할 때에는 전입지를 관할하는 시·도경찰청장에게 이동배치한 사실을 통보하여야 한다.

④ 청원경찰의 이동배치의 통보를 받은 경찰서장은 이동배치지가 다른 관할구역에 속할 때에는 전입지를 관할하는 경찰서장에게 이동배치한 사실을 통보하여야 한다.

07. 청원경찰법령상 청원경찰의 복제(服制)와 무기 휴대에 관한 설명으로 옳지 않은 것은?
　① 시·도경찰청장은 청원경찰이 직무를 수행하기 위하여 필요하다고 인정하면 청원주의 신청을 받아 관할 경찰서장으로 하여금 청원경찰에게 무기를 대여하여 지니게 할 수 있다.
　② 청원경찰이 특수복장을 착용할 필요가 있을 때에는 청원주는 관할 경찰서장의 승인을 받아 특수복장을 착용하게 할 수 있다.
　③ 청원주에게 무기를 대여하였을 때에는 관할 경찰서장은 청원경찰의 무기관리 상황을 수시로 점검하여야 한다.
　④ 청원경찰은 평상근무 중에는 정모, 근무복, 단화, 호루라기, 경찰봉

및 포승을 착용하거나 휴대하여야 한다.

 ② 청원경찰이 특수복장을 착용할 필요가 있을 때에는 청원주는 시·도경찰청장의 승인을 받아 특수복장을 착용하게 할 수 있다.

08. 청원경찰법령상 무기와 탄약을 지급받은 청원경찰의 준수사항으로 옳지 않은 것은?

① 무기를 지급받거나 반납할 때 또는 인계인수할 때에는 반드시 "앞에 총" 자세에서 "검사 총"을 하여야 한다.
② 무기와 탄약을 지급받았을 때에는 별도의 지시가 없으면 무기와 탄약을 분리하여 휴대하여야 한다.
③ 지급받은 무기는 다른 사람에게 보관 또는 휴대하게 할 수 없으며 손질을 의뢰할 수 없다.
④ 근무시간 이후에는 무기와 탄약을 관리책임자에게 반납하여야 한다.

 ④ 근무시간 이후에는 무기와 탄약을 청원주에게 반납하거나 교대근무자에게 인계하여야 한다.

09. 청원경찰법령상 청원경찰의 징계에 관한 설명으로 옳지 않은 것은?

① 청원주는 청원경찰이 품위를 손상하는 행위를 한 때에는 징계절차를 거쳐 징계 처분을 하여야 한다.
② 관할 경찰서장은 청원경찰이 「청원경찰법」상의 징계사유에 해당한다고 인정되면 청원주에게 해당 청원경찰에 대하여 징계처분을 하도록 요청할 수 있다.

정답   08. ④   09. ④

③ 감봉은 1개월 이상 3개월 이하로 하고, 그 기간에 보수의 3분의 1을 줄인다.
④ 청원주는 청원경찰 배치 결정의 통지를 받은 날부터 15일 이내에 청원경찰에 대한 징계규정을 제정하여 관할 경찰서장에게 신고하여야 한다.

④ 청원주는 청원경찰 배치 결정의 통지를 받았을 때에는 통지를 받은 날부터 15일 이내에 청원경찰에 대한 징계규정을 제정하여 관할 시·도경찰청장에게 신고하여야 한다.

10. 청원경찰법령상 경비의 부담과 고시 등에 관한 설명으로 옳지 않은 것은?

① 청원경찰의 피복비 및 교육비의 부담기준액은 시·도경찰청장이 정하여 고시한다.
② 부득이한 사유가 있는 경우를 제외하고, 청원경찰경비의 최저부담기준액 및 부담 기준액은 순경의 것을 고려하여 다음 연도분을 매년 12월에 고시하여야 한다.
③ 청원경찰의 교육비는 청원주가 해당 청원경찰의 입교 3일 전에 해당 경찰교육기관에 낸다.
④ 청원주는 청원경찰이 직무상의 질병으로 인하여 퇴직하게 되면 청원경찰 본인에게 보상금을 지급하여야 한다.

① 청원경찰의 피복비 및 교육비의 부담기준액은 경찰청장이 정하여 고시한다.

11. 청원경찰법령의 내용으로 옳은 것은?
   ① 청원주는 항상 소속 청원경찰의 근무 상황을 감독하고, 근무 수행에 필요한 교육을 하여야 한다.
   ② 청원경찰 업무에 종사하는 사람은 「형법」에 따른 벌칙을 적용할 때에도 공무원으로 보지 않는다.
   ③ 청원경찰(국가기관이나 지방자치단체에 근무하는 청원경찰은 제외)의 직무상 불법행위에 대한 배상책임에 관하여는 「국가배상법」의 규정을 따른다.
   ④ 청원경찰이 직무를 수행할 때 직권을 남용하여 국민에게 해를 끼친 경우에는 6개월 이하의 금고나 구류에 처한다.

   ② 청원경찰 업무에 종사하는 사람은 「형법」에 따른 벌칙을 적용할 때에도 공무원으로 본다.
   ③ 청원경찰(국가기관이나 지방자치단체에 근무하는 청원경찰은 제외)의 직무상 불법행위에 대한 배상책임에 관하여는 「민법」의 규정을 따른다.
   ④ 청원경찰이 직무를 수행할 때 직권을 남용하여 국민에게 해를 끼친 경우에는 6개월 이하의 징역이나 금고에 처한다.

12. 청원경찰법령상 청원경찰의 근무요령에 관한 설명으로 옳지 않은 것은?
   ① 대기근무자는 소내근무에 협조하거나 휴식하면서 불의의 사고에 대비한다.
   ② 자체경비를 하는 입초근무자는 경비구역의 정문이나 그 밖의 지정된 장소에서 경비구역의 내부, 외부 및 출입자의 움직임을 감시한다.
   ③ 업무처리 및 자체경비를 하는 소내근무자는 근무 중 특이한 사항이 발생하였을 때에는 지체없이 청원주 또는 관할 경찰서장에게 보고하고 그 지시에 따라야 한다.

정답 11. ① 12. ④

④ 순찰근무자는 청원주가 지정한 일정한 구역을 요점순찰을 하되, 청원주가 필요하다고 인정할 때에는 정선순찰을 할 수 있다.

 ④ 순찰근무자는 청원주가 지정한 일정한 구역을 순회하면서 경비 임무를 수행하며 순찰은 단독 또는 복수로 정선순찰을 하되, 청원주가 필요하다고 인정할 때에는 요점순찰 또는 난선순찰을 할 수 있다.

13. 청원경찰법령에 관한 내용이다. (　　)에 들어갈 내용이 옳은 것은?

청원경찰은 형의 선고, 징계처분 또는 신체상·정신상의 이상으로 직무를 감당하지 못할 때를 제외하고는 그 의사에 반하여 (　　)되지 아니한다.

① 파면　　　　　② 강등
③ 면직　　　　　④ 견책

 청원경찰은 형의 선고, 징계처분 또는 신체상·정신상의 이상으로 직무를 감당하지 못할 때를 제외하고는 그 의사에 반하여 (면직)되지 아니한다.

정답 13. ③

제 22 회 경비지도사
2020. 11. 21. 시행

01. 청원경찰법령에 관한 설명으로 옳지 않은 것은?
① 청원경찰법은 1962년에 제정되었다.
② 청원경찰법은 청원경찰의 직무·임용·배치·보수·사회보장 및 그 밖에 필요한 사항을 규정함으로써 청원경찰의 원활한 운영을 목적으로 한다.
③ 청원경찰은 파업, 태업 또는 그 밖에 업무의 정상적인 운영을 방해하는 일체의 쟁의행위를 하여서는 아니 된다.
④ 지방자치단체에 근무하는 청원경찰의 직무상 불법행위에 대한 배상책임에 관하여는 「민법」의 규정을 따른다.

 ④ 국가기관이나 지방자치단체에 근무하는 청원경찰을 제외한 청원경찰의 직무상 불법행위에 대한 배상책임에 관하여는 「민법」의 규정을 따른다.

02. 청원경찰법령상 청원경찰의 배치에 관한 설명으로 옳지 않은 것은?
① 청원경찰 배치신청서 제출 시 배치 장소가 둘 이상의 도(道)일 때에는 주된 사업장의 관할 경찰서장을 거쳐 시·도경찰청장에게 한꺼번에 신청할 수 있다.
② 청원경찰을 배치 받으려는 자는 대통령령으로 정하는 바에 따라 관할 시·도경찰청장에게 청원경찰 배치를 신청하여야 한다.
③ 청원경찰 배치신청서에 첨부하여야 할 서류는 경비구역 평면도와 청원경찰 직무교육계획서이다.

정답 01. ④ 02. ③

④ 시·도경찰청장은 청원경찰 배치가 필요하다고 인정하는 기관의 장 또는 시설·사업장의 경영자에게 청원경찰을 배치할 것을 요청할 수 있다.

 ③ 청원경찰 배치신청서에 첨부하여야 할 서류는 경비구역 평면도와 배치계획서 각각 1부씩이다.

03. 청원경찰법령상 청원경찰의 배치 대상으로 명시되지 않은 것은?
① 국가기관
② 공공단체
③ 국내 주재(駐在) 외국기관
④ 대통령령으로 정하는 중요시설

 ④ 행정안전부령으로 정하는 중요시설

04. 청원경찰법령상 청원경찰의 임용 등에 관한 설명으로 옳은 것은?
① 청원주는 청원경찰 배치 결정의 통지를 받은 날부터 10일 이내에 배치 결정된 인원수의 임용예정자에 대하여 청원경찰 임용승인을 시·도경찰청장에게 신청하여야 한다.
② 청원주가 청원경찰을 임용하였을 때에는 임용한 날부터 10일 이내에 그 임용사항을 관할 경찰서장을 거쳐 시·도경찰청장에게 보고하여야 한다.
③ 청원경찰의 임용자격·임용방법·교육 및 보수에 관하여는 행정안전부령으로 정한다.
④ 청원경찰의 복무에 관하여는 「국가공무원법」 및 「경찰법」을 준용한다.

정답   03. ④   04. ②

① 30일 이내 신청하여야 한다.
③ 대통령령으로 정한다.
④ 「국가공무원법」 및 「경찰공무원법」을 준용한다.

05. 청원경찰법령상 청원경찰의 교육 등에 관한 설명으로 옳은 것은?

① 청원주는 청원경찰로 임용된 사람으로 하여금 경비구역에 배치하기 전에 경찰교육기관에서 직무 수행에 필요한 교육을 받게 하여야 한다. 다만, 경찰교육기관의 교육계획상 부득이하다고 인정할 때에는 우선 배치하고 임용 후 1년 이내에 교육을 받게 할 수 있다.
② 경비지도사 자격증을 취득한 사람이 청원경찰로 임용되었을 때에는 경찰교육기관에서 직무 수행에 필요한 교육을 면제할 수 있다.
③ 청원경찰의 직무 수행에 필요한 교육의 교육과목 및 수업시간표는 행정안전부령으로 정한다.
④ 청원경찰의 직무 수행에 필요한 교육의 교육과목 중 정신교육의 수업시간은 8시간이다.

② 경찰공무원(의무경찰을 포함) 또는 청원경찰에서 퇴직한 사람이 퇴직한 날부터 3년 이내에 청원경찰로 임용되었을 때에는 경찰교육기관에서 직무 수행에 필요한 교육을 면제할 수 있다.

06. 청원경찰법령상 청원주가 부담하여야 하는 청원경찰경비에 해당하지 않는 것은?

① 청원경찰의 경조사비
② 청원경찰의 피복비
③ 청원경찰의 교육비

정 답   05. ②   06. ①

④ 청원경찰에게 지급할 봉급과 각종 수당

 ① 청원경찰의 경조사비는 청원주가 부담해야 할 청원경찰경비에 해당하지 않는다.

07. 청원경찰법령상 청원경찰경비 등에 관한 설명으로 옳지 않은 것은?
① 국가기관 또는 지방자치단체에 근무하는 청원경찰의 보수는 청원경찰법에서 정한 구분에 따라 같은 재직기간에 해당하는 경찰공무원의 보수를 감안하여 대통령령으로 정한다.
② 청원주의 청원경찰에 대한 봉급·수당의 최저부담기준액(국가기관 또는 지방자치단체에 근무하는 청원경찰의 봉급·수당은 제외한다)은 경찰청장이 정하여 고시(告示)한다.
③ 청원주는 청원경찰이 직무수행으로 인하여 부상을 입거나, 질병에 걸리거나 또는 사망한 경우 대통령령으로 정하는 바에 따라 청원경찰 본인 또는 그 유족에게 보상금을 지급하여야 한다.
④ 국가기관이나 지방자치단체에 근무하는 청원경찰의 퇴직금에 관하여는 행정안전부령으로 정한다.

 ④ 국가기관이나 지방자치단체에 근무하는 청원경찰의 퇴직금에 관하여는 대통령령으로 정한다.

08. 청원경찰법령상 청원경찰에게 지급하는 대여품에 해당하는 것은?
① 기동복　　　　　② 가슴표장
③ 호루라기　　　　④ 정모

청원경찰 대여품 : 허리띠, 경찰봉, 가슴표장, 분사기, 포승

09. 청원경찰법령상 표창에 관한 설명으로 옳지 않은 것은?

① 경찰청장은 성실히 직무를 수행하여 근무성적이 탁월하거나 헌신적인 봉사로 특별한 공적을 세운 청원경찰에게 공적상을 수여할 수 있다.
② 청원주는 성실히 직무를 수행하여 근무성적이 탁월한 청원경찰에게 공적상을 수여할 수 있다.
③ 관할 경찰서장은 헌신적인 봉사로 특별한 공적을 세운 청원경찰에게 공적상을 수여할 수 있다.
④ 시·도경찰청장은 교육훈련에서 교육 성적이 우수한 청원경찰에게 우등상을 수여할 수 있다.

① 성실히 직무를 수행하여 근무성적이 탁월하거나 헌신적인 봉사로 특별한 공적을 세운 청원경찰에게 공적상을 수여할 수 있는 사람은 시·도경찰청장, 관할 경찰서장 또는 청원주이다.

10. 청원경찰법령상 청원경찰을 배치하고 있는 사업장이 하나의 경찰서의 관할구역에 있는 경우, 시·도경찰청장이 관할 경찰서장에게 위임하는 권한으로 명시되지 않은 것은?

① 청원경찰 배치의 결정 및 요청에 관한 권한
② 청원경찰의 임용승인에 관한 권한
③ 무기의 관리 및 취급사항을 감독하는 권한
④ 청원주에 대한 지도 및 감독상 필요한 명령에 관한 권한

정답 09. ① 10. ③

시·도경찰청장이 관할 경찰서장에게 위임할 수 있는 사항으로는 ①, ②, ④와 과태료 부과·징수에 관한 권한이 해당한다.

11. 청원경찰법령상 청원경찰의 배치 근무인원별 감독자 지정기준으로 옳지 않은 것은?

① 근무인원 7명 : 조장 1명
② 근무인원 37명 : 반장 1명, 조장 5명
③ 근무인원 57명 : 대장 1명, 반장 2명, 조장 6명
④ 근무인원 97명 : 대장 1명, 반장 4명, 조장 12명

② 근무인원 30명 이상 40명 이하 : 반장 1명, 조장 3~4명

12. 청원경찰법령상 과태료에 관한 설명으로 옳지 않은 것은?

① 시·도경찰청장의 배치 결정을 받지 아니하고 청원경찰을 배치한 자에게는 50만원 이하의 과태료를 부과한다.
② 과태료는 대통령령으로 정하는 바에 따라 시·도경찰청장이 부과·징수한다.
③ 경찰서장은 과태료처분을 하였을 때에는 과태료 부과 및 징수 사항을 과태료 수납부에 기록하고 정리하여야 한다.
④ 경찰서장은 위반행위의 동기, 내용 및 위반의 정도 등을 고려하여 과태료 금액의 3분의 1의 범위에서 그 금액을 줄이거나 늘릴 수 있다.

④ 시·도경찰청장은 위반행위의 동기, 내용 및 위반의 정도 등을 고려하여 과태료 금액의 100분의 50의 범위에서 그 금액을 줄이거나 늘릴 수 있다.

13. 청원경찰법령상 청원경찰의 퇴직과 면직에 관한 설명으로 옳은 것은?

① 국가기관이나 지방자치단체에 근무하는 청원경찰의 휴직 및 명예퇴직에 관하여는 「국가공무원법」 관련규정을 준용한다.
② 청원경찰은 65세가 되었을 때 당연 퇴직된다.
③ 청원경찰의 배치폐지는 당연 퇴직사유에 해당하지 않는다.
④ 청원주가 청원경찰을 면직시켰을 때에는 그 사실을 관할 시·도경찰청장을 거쳐 경찰청장에게 보고하여야 한다.

 ② 청원경찰은 60세가 되었을 때 당연 퇴직된다.
③ 청원경찰의 배치폐지는 당연 퇴직사유이다.
④ 청원주가 청원경찰을 면직시켰을 때에는 그 사실을 관할 경찰서장을 거쳐 시·도경찰청장에게 보고하여야 한다.

정답 13. ①

제23회 경비지도사
2021. 11. 6. 시행

01. 청원경찰법령상 청원경찰의 배치 대상이 아닌 것은?
① 「의료법」에 따른 의료기관
② 인쇄를 업으로 하는 사업장
③ 「사회복지사업법」에 따른 사회복지시설
④ 학교 등 육영시설

 청원경찰의 배치 대상 : ①, ②, ④와
㉠ 선박, 항공기 등 수송시설
㉡ 금융 또는 보험을 업으로 하는 시설 또는 사업장
㉢ 언론, 통신, 방송 또는 인쇄를 업으로 하는 시설 또는 사업장
㉣ 그 밖에 공공의 안녕질서 유지와 국민경제를 위하여 고도의 경가 필요한 중요 시설, 사업체 또는 장소

02. 청원경찰법령상 청원경찰에 관한 설명으로 옳지 않은 것은?
① 청원주 등이 경비(經費)를 부담할 것을 조건으로 사업장 등의 경비(警備)를 담당하게 하기 위하여 배치하는 경찰이다.
② 청원주와 배치된 사업장 등의 구역을 관할하는 시·도지사 및 시·도경찰청장의 감독을 받는다.
③ 선박, 항공기 등 수송시설에도 배치될 수 있다.
④ 배치된 경비구역만의 경비를 목적으로 필요한 범위에서 「경찰관 직무집행법」에 따른 경찰관의 직무를 수행한다.

정답 01. ③ 02. ②

② 청원경찰은 청원경찰의 배치 결정을 받은 청원주와 배치된 기관·시설 또는 사업장 등의 구역을 관할하는 경찰서장의 감독을 받는다.

03. 청원경찰법령상 청원경찰의 근무요령으로 옳지 않은 것은?
① 자체경비를 하는 입초근무자는 경비구역의 정문이나 그 밖의 지정된 장소에서 경비구역의 내부, 외부 및 출입자의 움직임을 감시한다.
② 업무처리 및 자체경비를 하는 소내근무자는 근무 중 특이한 사항이 발생하였을 때에는 지체 없이 청원주 또는 관할 경찰서장에게 보고하고 그 지시에 따라야 한다.
③ 대기근무자는 소내근무에 협조하거나 휴식하면서 불의의 사고에 대비한다.
④ 순찰근무자는 단독 또는 복수로 요점순찰(要點巡察)을 하되, 청원주가 필요하다고 인정할 때에는 정선순찰(定線巡察) 또는 난선순찰(亂線巡察)을 할 수 있다.

 ④ 순찰근무자는 단독 또는 복수로 정해진 노선을 규칙적으로 순찰하는 정선순찰을 하되, 청원주가 필요하다고 인정할 때에는 순찰구역 내 지정된 중요지점을 순찰하는 요점순찰 또는 임의로 순찰지역이나 노선을 선정하여 불규칙적으로 순찰하는 난선순찰을 할 수 있다.

04. 청원경찰법령상 청원경찰의 징계에 관한 설명으로 옳은 것은?
① 시·도경찰청장은 청원경찰이 품위를 손상하는 행위를 한 때에는 대통령령으로 정하는 징계절차를 거쳐 징계처분을 할 수 있다.

② 청원경찰에 대한 징계의 종류는 파면, 해임, 강등, 정직, 감봉 및 견책으로 구분한다.
③ 청원주는 청원경찰 배치 결정의 통지를 받았을 때에는 통지를 받은 날부터 15일 이내에 청원경찰에 대한 징계규정을 제정하여 관할 시·도경찰청장에게 신고하여야 한다.
④ 정직은 1개월 이상 3개월 이하로 하고, 그 기간에 청원경찰의 신분은 보유하나 직무에 종사하지 못하며, 보수는 전액을 감한다.

① 청원주는 청원경찰이 품위를 손상하는 행위를 한 때에는 대통령령으로 정하는 징계절차를 거쳐 징계처분을 할 수 있다.
② 청원경찰에 대한 징계는 파면, 해임, 정직, 감봉 및 견책으로 구분한다.
④ 정직은 1개월 이상 3개월 이하로 하고, 그 기간에 청원경찰의 신분은 보유하나 직무에 종사하지 못하며, 보수의 3분의 2를 줄인다.

05. 청원경찰법령상 청원주가 무기와 탄약을 지급해서는 아니 되는 사람을 모두 고른 것은?

㉠ 형사사건으로 조사 대상이 된 사람
㉡ 사직 의사를 밝힌 사람
㉢ 평소에 불평이 심하고 염세적인 사람
㉣ 변태적 성벽(性癖)이 있는 사람

① ㉠, ㉡
② ㉠, ㉡, ㉣
③ ㉡, ㉢, ㉣
④ ㉠, ㉡, ㉢, ㉣

무기 및 탄약 지급 금지 대상
㉠ 직무상 비위로 징계 대상이 된 사람
㉡ 형사사건으로 조사 대상이 된 사람

정 답   05. ④

ⓒ 사직 의사를 밝힌 사람
ⓔ 평소에 불평이 심하고 염세적인 사람
ⓜ 주벽이 심한 사람
ⓗ 변태적 성벽이 있는 사람

06. 청원경찰법령상 감독자 지정기준에 관한 내용으로 옳은 것은?
① 근무인원이 10명 이상 29명 이하: 반장 1명, 조장 1명
② 근무인원이 30명 이상 40명 이하: 반장 1명, 조장 3~4명
③ 근무인원이 41명 이상 60명 이하: 대장 1명, 반장 2명, 조장 4~5명
④ 근무인원이 61명 이상 120명 이하: 대장 1명, 반장 3명, 조장 10명

감독자 지정기준

근무인원	직급별 지정기준		
	대장	반장	조장
9명까지			1명
10명 이상 29명 이하		1명	2~3명
30명 이상 40명 이하		1명	3~4명
41명 이상 60명 이하	1명	2명	6명
61명 이상 120명 이하	1명	4명	12명

07. 청원경찰법령상 청원주가 갖추어 두어야 할 문서와 장부에 해당하는 것을 모두 고른 것은?

㉠ 청원경찰 명부	㉡ 경비구역 배치도
㉢ 청원경찰 직무교육계획서	㉣ 전출입 관계철

① ㉠, ㉡
② ㉠, ㉡, ㉢

정답 06. ② 07. ②

③ ㄴ, ㄷ, ㄹ   ④ ㄴ, ㄷ, ㄹ

 청원주가 비치해야 할 문서와 장부 : 청원경찰 명부, 근무일지, 근무 상황카드, 경비구역 배치도, 순찰 표시철, 무기·탄약 출납부, 무기장비 운영카드, 봉급지급 조서철, 신분증명서 발급대장, 징계 관계철, 교육훈련 실시부, 청원경찰 직무교육계획서, 급여품 및 대여품 대장, 그 밖에 청원경찰의 운영에 필요한 문서와 장부

ㄹ 전출입 관계철은 관할 경찰서장과 시·도경찰청장이 갖추어야할 문서와 장부이다.

08. 청원경찰법령상 청원경찰의 임용자격에 관한 내용이다. (　　) 에 들어갈 숫자가 순서대로 옳은 것은?

청원경찰의 임용자격은 (　　)세 이상으로 신체가 건강하고 팔다리가 완전하며 시력(교정시력을 포함한다)은 양쪽 눈이 각각 (　　) 이상인 사람이다.

① 18, 0.5   ② 18, 0.8
③ 19, 0.8   ④ 19, 1.0

 청원경찰의 임용자격은 (18)세 이상으로 신체가 건강하고 팔다리가 완전하며 시력(교정시력을 포함한다)은 양쪽 눈이 각각 (0.8) 이상인 사람이다.

09. 청원경찰법령상 청원경찰의 복제에 관한 설명으로 옳은 것은?
① 청원경찰의 기동모와 기동복의 색상은 진한 청색으로 한다.
② 청원경찰은 평상근무 중에는 정모, 근무복, 단화, 호루라기를 착용하

거나 휴대하여야 하고, 경찰봉 및 포승은 휴대하지 아니할 수 있다.
③ 청원경찰이 그 배치지의 특수성 등으로 특수복장을 착용할 필요가 있을 때에는 청원주는 관할 경찰서장의 승인을 받아 특수복장을 착용하게 할 수 있다.
④ 청원경찰 장구의 종류는 경찰봉, 호루라기, 수갑 및 포승이다.

② 청원경찰은 평상근무 중에는 정모, 근무복, 단화, 호루라기, 경찰봉 및 포승을 착용하거나 휴대하여야 한다.
③ 청원경찰이 그 배치지의 특수성 등으로 특수복장을 착용할 필요가 있을 때에는 청원주는 시·도경찰청장의 승인을 받아 특수복장을 착용하게 할 수 있다.
④ 청원경찰 장구의 종류는 허리띠, 경찰봉, 호루라기 및 포승이다.

10. 청원경찰법령상 과태료의 부과기준에서 과태료 금액이 다른 것은?

① 시·도경찰청장의 배치 결정을 받지 않고 국가중요시설(국가정보원장이 지정하는 국가보안 목표시설을 말한다)에 청원경찰을 배치한 경우
② 시·도경찰청장의 승인을 받지 않고 임용 결격사유에 해당하는 청원경찰을 임용한 경우
③ 시·도경찰청장의 감독상 필요한 복무규율과 근무 상황에 관한 명령을 정당한 사유없이 이행하지 않은 경우
④ 정당한 사유 없이 경찰청장이 고시한 최저부담기준액 이상의 보수를 지급하지 않은 경우

① 500만원. ② 500만원, ③ 300만원 ④ 500만원

정 답   10. ③

11. 청원경찰법령상 청원경찰의 대여품에 해당하는 것은?
① 기동모　　② 방한화
③ 허리띠　　④ 근무복

　청원경찰의 대여품 : 허리띠, 경찰봉, 가슴표장, 분사기, 포승
①, ②, ④는 급여품에 해당한다.

12. 청원경찰법령상 청원경찰의 경비에 관한 설명으로 옳은 것은?
① 국가기관 또는 지방자치단체에 근무하는 청원경찰의 보수는 재직기간 15년 이상 23년 미만인 경우 같은 재직기간에 해당하는 경찰공무원 '경장'의 보수를 감안하여 대통령령으로 정한다.
② 청원경찰의 피복비는 청원주가 부담하여야 하는 청원경찰경비에 해당하지 않는다.
③ 청원경찰이 직무상의 부상·질병으로 인하여 퇴직 후 3년 이내에 사망한 경우 청원주는 대통령령으로 정하는 바에 따라 그 유족에게 보상금을 지급하여야 한다.
④ 교육비는 청원주가 경찰교육기관 입교(入校) 3일 전에 해당 청원경찰에게 지급하여 납부하게 한다.

② 청원경찰의 피복비, 봉급과 각종 수당, 교육비는 청원주가 부담하여야 하는 청원경찰경비에 해당한다.
③ 청원경찰이 직무상의 부상·질병으로 인하여 퇴직 후 2년 이내에 사망한 경우 청원주는 대통령령으로 정하는 바에 따라 그 유족에게 보상금을 지급하여야 한다.
④ 교육비는 청원주가 경찰교육기관 입교 3일 전에 해당 경찰교육기관에 낸다.

정답　11. ③　12. ①

13. 청원경찰법령상 청원경찰의 배치와 이동에 관한 설명으로 옳지 않은 것은?

① 청원경찰을 배치받으려는 자는 대통령령으로 정하는 바에 따라 관할 시·도경찰청장에게 청원경찰 배치를 신청하여야 한다.

② 시·도경찰청장은 청원경찰 배치가 필요하다고 인정하는 기관의 장 또는 시설·사업장의 경영자에게 청원경찰을 배치할 것을 요청할 수 있다.

③ 청원주는 청원경찰을 이동배치 하였을 때에는 전입지를 관할하는 경찰서장에게 그 사실을 통보하여야 한다.

④ 청원주는 청원경찰이 배치된 기관·시설 또는 사업장 등이 배치인원의 변동사유 없이 다른 곳으로 이전하는 경우에는 청원경찰의 배치인원을 감축할 수 없다.

  ③ 이동배치 하였을 때에는 종전의 배치지를 관할하는 경찰서장에게 그 사실을 통보하여야 한다.

부록 관계법령

청원경찰법
청원경찰법 시행령
청원경찰법 시행규칙
경찰관직무집행법
경찰관직무집행법시행령

청원경찰법

[법률 제1049호 제정 1962.4.3.]
[법률 제2666호 전문개정 1973.12.31.]
[법률 제2949호 일부개정 1976.12.31.]
[법률 제3228호 일부개정 1980.1.4.]
[법률 제3371호 일부개정 1980.2.14.]
[법률 제3677호 일부개정 1983.12.30.]
[법률 제4369호 일부개정 1991.5.31.]
[법률 제5937호 일부개정 1999.3.31.]
[법률 제6466호 일부개정 2001.4.7.]
[법률 제7662호 일부개정 2005.8.4.]
[법률 제8852호 일부개정 2008.2.29.]
[법률 제10013호 일부개정 2010.2.4.]
[법률 제11690호 타법개정 2013.3.23.]
[법률 제12600호 타법개정 2014.5.20.]
[법률 제12844호 타법개정 2014.11.19.]
[법률 제12921호 일부개정 2014.12.30.]
[법률 제14839호 타법개정 2017.7.26.]
[법률 제15765호 일부개정 2018.9.18.]
[법률 제17687호 타법개정 2020.12.22.]
[법률 제17689호 타법개정 2020.12.22.]

제1조【목적】이 법은의 육성 및 발전과 그 체계적 관리에 관하여 필요한 사항을 정함으로써 경비업의 건전한 운영에 이바지함을 목적으로 한다. 청원경찰의 직무·임용·배치·보수·사회보장 및 그 밖에 필요한 사항을 규정함으로써 청원경찰의 원활한 운영을 목적으로 한다. [전문개정 2010.2.4]

제2조【정의】이 법에서 "청원경찰"이란 다음 각 호의 어느 하나에 해당하는 기관의 장 또는 시설·사업장 등의 경영자가 경비(이하 "청원경찰경비"라 한다)를 부담할 것을 조건으로

청원경찰법

경찰의 배치를 신청하는 경우 그 기관·시설 또는 사업장 등의 경비를 담당하게 하기 위하여 배치하는 경찰을 말한다. <개정 2014.11.19., 2017.7.26.>
1. 국가기관 또는 공공단체와 그 관리하에 있는 중요 시설 또는 사업장
2. 국내 주재(駐在) 외국기관
3. 그 밖에 행정안전부령으로 정하는 중요 시설, 사업장 또는 장소
[전문개정 2010.2.4]

제3조【청원경찰의 직무】 청원경찰은 제4조제2항에 따라 청원경찰의 배치 결정을 받은 자{이하 "청원주"라 한다}와 배치된 기관·시설 또는 사업장 등의 구역을 관할하는 경찰서장의 감독을 받아 그 경비구역만의 경비를 목적으로 필요한 범위에서 「경찰관 직무집행법」에 따른 경찰관의 직무를 수행한다. <개정 2014.5.20.>
[전문개정 2010.2.4.]

제4조【청원경찰의 배치】 ① 청원경찰을 배치받으려는 자는 대통령령으로 정하는 바에 따라 관할 시·도경찰청장에게 청원경찰 배치를 신청하여야 한다. <개정 2020. 12. 22.>
② 시·도경찰청장은 제1항의 청원경찰 배치 신청을 받으면 지체 없이 그 배치 여부를 결정하여 신청인에게 알려야 한다. <개정 2020. 12. 22.>
③ 시·도경찰청장은 청원경찰 배치가 필요하다고 인정하는 기관의 장 또는 시설·사업장의 경영자에게 청원경찰을 배치할 것을 요청할 수 있다. <개정 2020. 12. 22.>
[전문개정 2010.2.4]

제5조【청원경찰의 임용 등】 ① 청원경찰은 청원주가 임용하되, 임용을 할 때에는 미리 시·도경찰청장의 승인을 받아야 한다. <개정 2020. 12. 22.>
②「국가공무원법」제33조 각 호의 어느 하나의 결격사유에 해당하는 사람은 청원경찰로 임용될 수 없다.
③ 청원경찰의 임용자격·임용방법·교육 및 보수에 관하여는 대통령령으로 정한다.
④ 청원경찰의 복무에 관하여는「국가공무원법」제57조, 제58조제1항, 제60조 및「경찰공무원법」제24조를 준용한다. <개정 2018. 9. 18., 2020. 12. 22.>

제5조의2【청원경찰의 징계】 ① 청원주는 청원경찰이 다음 각 호의 어느 하나에 해당하는 때에는 대통령령으로 정하는 징계절차를 거쳐 징계처분을 하여야 한다.
1. 직무상의 의무를 위반하거나 직무를 태만히 한 때

2. 품위를 손상하는 행위를 한 때
② 청원경찰에 대한 징계의 종류는 파면, 해임, 정직, 감봉 및 견책으로 구분한다.
③ 청원경찰의 징계에 관하여 그 밖에 필요한 사항은 대통령령으로 정한다.
[본조신설 2010.2.4]

제6조【청원경찰경비】① 청원주는 다음 각 호의 청원경찰경비를 부담하여야 한다.
1. 청원경찰에게 지급할 봉급과 각종 수당
2. 청원경찰의 피복비
3. 청원경찰의 교육비
4. 제7조에 따른 보상금 및 제7조의2에 따른 퇴직금
② 국가기관 또는 지방자치단체에 근무하는 청원경찰의 보수는 다음 각 호의 구분에 따라 같은 재직기간에 해당하는 경찰공무원의 보수를 감안하여 대통령령으로 정한다. <개정 2014.12.30.>
1. 재직기간 15년 미만: 순경
2. 재직기간 15년 이상 23년 미만: 경장
3. 재직기간 23년 이상 30년 미만: 경사
4. 재직기간 30년 이상: 경위
③ 청원주의 제1항제1호에 따른 봉급·수당의 최저부담기준액(국가기관 또는 지방자치단체에 근무하는 청원경찰의 봉급·수당은 제외한다)과 같은 항 제2호 및 제3호에 따른 비용의 부담기준액은 경찰청장이 정하여 고시(告示)한다.
[전문개정 2010.2.4]
[시행일 : 2015.7.1.] 제6조제2항

제7조【보상금】청원주는 청원경찰이 다음 각 호의 어느 하나에 해당하게 되면 대통령령으로 정하는 바에 따라 청원경찰 본인 또는 그 유족에게 보상금을 지급하여야 한다.
1. 직무수행으로 인하여 부상을 입거나, 질병에 걸리거나 또는 사망한 경우
2. 직무상의 부상·질병으로 인하여 퇴직하거나, 퇴직 후 2년 이내에 사망한 경우
[전문개정 2010.2.4]

제7조의2【퇴직금】청원주는 청원경찰이 퇴직할 때에는「근로자퇴직급여 보장법」에 따른 퇴직금을 지급하여야 한다. 다만, 국가기관이나 지방자치단체에 근무하는 청원경찰의 퇴직금에 관하여는 따로 대통령령으로 정한다. [전문개정 2010.2.4]

제8조【제복 착용과 무기 휴대】① 청원경찰은 근무 중 제복을 착용하여야 한다.
② 시·도경찰청장은 청원경찰이 직무를 수행하기 위하여 필요하다고 인정하면 청원주의 신청을 받아 관할 경찰서장으로 하여금 청원경찰에게 무기를 대여하여 지니게 할 수 있다. <개정 2020. 12. 22.>
③ 청원경찰의 복제(服制)와 무기 휴대에 필요한 사항은 대통령령으로 정한다.
[전문개정 2010.2.4]

제9조 삭제 <1999.3.31>

제9조의2 삭제 <2001.4.7>

제9조의3【감독】① 청원주는 항상 소속 청원경찰의 근무 상황을 감독하고, 근무 수행에 필요한 교육을 하여야 한다.
② 시·도경찰청장은 청원경찰의 효율적인 운영을 위하여 청원주를 지도하며 감독상 필요한 명령을 할 수 있다. [전문개정 2010.2.4] <개정 2020. 12. 22.>

제9조의4【쟁의행위의 금지】청원경찰은 파업, 태업 또는 그 밖에 업무의 정상적인 운영을 방해하는 일체의 쟁의행위를 하여서는 아니 된다. [본조신설 2018. 9. 18.]

제10조【직권남용 금지 등】① 청원경찰이 직무를 수행할 때 직권을 남용하여 국민에게 해를 끼친 경우에는 6개월 이하의 징역이나 금고에 처한다.
② 청원경찰 업무에 종사하는 사람은 「형법」이나 그 밖의 법령에 따른 벌칙을 적용할 때에는 공무원으로 본다.
[전문개정 2010.2.4]

제10조의2【청원경찰의 불법행위에 대한 배상책임】청원경찰(국가기관이나 지방자치단체에 근무하는 청원경찰은 제외한다)의 직무상 불법행위에 대한 배상책임에 관하여는 「민법」의 규정을 따른다.
[전문개정 2010.2.4]

제10조의3【권한의 위임】이 법에 따른 시·도경찰청장의 권한은 그 일부를 대통령령으로 정하는 바에 따라 관할 경찰서장에게 위임할 수 있다. <개정 2020. 12. 22.>
[전문개정 2010.2.4]

제10조의4【의사에 반한 면직】① 청원경찰은 형의 선고, 징계처분 또는 신체상·정신상의 이상으로 직무를 감당하지 못할 때를 제외하고는 그 의사(意思)에 반하여 면직(免職)되지

아니한다.

② 청원주가 청원경찰을 면직시켰을 때에는 그 사실을 관할 경찰서장을 거쳐 시·도경찰청장에게 보고하여야 한다. <개정 2020. 12. 22.>

[전문개정 2010.2.4]

제10조의5 【배치의 폐지 등】 ① 청원주는 청원경찰이 배치된 시설이 폐쇄되거나 축소되어 청원경찰의 배치를 폐지하거나 배치인원을 감축할 필요가 있다고 인정하면 청원경찰의 배치를 폐지하거나 배치인원을 감축할 수 있다. 다만, 청원주는 다음 각 호의 어느 하나에 해당하는 경우에는 청원경찰의 배치를 폐지하거나 배치인원을 감축할 수 없다. <개정 2014.12.30.>

1. 청원경찰을 대체할 목적으로「경비업법」에 따른 특수경비원을 배치하는 경우
2. 청원경찰이 배치된 기관·시설 또는 사업장 등이 배치인원의 변동사유 없이 다른 곳으로 이전하는 경우

② 제1항에 따라 청원주가 청원경찰을 폐지하거나 감축하였을 때에는 청원경찰 배치 결정을 한 경찰관서의 장에게 알려야 하며, 그 사업장이 제4조제3항에 따라 시·도경찰청장이 청원경찰의 배치를 요청한 사업장일 때에는 그 폐지 또는 감축 사유를 구체적으로 밝혀야 한다. <개정 2020.12.22.>

③ 제1항에 따라 청원경찰의 배치를 폐지하거나 배치인원을 감축하는 경우 해당 청원주는 배치폐지나 배치인원 감축으로 과원(過員)이 되는 청원경찰 인원을 그 기관·시설 또는 사업장 내의 유사 업무에 종사하게 하거나 다른 시설·사업장 등에 재배치하는 등 청원경찰의 고용이 보장될 수 있도록 노력하여야 한다. <신설 2014.12.30.>

[전문개정 2010.2.4]

제10조의6 【당연 퇴직】 청원경찰이 다음 각 호의 어느 하나에 해당할 때에는 당연 퇴직된다.
1. 제5조제2항에 따른 임용결격사유에 해당될 때
2. 제10조의5에 따라 청원경찰의 배치가 폐지되었을 때
3. 나이가 60세가 되었을 때. 다만, 그 날이 1월부터 6월 사이에 있으면 6월 30일에, 7월부터 12월 사이에 있으면 12월 31일에 각각 당연 퇴직된다.

[전문개정 2010.2.4]

제10조의7 【휴직 및 명예퇴직】 국가기관이나 지방자치단체에 근무하는 청원경찰의 휴직 및 명예퇴직에 관하여는「국가공무원법」제71조부터 제73조까지 및 제74조의2를 준용

한다. [전문개정 2010.2.4]

제11조【벌칙】제9조의4를 위반하여 파업, 태업 또는 그 밖에 업무의 정상적인 운영을 방해하는 쟁의행위를 한 사람은 1년 이하의 징역 또는 1천만원 이하의 벌금에 처한다. [전문개정 2010.2.4.] <개정 2018.9.18.>

제12조【과태료】① 다음 각 호의 어느 하나에 해당하는 자에게는 500만원 이하의 과태료를 부과한다. <개정 2020.12.22.>
1. 제4조제2항에 따른 시·도경찰청장의 배치 결정을 받지 아니하고 청원경찰을 배치하거나 제5조제1항에 따른 시·도경찰청장의 승인을 받지 아니하고 청원경찰을 임용한 자
2. 정당한 사유 없이 제6조제3항에 따라 경찰청장이 고시한 최저부담기준액 이상의 보수를 지급하지 아니한 자
3. 제9조의3제2항에 따른 감독상 필요한 명령을 정당한 사유 없이 이행하지 아니한 자
② 제1항에 따른 과태료는 대통령령으로 정하는 바에 따라 시·도경찰청장이 부과·징수한다. <개정 2020.12.22.>
[전문개정 2010.2.4]

부 칙

<법률 제17689호, 2020. 12. 22.> (국가경찰과 자치경찰의 조직 및 운영에 관한 법률)

제1조【시행일】이 법은 2021년 1월 1일부터 시행한다.

제2조 부터 제6조까지 생략

제7조(다른 법률의 개정) ①부터 ㊻까지 생략

㊼ 청원경찰법 일부를 다음과 같이 개정한다.
제4조제1항, 제2항 및 제3항, 제5조제1항, 제8조제2항, 제9조의3제2항, 제10조의3, 제10조의4제2항, 제10조의5제2항, 제12조제1항제1호 및 같은 조 제2항 중 "지방경찰청장"을 각각 "시·도경찰청장"으로 한다.

㊽부터 <53>까지 생략

제8조 생략

청원경찰법 시행령

[각령 제674호 제정 1962.4.23.]
[대통령령 제1749호 전문개정 1974.5.14.]
[대통령령 제8119호 일부개정 1976.5.10.]
[대통령령 제9864호 일부개정 1980.5.8.]
[대통령령 제10395호 일부개정 1981.7.18.]
[대통령령 제13032호 일부개정 1990.6.28.]
[대통령령 제13435호 일부개정 1991.7.30.]
[대통령령 제16972호 일부개정 2000.9.25.]
[대통령령 제17272호 일부개정 2001.6.30.]
[대통령령 제18312호 일부개정 2004.3.17.]
[대통령령 제20692호 일부개정 2008.2.29.]
[대통령령 제21127호 일부개정 2008.11.26.]
[대통령령 제22269호 타법개정 2010.7.12.]
[대통령령 제238488호 타법개정 2012.1.6.]
[대통령령 제24419호 타법개정 2013.3.23.]
[대통령령 제25050호 타법개정 2013.12.30.]
[대통령령 제25258호 일부개정 2014.3.18.]
[대통령령 제25751호 타법개정 2014.11.19.]
[대통령령 제26352호 일부개정 2015.6.30.]
[대통령령 제26659호 타법개정 2015.11.20.]
[대통령령 제26858호 타법개정 2016.1.6.]
[대통령령 제28215호 타법개정 2017.7.26.]
[대통령령 제28884호 일부개정 2018.5.15.]
[대통령령 제30509호 일부개정 2020.3.3.]
[대통령령 제30603호 일부개정 2020.4.7.]
[대통령령 제31349호 일부개정 2020.12.31.]
[대통령령 제31665호 일부개정 2021.5.4.]
[대통령령 제31948호 일부개정 2021.8.24.]

제1조【목적】이 영은 「청원경찰법」에서 위임된 사항과 그 시행에 필요한 사항을 규정함을 목적으로 한다.

제2조【청원경찰의 배치 신청 등】「청원경찰법」(이하 "법"이라 한다) 제4조제1항에 따라 청원경찰의 배치를 받으려는 자는 청원경찰 배치신청서에 다음 각 호의 서류를 첨부하여 법 제2조 각 호의 기관·시설·사업장 또는 장소(이하 "사업장"이라 한다)의 소재지를 관할하는 경찰서장(이하 "관할 경찰서장"이라 한다)을 거쳐 시·도경찰청장에게 제출하여야 한다. 이 경우 배치 장소가 둘 이상의 도(특별시, 광역시, 특별자치시 및 특별자치도를 포함한다. 이하 같다)일 때에는 주된 사업장의 관할 경찰서장을 거쳐 시·도경찰청장에게 한꺼번에 신청할 수 있다. <개정 2014.3.18., 2020.12.31.>
1. 경비구역 평면도 1부
2. 배치계획서 1부

제3조【임용자격】법 제5조제3항에 따른 청원경찰의 임용자격은 다음 각 호와 같다. <개정 2013.3.23., 2014.3.18., 2014.11.19., 2017.7.26., 2021.8.24.>
1. 18세 이상인 사람
2. 행정안전부령으로 정하는 신체조건에 해당하는 사람

제4조【임용방법 등】① 법 제4조제2항에 따라 청원경찰의 배치 결정을 받은 자(이하 "청원주"라 한다)는 법 제5조제1항에 따라 그 배치 결정의 통지를 받은 날부터 30일 이내에 배치 결정된 인원수의 임용예정자에 대하여 청원경찰 임용승인을 시·도경찰청장에게 신청하여야 한다. <개정 2020.12.31.>
② 청원주가 법 제5조제1항에 따라 청원경찰을 임용하였을 때에는 임용한 날부터 10일 이내에 그 임용사항을 관할 경찰서장을 거쳐 시·도경찰청장에게 보고하여야 한다. 청원경찰이 퇴직하였을 때에도 또한 같다. <개정 2020.12.31.>

제5조【교육】① 청원주는 청원경찰로 임용된 사람으로 하여금 경비구역에 배치하기 전에 경찰교육기관에서 직무 수행에 필요한 교육을 받게 하여야 한다. 다만, 경찰교육기관의 교육계획상 부득이하다고 인정할 때에는 우선 배치하고 임용 후 1년 이내에 교육을 받게 할 수 있다.
② 경찰공무원(의무경찰을 포함한다) 또는 청원경찰에서 퇴직한 사람이 퇴직한 날부터 3년 이내에 청원경찰로 임용되었을 때에는 제1항에 따른 교육을 면제할 수 있다. <개정 2015.11.20.>
③ 제1항의 교육기간·교육과목·수업시간 및 그 밖에 교육의 시행에 필요한 사항은 행정안전부령으로 정한다. <개정 2017.7.26.>

제6조【배치 및 이동】① 청원주는 청원경찰을 신규로 배치하거나 이동배치하였을 때에는

배치지(이동배치의 경우에는 종전의 배치지)를 관할하는 경찰서장에게 그 사실을 통보하여야 한다.

② 제1항의 통보를 받은 경찰서장은 이동배치지가 다른 관할구역에 속할 때에는 전입지를 관할하는 경찰서장에게 이동배치한 사실을 통보하여야 한다.

제7조【복무】법 제5조제4항에서 규정한 사항 외에 청원경찰의 복무에 관하여는 해당 사업장의 취업규칙에 따른다.

제8조【징계】① 관할 경찰서장은 청원경찰이 법 제5조의2제1항 각 호의 어느 하나에 해당한다고 인정되면 청원주에게 해당 청원경찰에 대하여 징계처분을 하도록 요청할 수 있다.

② 법 제5조의2제2항의 정직(停職)은 1개월 이상 3개월 이하로 하고, 그 기간에 청원경찰의 신분은 보유하나 직무에 종사하지 못하며, 보수의 3분의 2를 줄인다.

③ 법 제5조의2제2항의 감봉은 1개월 이상 3개월 이하로 하고, 그 기간에 보수의 3분의 1을 줄인다.

④ 법 제5조의2제2항의 견책(譴責)은 전과(前過)에 대하여 훈계하고 회개하게 한다.

⑤ 청원주는 청원경찰 배치 결정의 통지를 받았을 때에는 통지를 받은 날부터 15일 이내에 청원경찰에 대한 징계규정을 제정하여 관할 시·도경찰청장에게 신고하여야 한다. 징계규정을 변경할 때에도 또한 같다. <개정 2020.12.31.>

⑥ 시·도경찰청장은 제5항에 따른 징계규정의 보완이 필요하다고 인정할 때에는 청원주에게 그 보완을 요구할 수 있다. <개정 2020.12.31.>

제9조【국가기관 또는 지방자치단체에 근무하는 청원경찰의 보수】① 법 제6조제2항에 따른 국가기관 또는 지방자치단체에 근무하는 청원경찰의 봉급은 별표 1과 같다.

② 법 제6조제2항에 따른 국가기관 또는 지방자치단체에 근무하는 청원경찰의 각종 수당은 「공무원수당 등에 관한 규정」에 따른 수당 중 가계보전수당, 실비변상 등으로 하며, 그 세부 항목은 경찰청장이 정하여 고시한다.

③ 법 제6조제2항에 따른 재직기간은 청원경찰로서 근무한 기간으로 한다.

제10조【국가기관 또는 지방자치단체에 근무하는 청원경찰 외의 청원경찰의 보수】국가기관 또는 지방자치단체에 근무하는 청원경찰 외의 청원경찰의 봉급과 각종 수당은 법 제6조제3항에 따라 경찰청장이 고시한 최저부담기준액 이상으로 지급하여야 한다. 다만, 고시된 최저부담기준액이 배치된 사업장에서 같은 종류의 직무나 유사 직무에 종사하는 근로자에게 지급하는 임금보다 적을 때에는 그 사업장에서 같은 종류의 직무나 유사 직무에 종사하

는 근로자에게 지급하는 임금에 상당하는 금액을 지급하여야 한다.

제11조【보수 산정 시의 경력 인정 등】① 청원경찰의 보수 산정에 관하여 그 배치된 사업장의 취업규칙에 특별한 규정이 없는 경우에는 다음 각 호의 경력을 봉급 산정의 기준이 되는 경력에 산입(算入)하여야 한다. <개정 2015.11.20.>
1. 청원경찰로 근무한 경력
2. 군 또는 의무경찰에 복무한 경력
3. 수위·경비원·감시원 또는 그 밖에 청원경찰과 비슷한 직무에 종사하던 사람이 해당 사업장의 청원주에 의하여 청원경찰로 임용된 경우에는 그 직무에 종사한 경력
4. 국가기관 또는 지방자치단체에서 근무하는 청원경찰에 대해서는 국가기관 또는 지방자치단체에서 상근(常勤)으로 근무한 경력
② 국가기관 또는 지방자치단체에 근무하는 청원경찰 보수의 호봉 간 승급기간은 경찰공무원의 승급기간에 관한 규정을 준용한다.
③ 국가기관 또는 지방자치단체에 근무하는 청원경찰 외의 청원경찰 보수의 호봉 간 승급기간 및 승급액은 그 배치된 사업장의 취업규칙에 따르며, 이에 관한 취업규칙이 없을 때에는 순경의 승급에 관한 규정을 준용한다.

제12조【청원경찰경비의 고시 등】① 법 제6조제1항제1호부터 제3호까지의 청원경찰경비의 지급방법 또는 납부방법은 행정안전부령으로 정한다. <개정 2014.11.19., 2017.7.26.>
② 법 제6조제3항에 따른 청원경찰경비의 최저부담기준액 및 부담기준액은 경찰공무원 중 순경의 것을 고려하여 다음 연도분을 매년 12월에 고시하여야 한다. 다만, 부득이한 사유가 있을 때에는 수시로 고시할 수 있다.

제13조【보상금】청원주는 법 제7조에 따른 보상금의 지급을 이행하기 위하여 「산업재해보상보험법」에 따른 산업재해보상보험에 가입하거나, 「근로기준법」에 따라 보상금을 지급하기 위한 재원(財源)을 따로 마련하여야 한다.

제14조【복제】① 청원경찰의 복제(服制)는 제복·장구(裝具) 및 부속물로 구분한다.
② 청원경찰의 제복·장구 및 부속물에 관하여 필요한 사항은 행정안전부령으로 정한다. <개정 2013.3.23., 2014.11.19., 2017.7.26.>
③ 청원경찰이 그 배치지의 특수성 등으로 특수복장을 착용할 필요가 있을 때에는 청원주는 시·도경찰청장의 승인을 받아 특수복장을 착용하게 할 수 있다. <개정 2020.12.31.>

제15조【분사기 휴대】청원주는 「총포·도검·화약류 등의 안전관리에 관한 법률」에 따

른 분사기의 소지허가를 받아 청원경찰로 하여금 그 분사기를 휴대하여 직무를 수행하게 할 수 있다. <개정 2016.1.6.>

제16조【무기 휴대】① 청원주가 법 제8조제2항에 따라 청원경찰이 휴대할 무기를 대여받으려는 경우에는 관할 경찰서장을 거쳐 시·도경찰청장에게 무기대여를 신청하여야 한다. <개정 2020.12.31.>

② 제1항의 신청을 받은 시·도경찰청장이 무기를 대여하여 휴대하게 하려는 경우에는 청원주로부터 국가에 기부채납된 무기에 한정하여 관할 경찰서장으로 하여금 무기를 대여하여 휴대하게 할 수 있다. <개정 2020.12.31.>

③ 제1항에 따라 무기를 대여하였을 때에는 관할 경찰서장은 청원경찰의 무기관리 상황을 수시로 점검하여야 한다.

④ 청원주 및 청원경찰은 행정안전령으로 정하는 무기관리수칙을 준수하여야 한다. <개정 2013.3.23., 2014.11.19., 2017.7.26.>

제17조【감독】관할 경찰서장은 매달 1회 이상 청원경찰을 배치한 경비구역에 대하여 다음 각 호의 사항을 감독하여야 한다.
1. 복무규율과 근무 상황
2. 무기의 관리 및 취급 사항

제18조【청원경찰의 신분】청원경찰은 「형법」이나 그 밖의 법령에 따른 벌칙을 적용하는 경우와 법 및 이 영에서 특별히 규정한 경우를 제외하고는 공무원으로 보지 아니한다.

제19조【근무 배치 등의 위임】①「경비업법」에 따른 경비업자(이하 이 조에서 "경비업자"라 한다)가 중요 시설의 경비를 도급받았을 때에는 청원주는 그 사업장에 배치된 청원경찰의 근무 배치 및 감독에 관한 권한을 해당 경비업자에게 위임할 수 있다.

② 청원주는 제1항에 따라 경비업자에게 청원경찰의 근무 배치 및 감독에 관한 권한을 위임한 경우에 이를 이유로 청원경찰의 보수나 신분상의 불이익을 주어서는 아니 된다.

제20조【권한의 위임】시·도경찰청장은 법 제10조의3에 따라 다음 각 호의 권한을 관할 경찰서장에게 위임한다. 다만, 청원경찰을 배치하고 있는 사업장이 하나의 경찰서의 관할 구역에 있는 경우로 한정한다. <개정 2020.12.31.>
1. 법 제4조제2항 및 제3항에 따른 청원경찰 배치의 결정 및 요청에 관한 권한
2. 법 제5조제1항에 따른 청원경찰의 임용승인에 관한 권한
3. 법 제9조의3제2항에 따른 청원주에 대한 지도 및 감독상 필요한 명령에 관한 권한

4. 법 제12조에 따른 과태료 부과·징수에 관한 권한

제20조의2 【민감정보 및 고유식별정보의 처리】 시·도경찰청장 또는 경찰서장은 다음 각 호의 사무를 수행하기 위하여 불가피한 경우 「개인정보 보호법」 제23조에 따른 건강에 관한 정보와 같은 법 시행령 제18조제2호에 따른 범죄경력자료에 해당하는 정보, 같은 영 제19조제1호 또는 제4호에 따른 주민등록번호 또는 외국인등록번호가 포함된 자료를 처리할 수 있다. <개정 2020.12.31.>

1. 법 및 이 영에 따른 청원경찰의 임용, 배치 등 인사관리에 관한 사무
2. 법 제8조에 따른 청원경찰의 제복 착용 및 무기 휴대에 관한 사무
3. 법 제9조의3에 따른 청원주에 대한 지도·감독에 관한 사무
4. 제1호부터 제3호까지의 규정에 따른 사무를 수행하기 위하여 필요한 사무

[본조신설 2012.1.6]

제20조의3 삭제 <2020.3.3.>

제21조 【과태료의 부과기준 등】 ① 법 제12조제1항에 따른 과태료의 부과기준은 별표 2와 같다.

② 시·도경찰청장은 위반행위의 동기, 내용 및 위반의 정도 등을 고려하여 별표 2에 따른 과태료 금액의 100분의 50의 범위에서 그 금액을 줄이거나 늘릴 수 있다. 다만, 늘리는 경우에는 법 제12조제1항에 따른 과태료 금액의 상한을 초과할 수 없다. <개정 2020. 12.31.>

부 칙
<대통령령 제31948, 2021. 8. 24.>

이 영은 공포한 날부터 시행한다.

[별표 1] <개정 2021.5.4.>

국가기관 또는 지방자치단체에 근무하는 청원경찰의 봉급표(제9조제1항 관련)

(월 지급액, 단위: 원)

호봉\재직기간	15년 미만	15년 이상 23년 미만	23년 이상 30년 미만	30년 이상
1	1,659,500	-	-	-
2	1,705,200	-	-	-
3	1,787,000	-	-	-
4	1,873,600	-	-	-
5	1,961,200	-	-	-
6	2,050,600	-	-	-
7	2,136,300	-	-	-
8	2,218,800	-	-	-
9	2,297,900	-	-	-
10	2,373,900	-	-	-
11	2,446,500	-	-	-
12	2,518,400	-	-	-
13	2,587,600	2,730,400	-	-
14	2,654,700	2,800,200	-	-
15	2,718,800	2,867,300	-	-
16	2,780,900	2,932,100	-	-
17	2,841,700	2,992,500	-	-
18	2,898,100	3,051,200	-	-
19	2,953,700	3,107,500	3,420,800	-
20	3,006,600	3,161,200	3,478,400	-
21	3,056,400	3,212,400	3,533,500	-
22	3,104,500	3,261,600	3,585,400	-

23	3,150,200	3,308,500	3,635,700	—
24	3,194,100	3,353,800	3,683,300	3,943,900
25	3,235,800	3,396,600	3,728,500	3,991,100
26	3,273,700	3,438,200	3,771,900	4,034,100
27	3,306,300	3,472,900	3,808,500	4,070,900
28	3,337,600	3,506,200	3,842,600	4,106,500
29	3,367,900	3,537,900	3,875,600	4,140,000
30	3,397,400	3,568,500	3,907,100	4,171,800
31	3,426,200	3,598,200	3,936,700	4,201,800

[별표 2] 과태료의 부과기준(제21조제1항 관련) 〈개정 2020.12.31.〉

위반행위	해당법조문	과태료금액
1. 법 제4조제2항에 따른 시·도경찰청장의 배치 결정을 받지 않고 다음 각 목의 시설에 청원경찰을 배치한 경우 　가. 국가 중요 시설(국가정보원장이 지정하는 국가보안 목표시설을 말한다)인 경우 　나. 가목에 따른 국가 중요 시설 외의 시설인 경우	법 제12조제1항제1호	 500만원 400만원
2. 법 제5조제1항에 따른 시·도경찰청장의 승인을 받지 않고 다음 각 목의 청원경찰을 임용한 경우 　가. 법 제5조제2항에 따른 임용 결격사유에 해당하는 청원경찰 　나. 법 제5조제2항에 따른 임용 결격사유에 해당하지 않고 청원경찰	법 제12조제1항제1호	 500만원 300만원
3. 정당한 사유 없이 법 제6조제3항에 따라 경찰청장이 고시한 최저부담기준액 이상의 보수를 지급하지 않은 경우	법 제12조제1항제2호	500만원
4. 법 제9조의3제2항에 따른 시·도경찰청장의 감독상 필요한 다음 각 목의 명령을 정당한 사유 없이 이행하지 않은 경우 　가. 총기·실탄 및 분사기에 관한 명령 　나. 가목에 따른 명령 외의 명령	법 제12조제1항제3호	 500만원 300만원

청원경찰법 시행규칙

[내무부령 제22호 제정 1967.11.9.]
[내무부령 제69호 전문개정 1969.12.30.]
[내무부령 제144호 전문개정 1974.5.17.]
[내무부령 제287호 일부개정 1979.3.17.]
[내무부령 제326호 일부개정 1980.8.4.]
[내무부령 제526호 일부개정 1991.2.26.]
[내무부령 제543호 일부개정 1991.9.19.]
[내무부령 제627호 일부개정 1994.10.1.]
[내무부령 제726호 일부개정 1997.12.15.]
[행정자치부령 제 68호 일부개정 1999.10.2.]
[행정자치부령 제106호 일부개정 2000.9.27.]
[행정자치부령 제140호 일부개정 2001.7.7.]
[행정자치부령 제259호 일부개정 2004.12.10.]
[행정자치부령 제345호 일부개정 2006.9.7.]
[행정안전부령 제4호 일부개정 2008.3.6.]
[행정안전부령 제43호 일부개정 2008.12.5.]
[행정안전부령 제145호 전부개정 2010.6.30.]
[행정안전부령 제297호 타법개정 2012.5.31.]
[행정안전부령 제346호 일부개정 2013.2.26.]
[안전행정부령 제2호 타법개정 2013.3.23.]
[안전행정부령 제20호 타법개정 2013.10.22.]
[행정자치부령 제2호 타법개정 2014.11.19.]
[행정안전부령 제3호 타법개정 2017.7.26.]
[행정안전부령 제224호 타법개정 2020.12.31.]
[행정안전부령 제246호 일부개정 2021.3.30.]
[행정안전부령 제298호 타법개정 2021.12.31.]

제1조 【목적】 이 규칙은 「청원경찰법」 및 같은 법 시행령에서 위임된 사항과 그 시행에 필요한 사항을 규정함을 목적으로 한다.

제2조【배치 대상】「청원경찰법」(이하 "법"이라 한다) 제2조제3호에서 "그 밖에 행정안전부령으로 정하는 중요 시설, 사업장 또는 장소"란 다음 각 호의 시설, 사업장 또는 장소를 말한다. <개정 2013.3.23., 2014.11.19., 2017.7.26.>
  1. 선박, 항공기 등 수송시설
  2. 금융 또는 보험을 업(業)으로 하는 시설 또는 사업장
  3. 언론, 통신, 방송 또는 인쇄를 업으로 하는 시설 또는 사업장
  4. 학교 등 육영시설
  5. 「의료법」에 따른 의료기관
  6. 그 밖에 공공의 안녕질서 유지와 국민경제를 위하여 고도의 경비가 필요한 중요 시설, 사업체 또는 장소

제3조【청원경찰 배치신청서 등】① 「청원경찰법 시행령」(이하 "영"이라 한다) 제2조에 따른 청원경찰 배치신청서는 별지 제1호서식에 따른다.
  ② 법 제4조제2항에 따른 청원경찰 배치 결정 통지 또는 청원경찰 배치 불허 통지는 별지 제2호서식에 따른다.

제4조【임용의 신체조건】영 제3조제2호에 따른 신체조건은 다음 각 호와 같다.
  1. 신체가 건강하고 팔다리가 완전할 것
  2. 시력(교정시력을 포함한다)은 양쪽 눈이 각각 0.8 이상일 것

제5조【임용승인신청서 등】① 법 제4조제2항에 따라 청원경찰의 배치 결정을 받은 자[이하 "청원주"(請願主)라 한다]가 영 제4조제1항에 따라 시·도경찰청장에게 청원경찰 임용승인을 신청할 때에는 별지 제3호서식의 청원경찰 임용승인신청서에 그 해당자에 관한 다음 각 호의 서류를 첨부하여야 한다. <개정 2013.10.22, 2020.12.31., 2021.3.30.>
  1. 이력서 1부
  2. 주민등록증 사본 1부
  3. 민간인 신원진술서(「보안업무규정」 제36조에 따른 신원조사가 필요한 경우만 해당한다) 1부
  4. 최근 3개월 이내에 발행한 채용신체검사서 또는 취업용 건강진단서 1부
  5. 가족관계등록부 중 기본증명서 1부
  ② 제1항에 따른 신청서를 제출받은 시·도경찰청장은 「전자정부법」 제36조제1항에 따라

행정정보의 공동이용을 통하여 해당자의 병적증명서를 확인하여야 한다. 다만, 그 해당자가 확인에 동의하지 아니할 때에는 해당 서류를 첨부하도록 하여야 한다. <개정 2013.10.22, 2021.3.30.>

제6조【교육기간 등】영 제5조제3항에 따른 교육기간은 2주로 하고, 교육과목 및 수업시간은 별표 1과 같다.

제7조【청원경찰 배치통보서 등】영 제6조제1항에 따른 청원경찰 배치 통보 및 영 제6조제2항에 따른 청원경찰 전출 통보는 별지 제4호서식에 따른다.

제8조【청원경찰경비의 지급방법 등】영 제12조에 따른 청원경찰경비의 지급방법 및 납부방법은 다음 각 호와 같다.
1. 봉급과 각종 수당은 청원주가 그 청원경찰이 배치된 기관·시설·사업장 또는 장소(이하 "사업장"이라 한다)의 직원에 대한 보수 지급일에 청원경찰에게 직접 지급한다.
2. 피복은 청원주가 제작하거나 구입하여 별표 2에 따른 정기지급일 또는 신규 배치 시에 청원경찰에게 현품으로 지급한다.
3. 교육비는 청원주가 해당 청원경찰의 입교(入校) 3일 전에 해당 경찰교육기관에 낸다.

제9조【복제】① 영 제14조에 따른 청원경찰의 제복·장구(裝具) 및 부속물의 종류는 다음 각 호와 같다. <개정 2021.12.31.>
1. 제복 : 정모(正帽), 기동모, 근무복(하복, 동복), 한여름 옷, , 기동복, 점퍼, 비옷, 방한복, 외투, 단화, 기동화 및 방한화
2. 장구 : 허리띠, 경찰봉, 호루라기 및 포승(捕繩)
3. 부속물 : 모자표장, 가슴표장, 휘장, 계급장, 넥타이핀, 단추 및 장갑

② 영 제14조에 따른 청원경찰의 제복·장구(裝具) 및 부속물의 형태·규격과 재질은 다음 각 호와 같다.
1. 제복의 형태·규격 및 재질은 청원주가 결정하되, 경찰공무원 또는 군인 제복의 색상과 명확하게 구별될 수 있어야 하며, 사업장별로 통일하여야 한다. 다만, 기동모와 기동복의 색상은 진한 청색으로 하고, 기동복의 형태·규격은 별도 1과 같이 한다.
2. 장구의 형태·규격과 재질은 경찰 장구와 같이 한다.
3. 부속물의 형태·규격과 재질은 다음 각 목과 같이 한다.
  가. 모자표장의 형태·규격과 재질은 별도 2와 같이 하되, 기동모의 표장은 정모 표장의

2분의 1 크기로 할 것.
　　나. 가슴표장, 휘장, 계급장, 넥타이핀 및 단추의 형태·규격과 재질은 별도 3부터 별도 7까지와 같이 할 것.
　③ 청원경찰은 평상근무 중에는 정모, 근무복, 단화, 호루라기, 경찰봉 및 포승을 착용하거나 휴대하여야 하고, 총기를 휴대하지 아니할 때에는 분사기를 휴대하여야 하며, 교육훈련이나 그 밖의 특수근무 중에는 기동모, 기동복, 기동화 및 휘장을 착용하거나 부착하되, 허리띠와 경찰봉은 착용하거나 휴대하지 아니할 수 있다.
　④ 가슴표장, 휘장 및 계급장을 달거나 부착할 위치는 별도 8과 같다.

제10조【제복의 착용시기】하복·동복의 착용시기는 사업장별로 청원주가 결정하되, 착용시기를 통일하여야 한다.

제11조【신분증명서】① 청원경찰의 신분증명서는 청원주가 발행하며, 그 형식은 청원주가 결정하되 사업장별로 통일하여야 한다.
　② 청원경찰은 근무 중에는 항상 신분증명서를 휴대하여야 한다. <개정 2013.2.26>

제12조【급여품 및 대여품】① 청원경찰에게 지급하는 급여품은 별표 2와 같고, 대여품은 별표 3과 같다.
　② 청원경찰이 퇴직할 때에는 대여품을 청원주에게 반납하여야 한다.

제13조【직무교육】① 청원주는 소속 청원경찰에게 그 직무집행에 필요한 교육을 매월 4시간 이상 하여야 한다.
　② 청원경찰이 배치된 사업장의 소재지를 관할하는 경찰서장(이하 "관할 경찰서장"이라 한다)은 필요하다고 인정하는 경우에는 그 사업장에 소속 공무원을 파견하여 직무집행에 필요한 교육을 할 수 있다.

제14조【근무요령】① 자체경비를 하는 입초근무자는 경비구역의 정문이나 그 밖의 지정된 장소에서 경비구역의 내부, 외부 및 출입자의 움직임을 감시한다.
　② 업무처리 및 자체경비를 하는 소내근무자는 근무 중 특이한 사항이 발생하였을 때에는 지체 없이 청원주 또는 관할 경찰서장에게 보고하고 그 지시에 따라야 한다.
　③ 순찰근무자는 청원주가 지정한 일정한 구역을 순회하면서 경비 임무를 수행한다. 이 경우 순찰은 단독 또는 복수로 정선순찰(정해진 노선을 규칙적으로 순찰하는 것을 말한다)을 하되, 청원주가 필요하다고 인정할 때에는 요점순찰(순찰구역 내 지정된 중요지점

을 순찰하는 것을 말한다) 또는 난선순찰(임의로 순찰지역이나 노선을 선정하여 불규칙적으로 순찰하는 것을 말한다)을 할 수 있다. <개정 2021.12.31.>

④ 대기근무자는 소내근무에 협조하거나 휴식하면서 불의의 사고에 대비한다.

제15조 【무기대여 신청서】 영 제16조제1항에 따른 무기대여 신청은 별지 제5호서식에 따른다.

제16조 【무기관리수칙】 ① 영 제16조에 따라 무기와 탄약을 대여받은 청원주는 다음 각 호에 따라 무기와 탄약을 관리하여야 한다. <개정 2020.12.31., 2021.12.31.>

1. 청원주가 무기와 탄약을 대여받았을 때에는 경찰청장이 정하는 무기·탄약 출납부 및 무기장비 운영카드를 갖춰 두고 기록하여야 한다.
2. 청원주는 무기와 탄약의 관리를 위하여 관리책임자를 지정하고 관할 경찰서장에게 그 사실을 통보하여야 한다.
3. 무기고 및 탄약고는 단층에 설치하고 환기·방습·방화 및 총가(銃架) 등의 시설을 하여야 한다.
4. 탄약고는 무기고와 떨어진 곳에 설치하고, 그 위치는 사무실이나 그 밖에 여러 사람을 수용하거나 여러 사람이 오고 가는 시설로부터 격리되어야 한다.
5. 무기고와 탄약고에는 이중 잠금장치를 하고, 열쇠는 관리책임자가 보관하되, 근무시간 이후에는 숙직책임자에게 인계하여 보관시켜야 한다.
6. 청원주는 경찰청장이 정하는 바에 따라 매월 무기와 탄약의 관리 실태를 파악하여 다음 달 3일까지 관할 경찰서장에게 통보하여야 한다.
7. 청원주는 대여받은 무기와 탄약에 분실되거나 도난당하거나 빼앗기거나 훼손 등의 사고가 발생하였을 때에는 지체 없이 그 사유를 관할 경찰서장에게 통보하여야 한다.
8. 청원주는 무기와 탄약이 분실되거나 도난당하거나 빼앗기거나 훼손되었을 때에는 경찰청장이 정하는 바에 따라 그 전액을 배상하여야 한다. 다만, 전시·사변·천재지변이나 그 밖의 불가항력적인 사유가 있다고 시·도경찰청장이 인정하였을 때에는 그러하지 아니하다.

② 영 제16조에 따라 무기와 탄약을 대여받은 청원주가 청원경찰에게 무기와 탄약을 출납하려는 경우에는 다음 각 호에 따라야 한다. 다만, 관할 경찰서장의 지시에 따라 제2호에 따른 탄약의 수를 늘리거나 줄일 수 있고, 무기와 탄약의 출납을 중지할 수 있으며, 무기와 탄약을 회수하여 집중 관리할 수 있다.

1. 무기와 탄약을 출납하였을 때에는 무기·탄약 출납부에 그 출납사항을 기록하여야 한다.

2. 소총의 탄약은 1정당 15발 이내, 권총의 탄약은 1정당 7발 이내로 출납하여야 한다. 이 경우 생산된 후 오래된 탄약을 우선하여 출납하여야 한다.
3. 청원경찰에게 지급한 무기와 탄약은 매주 1회 이상 손질하게 하여야 한다.
4. 수리가 필요한 무기가 있을 때에는 그 목록과 무기장비 운영카드를 첨부하여 관할 경찰서장에게 수리를 요청할 수 있다.

③ 청원주로부터 무기와 탄약을 지급받은 청원경찰은 다음 각 호의 사항을 준수하여야 한다.
1. 무기를 지급받거나 반납할 때 또는 인계인수할 때에는 반드시 "앞에 총" 자세에서 "검사 총"을 하여야 한다.
2. 무기와 탄약을 지급받았을 때에는 별도의 지시가 없으면 무기와 탄약을 분리하여 휴대하여야 하며, 소총은 "우로 어깨 걸어 총"의 자세를 유지하고, 권총은 "권총집에 넣어 총"의 자세를 유지하여야 한다.
3. 지급받은 무기는 다른 사람에게 보관 또는 휴대하게 할 수 없으며 손질을 의뢰할 수 없다.
4. 무기를 손질하거나 조작할 때에는 반드시 총구를 공중으로 향하게 하여야 한다.
5. 무기와 탄약을 반납할 때에는 손질을 철저히 하여야 한다.
6. 근무시간 이후에는 무기와 탄약을 청원주에게 반납하거나 교대근무자에게 인계하여야 한다.

④ 청원주는 다음 각 호의 어느 하나에 해당하는 청원경찰에게 무기와 탄약을 지급해서는 아니 되며, 지급한 무기와 탄약은 회수하여야 한다. <개정 2021.12.31.>
1. 직무상 비위(非違)로 징계 대상이 된 사람
2. 형사사건으로 조사 대상이 된 사람
3. 사직 의사를 밝힌 사람
4. 평소에 불평이 심하고 염세적인 사람
5. 주벽(酒癖)이 심한 사람
6. 변태적 성벽(性癖)이 있는 사람

제17조【문서와 장부의 비치】① 청원주는 다음 각 호의 문서와 장부를 갖춰 두어야 한다.
1. 청원경찰 명부
2. 근무일지
3. 근무 상황카드

4. 경비구역 배치도
5. 순찰표철
6. 무기·탄약 출납부
7. 무기장비 운영카드
8. 봉급지급 조서철
9. 신분증명서 발급대장
10. 징계 관계철
11. 교육훈련 실시부
12. 청원경찰 직무교육계획서
13. 급여품 및 대여품 대장
14. 그 밖에 청원경찰의 운영에 필요한 문서와 장부
② 관할 경찰서장은 다음 각 호의 문서와 장부를 갖춰 두어야 한다.
1. 청원경찰 명부
2. 감독 순시부
3. 전출입 관계철
4. 교육훈련 실시부
5. 무기·탄약 대여대장
6. 징계요구서철
7. 그 밖에 청원경찰의 운영에 필요한 문서와 장부
③ 시·도경찰청장은 다음 각 호의 문서와 장부를 갖춰 두어야 한다. <개정 2020.12.31.>
1. 배치 결정 관계철
2. 청원경찰 임용승인 관계철
3. 전출입 관계철
4. 그 밖에 청원경찰의 운영에 필요한 문서와 장부
④ 제1항부터 제3항까지의 규정에 따른 문서와 장부의 서식은 경찰관서에서 사용하는 서식을 준용한다.

제18조 【표창】 시·도경찰청장, 관할 경찰서장 또는 청원주는 청원경찰에게 다음 각 호의 구분에 따라 표창을 수여할 수 있다. <개정 2020.12.31.>
1. 공적상 : 성실히 직무를 수행하여 근무성적이 탁월하거나 헌신적인 봉사로 특별한 공적

을 세운 경우

   2. 우등상 : 교육훈련에서 교육성적이 우수한 경우

제19조【감독자의 지정】① 2명 이상의 청원경찰을 배치한 사업장의 청원주는 청원경찰의 지휘·감독을 위하여 청원경찰 중에서 유능한 사람을 선정하여 감독자로 지정하여야 한다.

② 제1항에 따른 감독자는 조장, 반장 또는 대장으로 하며, 그 지정기준은 별표 4와 같다.

제20조【경비전화의 가설】① 관할 경찰서장은 청원주의 신청에 따라 경비를 위하여 필요하다고 인정할 때에는 청원경찰이 배치된 사업장에 경비전화를 가설할 수 있다.

② 제1항에 따라 경비전화를 가설할 때 드는 비용은 청원주가 부담한다.

제21조【주의사항】① 청원경찰이 법 제3조에 따른 직무를 수행할 때에는 경비 목적을 위하여 필요한 최소한의 범위에서 하여야 한다.

② 청원경찰은「경찰관 직무집행법」에 따른 직무 외의 수사활동 등 사법경찰관리의 직무를 수행해서는 아니 된다.

제22조【보고】청원경찰이 법 제3조에 따라 직무를 수행할 때에「경찰관 직무집행법」및 같은 법 시행령에 따라 하여야 할 모든 보고는 관할 경찰서장에게 서면으로 보고하기 전에 지체 없이 구두로 보고하고 그 지시에 따라야 한다.

제23조【청원경찰 배치의 폐지·감축 통보】법 제10조의5제2항에 따른 청원경찰 배치의 폐지 또는 감축의 통보는 별지 제6호서식에 따른다.

제24조【과태료 부과 고지서 등】① 법 제12조제1항에 따른 과태료 부과의 사전 통지는 별지 제7호서식의 과태료 부과 사전 통지서에 따른다.

② 법 제12조제1항에 따른 과태료의 부과는 별지 제8호서식의 과태료 부과 고지서에 따른다.

③ 경찰서장은 과태료처분을 하였을 때에는 과태료 부과 및 징수 사항을 별지 제9호서식의 과태료 수납부에 기록하고 정리하여야 한다.

부 칙

<행정안전부령 제298호, 2021. 12. 31.>
(어려운 법령용어 정비를 위한 11개 법령의 일부개정을 위한 행정안전부령)
이 규칙은 공포한 날부터 시행한다.

청원경찰법 시행규칙

[별표 1]

청원경찰교육과목 및 시간표

학과별	과목		시간
정신교육	정신교육		8
학술교육	형사법		10
	청원경찰법		5
실무교육	경무	경찰관직무집행법	5
	방범	방범업무	3
		경범죄처벌법	2
	경비	시설경비	6
		소방	4
	정보	대공이론	2
		불심검문	2
	민방위	민방공	3
		화생방	2
		기본훈련	5
		총기조작	2
		총검술	2
		사격	6
술과	체포술 및 호신술		6
기타	입교·수료 및 평가		3
계			76시간

[별표 2] <개정 2021.12.31>

청원경찰 급여품표(제12조 관련)

품명	수량	사용기간	정기지급일
근무복(하복)	1	1년	5월 5일
근무복(동복)	1	1년	9월 25일
한여름 옷	1	1년	6월 5일
외투·방한복 또는 점퍼	1	2~3년	9월 25일
기동화 또는 단화	1	단화 1년 기동화 2년	9월 25일
비옷	1	3년	5월 5일
정모	1	3년	9월 25일
기동모	1	3년	필요할 때
기동복	1	2년	필요할 때
방한화	1	2년	9월 25일
장갑	1	2년	9월 25일
호루라기	1	2년	9월 25일

[별표 3] <개정 2013.2.26>

청원경찰 대여품표(제12조 관련)

품 명	수 량
허 리 띠	1
경 찰 봉	1
가 슴 표 장	1
분 사 기	1
포 승	1

[별표 4]

감독자 지정기준(제19조제2항 관련)

근무인원	직급별 지정기준		
	대장	반장	조장
9명까지			1명
10명 이상 29명 이하		1명	2 ~ 3명
30명 이상 40명 이하		1명	3 ~ 4명
41명 이상 60명 이하	1명	2명	6명
61명 이상 120명 이하	1명	4명	12명

청원경찰법 시행규칙

[별지 제1호서식] 〈개정 2020.12.31〉

청원경찰 배치 신청서

(앞쪽)

접수번호	접수일자		처리기간 7일
청원주	성명		생년월일
	직책		연락처

배치 사업장의 명칭	
배치 사업장의 소재지	
경비 구역	
경비 배치 방법	
배치 받으려는 사유	
배치 받으려는 청원경찰 인원	
배치 기간	
근무 방법	

「청원경찰법」 제4조제1항, 같은 법 시행령 제2조 및 같은 법 시행규칙 제3조제1항에 따라 위와 같이 청원경찰 배치를 신청합니다.

년 월 일

신청인 (서명 또는 인)

○○경찰서장 귀하

첨부 서류	1. 경비 구역 평면도 1부 2. 배치 계획서 1부	수수료 없음

210mm×297mm[백상지 80g/㎡(재활용품)]

(뒤쪽)

처리절차
이 신청서는 아래와 같이 처리됩니다.
1. 사업장이 하나의 경찰서의 관할구역에 있는 경우

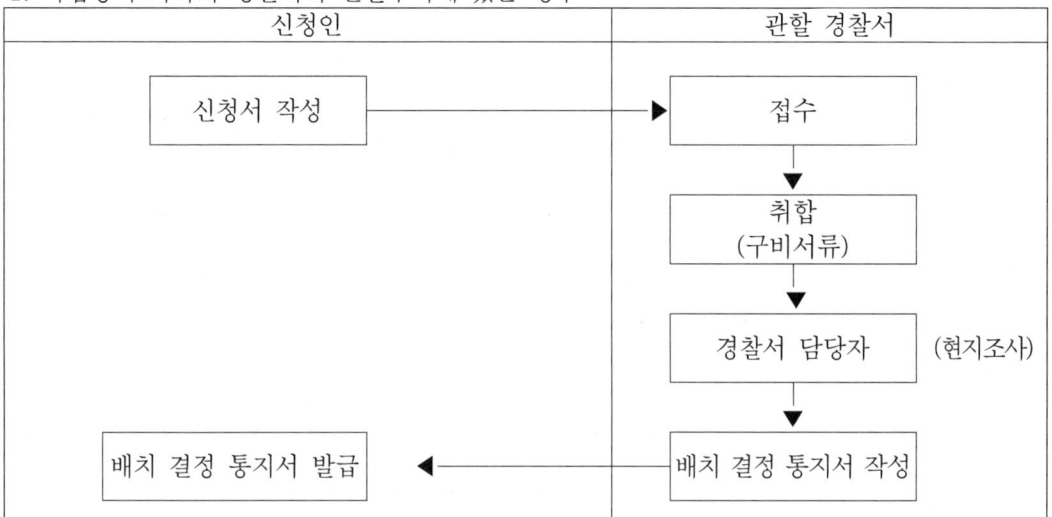

2. 사업장이 둘 이상의 경찰서의 관할구역에 있는 경우

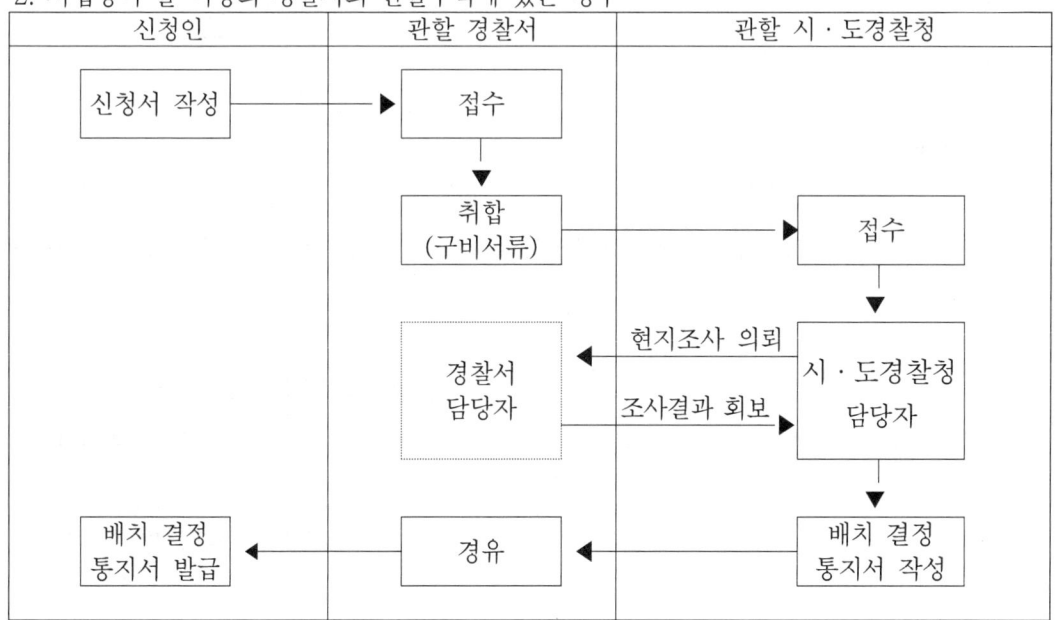

청원경찰법 시행규칙

[별지 제2호서식] 〈개정 2020.12.31〉

기 관 명

| 우 주소 | / 전화( ) - / 전송( ) - |
| 담당부서명 : | 담당자 |

문서번호 :
수 신 :

청원경찰배치결정(불허)통지서		
① 청원주	성 명	
	주민등록번호	
	직 책	
② 배치 사업장의 명칭		③ 배치 사업장의 소재지
④ 경비구역		
⑤ 청원경찰배치인원		
⑥ 배치기간		
⑦ 배치결정(불허) 사유		

청원경찰법 제4조 제2항의 규정에 의하여 귀하의 청원경찰배치신청에 대하여 위와 같이 통지합니다.

시·도찰청장(경찰서장) 인

※ 청원경찰의 배치결정을 받은 경우에는 년 월 일까지 청원경찰임용대상자의 임용승인신청서를 제출하여 주시기 바랍니다.

210㎜×297㎜(신문용지 54g/㎡ 재활용품)

[별지 제3호서식] <개정 2020.12.31>

청원경찰 임용 승인 신청서

(앞쪽)

접수번호		접수일자		처리기간	15일
청원주	성명			생년월일	
	직책			연락처	
배치 사업장의 명칭					
배치 사업장의 소재지					
청원경찰 배치 결정 통지 접수일					
임용예정자(총 명)	일련번호	성명	생년월일	주소	병역

「청원경찰법」제5조제1항, 같은 법 시행령 제4조제1항 및 같은 법 시행규칙 제5조에 따라 위 사람들을 청원경찰로 임명하려고 하니 승인해 주시기 바랍니다.

년 월 일

신청인 (서명 또는 인)

○○경찰서장 귀하

첨부 서류	임용예정자에 대한 다음 각 호의 서류 1. 이력서 1부 2. 주민등록증 사본 1부 3. 민간인 신원진술서 1부 4. 최근 3개월 이내에 발행한 채용신체검사서 또는 취업용건강진단서 1부 5. 가족관계등록부 중 기본증명서 1부	수수료 없음
담당 공무원 확인사항	임용예정자 병적증명서	

행정정보 공동이용 동의서

임용예정자는 이 건 업무처리와 관련하여 담당 공무원이 「전자정부법」제36조에 따른 행정정보의 공동이용을 통하여 위의 담당 공무원 확인 사항을 확인하는 것에 동의합니다.
※ 동의하지 아니하는 경우에는 임용예정자가 직접 관련 서류를 제출하여야 합니다.
※ 임용예정자가 2명 이상인 경우에는 별지를 사용할 수 있습니다.

청원경찰 임용예정자 (서명 또는 인)

210mm×297mm[백상지 80g/㎡(재활용품)]

청원경찰법 시행규칙

(뒤쪽)

처리절차
이 신청서는 아래와 같이 처리됩니다.
1. 사업장이 하나의 경찰서의 관할구역에 있는 경우

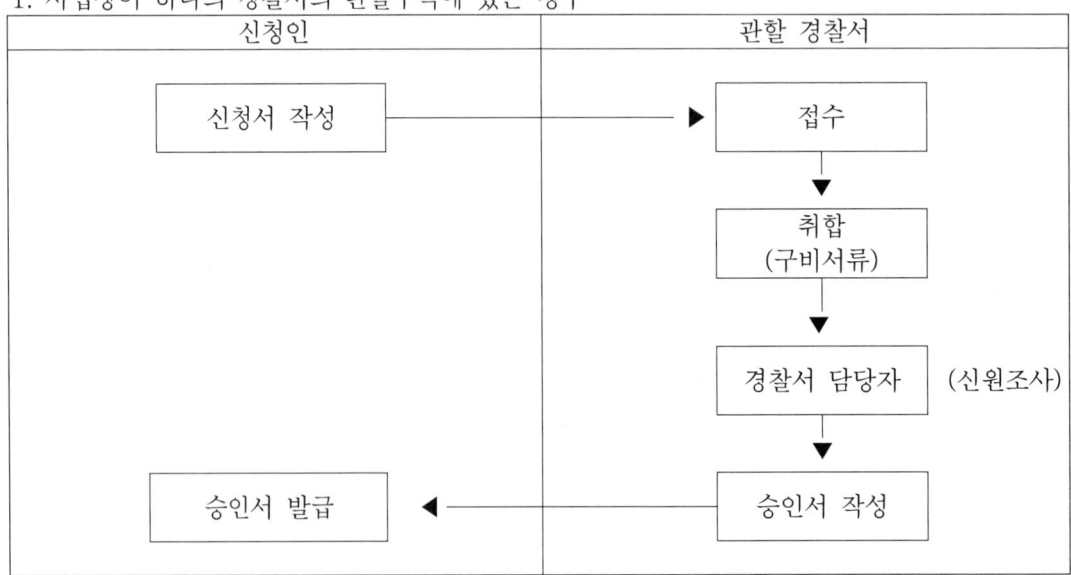

2. 사업장이 둘 이상의 경찰서의 관할구역에 있는 경우

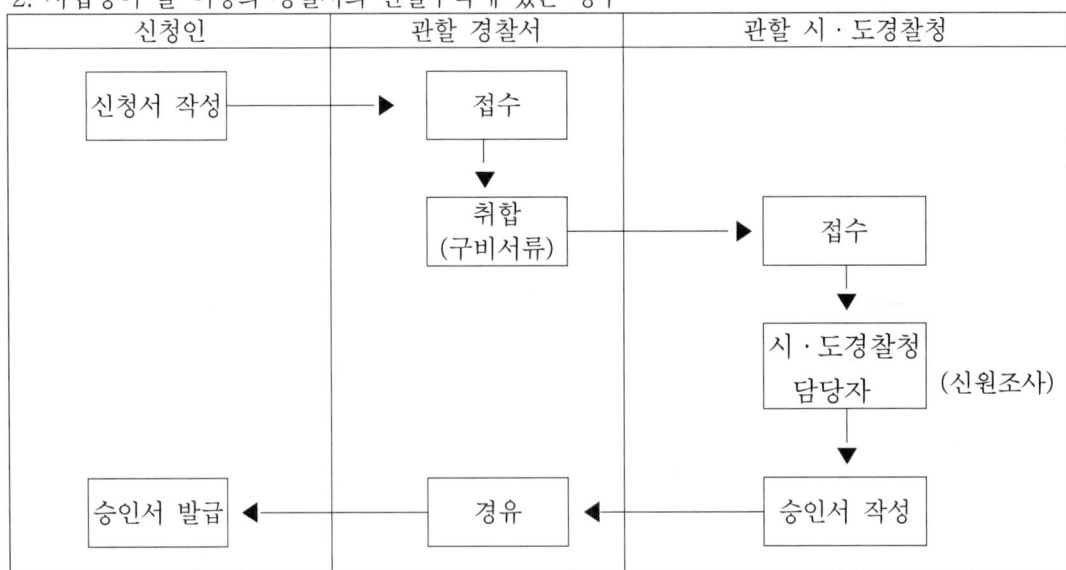

[별지 제4호서식]

<table>
<tr><td colspan="4" align="center">기　관　명</td></tr>
<tr><td>우　　주소
담당부서명 :</td><td>/ 전화( )　－</td><td>/ 전송( )　－</td></tr>
<tr><td colspan="3">담당부서명 :　　　　　　　　　담당자</td></tr>
</table>

문서번호 :
수　　신 :

<table>
<tr><td colspan="9" align="center">청원경찰 배치(전출)통보서</td></tr>
<tr><td rowspan="3">① 청원주</td><td colspan="2">성　　명</td><td colspan="6"></td></tr>
<tr><td colspan="2">주민등록번호</td><td colspan="6"></td></tr>
<tr><td colspan="2">직　　책</td><td colspan="6"></td></tr>
<tr><td colspan="3">② 배치 사업장
　의 명칭</td><td colspan="2"></td><td colspan="2">③ 배치사업장의
　소재지</td><td></td></tr>
<tr><td colspan="9" align="center">청원경찰배치(전출)상황(총명)</td></tr>
<tr><td>⑤ 연번</td><td>⑥ 경비배치
구역</td><td>⑦ 성명</td><td>⑧ 주민등록
번호</td><td>⑨ 임명일</td><td>⑩ 기본교육
이수상황</td><td>⑪ 전출일 및
전출지</td><td>⑫ 비고</td></tr>
<tr><td></td><td></td><td></td><td></td><td></td><td></td><td></td><td></td></tr>
<tr><td></td><td></td><td></td><td></td><td></td><td></td><td></td><td></td></tr>
<tr><td></td><td></td><td></td><td></td><td></td><td></td><td></td><td></td></tr>
<tr><td colspan="9">　청원경찰법시행령 제5조의 규정에 의하여 위와 같이 청원경찰의 배치(전출) 상황을 통보합니다.

　　　　　　　　　　　　　　　　　　　청　원　주　　　　㊞

　　　　　　　　　　　　　　　　　　　경 찰 서 장　　　　㊞</td></tr>
</table>

210㎜×297㎜(신문용지 54g/㎡ 재활용품)

청원경찰법 시행규칙

[별지 제5호서식] <개정 2020.12.31>

청원경찰 무기 대여 신청서

(앞쪽)

접수번호	접수일자	처리기간 7일

청원주	성명		생년월일	
	직책		연락처	

배치 사업장의 명칭	
배치 사업장의 소재지	
청원경찰 배치 인원	

대여 신청량	총기의 종류	수량	탄약의 종류	수량

대여 신청 사유	
대여 기간	
무기 관리 방법	
비고	

「청원경찰법」제8조제2항, 같은 법 시행령 제16조제1항 및 같은 법 시행규칙 제15조에 따라 위와 같이 무기대여를 신청합니다.

년 월 일

신청인 (서명 또는 인)

○○경찰서장 귀하

첨부 서류	없음	수수료 없음

210㎜×297㎜[백상지 80g/㎡(재활용품)]

(뒤쪽)

처리절차

이 신청서는 아래와 같이 처리됩니다.

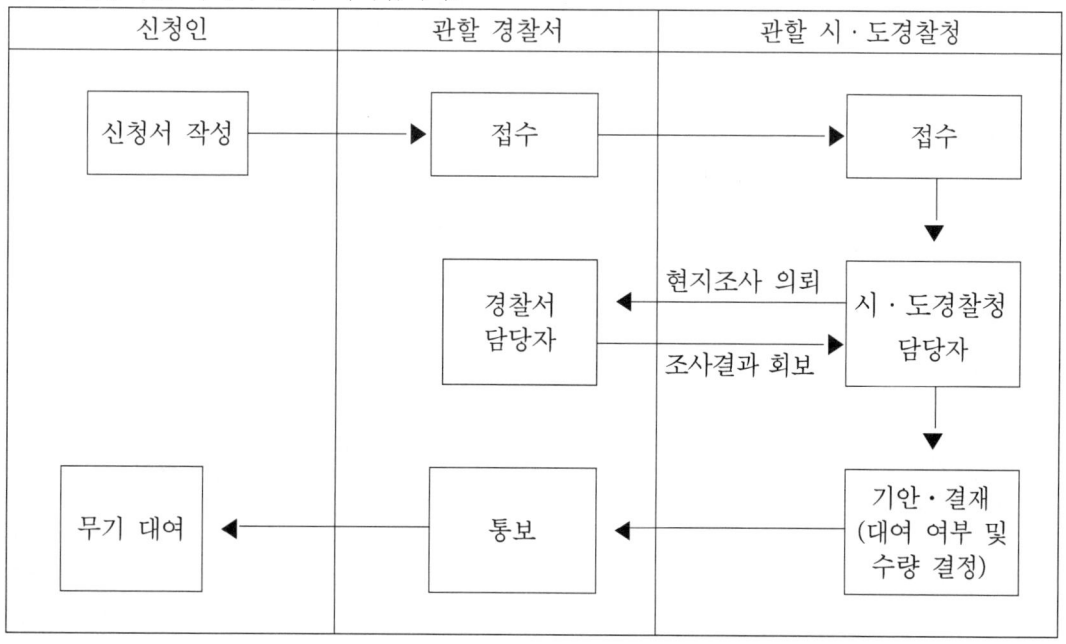

청원경찰법 시행규칙

[별지 제6호 서식] <개정 2020.12.31>

청원경찰 배치 [ ] 폐지 / [ ] 감축 통보서

접수번호		접수일자		처리기간	즉시
청원주	성명			생년월일	
	직책			연락처	
통보 내용	배치 사업장의 명칭			배치 사업장의 소재지	
	청원경찰 배치 인원				
	폐지 또는 감축 인원				
	폐지 또는 감축 사유				
반납 무기 수량	총기의 종류		수량	탄약의 종류	수량
비 고					

「청원경찰법」제10조의5제2항 및 같은 법 시행규칙 제23조에 따라 위와 같이 청원경찰의 배치(폐지·감축)을 통보합니다.

년 월 일

청원주 (서명 또는 인)

○○경찰서장 귀하

첨부 서류	없음	수수료 없음

유의사항

「청원경찰법」제4조제3항에 따라 시·도경찰청장이 청원경찰의 배치를 요청한 사업장의 청원주가 청원경찰의 배치를 폐지하거나 배치 인원을 감축할 때에는 같은 법 제10조의5제2항에 따라 '폐지 또는 감축 사유' 란에 그 폐지 또는 감축의 사유를 구체적으로 밝혀야 합니다(지면이 부족한 경우에는 별지를 사용할 수 있습니다).

210mm×297mm[백상지 80g/㎡(재활용품)]

부 록

[별지 제7호서식] <개정 2020.12.31>

(앞 쪽)

제 호		
<div align="center">과태료 부과 사전 통지서 (의견제출 통지)</div>		
_____ 귀하		

「청원경찰법」 제12조제1항에 따라 아래와 같이 과태료를 부과하고자 하오니 의견이 있으시면 기한 내에 의견을 제출하여 주시기 바랍니다.

과태료 부과 대상자	성 명	
	주 소	
과태료 금액		
과태료 부과 원인 행위	일 시	
	장 소	
	내 용	
적용 법령		
의견제출 기한	~	

<의견>

년   월   일

시 · 도경찰청장
경 찰 서 장   [직인]

210㎜×297㎜(일반용지60g/㎡(재활용품))

(뒤 쪽)

<의견제출시 유의사항>

1. 귀하는 앞쪽의 과태료 부과 사항에 대하여 이 서면 또는 정보통신망을 이용하여 의견제출을 할 수 있으며, 주장을 입증할 증거자료를 함께 제출할 수 있습니다. 다만, 정보통신망을 이용하여 의견을 제출하려는 경우에는 미리 의견제출기관에 알려주시고, 의견을 제출한 후에 의견의 도달 여부를 담당자에게 확인하여 주시기 바랍니다.

2. 의견제출 기한 내에 의견을 제출하지 아니하는 경우에는 의견이 없는 것으로 간주합니다.

3. 귀하께서 행정청에 출석하여 의견진술을 하려는 경우에는 행정청에 미리 그 사실을 알려주십시오.

4. 그 밖에 궁금한 사항이 있으시면 아래 연락처로 문의하시기 바랍니다.

의 견 제 출 기 관

부 서 명		담 당 자	
주 소		전화번호	
전자우편주소		모사전송	

[별지 제8호서식] <개정 2020.12.31>

(앞 쪽)

봉 함 엽 서

보내는 사람
　○○ 시·도경찰청장(경찰관서장)
　주　소
　□□□-□□□

우체국
요금후납

받는 사람

귀하

□□□-□□□

과태료 부과 고지서 재중

----------- 접 는 선 -----------

----------- 접 는 선 -----------

제　　　　　호　　　　과태료 부과 고지서 및 영수증(납부자용)

납부자 주민(법인)번호 :　　　-*******

세입징수관	계좌번호

주　소

귀하에 대하여 「청원경찰법」 제12조제1항에 따라 아래와 같이 과태료를 부과하니 납부기한 내에 납부하시기 바랍니다.

과태료 금액			납부기한	~
위반 사항	일　시		위반내용	
	장　소		적용법령	

년　월　일　　위 금액을 정히 영수합니다.

＊ 납기 후 수납 불가

시·도경찰청장
경 찰 서 장　[직인]　년　월　일　(수납인)

210mm×297mm(일반용지60g/㎡(재활용품))

청원경찰법 시행규칙

(뒤 쪽)

──────── 접 는 선 ────────

제   호

과태료 부과 고지서 및 영수증(수납기관용)

경찰청

납부자 : 주민(법인)번호 : －*******	세입징수관	계좌번호
주 소 :		

과태료 금액		납부기한	~

위 금액을 수납 의뢰합니다.

　　　　　년　　월　　일　　　　　은행(우체국)　　　　　지점

시·도경찰청장 [직인]   (수납인)
경 찰 서 장

──────── 접 는 선 ────────

< 안 내 말 씀 >

❖ 앞쪽에 기재된 과태료 금액을 한국은행 국고(수납) 대리점인 은행, 우체국, 신용협동조합, 새마을금고 또는 상호저축은행에 납부하시기 바랍니다.

❖ 과태료 부과에 불복하실 경우 납부기한 내에 우리 경찰서(시·도경찰청)에 서면으로 이의제기를 하실 수 있습니다.

❖ 이의제기 없이 기한 내에 납부하지 않으실 경우「질서위반행위규제법」제24조에 따라 5/100의 가산금이 부과되며, 매 1개월 경과 시마다 12/1000의 중가산금이 부과됩니다. 아울러 같은 법 제52조에 따라 체납 또는 결손처분자료가 신용정보기관에 제공될 수 있고, 같은 법 제53조에 따라 관허사업의 제한을 받을 수 있으며, 같은 법 제54조에 따라 법원의 결정으로 감치에 처해질 수 있습니다.

❖ 영수증은 5년간 보관하시기 바랍니다.

[별지 제9호서식]

과 태 료 수 납 부

일련번호	고지서번호	위반일자	의견제출기한	납부기한	납부연월일	과태료 금액			과태료 부과 대상자			위반사항
						결정액	가산액	납부액	성명	주민등록번호	주소	

210㎜×297㎜(일반용지60g/㎡(재활용품))

경찰관 직무집행법

[법률 제 299호 제정 1953.12.14.]
[법률 제3427호 전문개정 1981.4.13.]
[법률 제4048호 개정 1988.12.31.]
[법률 제4130호 개정 1989.6.16.]
[법률 제4366호 개정 1991.3.8.]
[법률 제5153호 개정 1996.8.8.]
[법률 제5988호 일부개정 1999.5.24.]
[법률 제7247호 일부개정 2004.12.23.]
[법률 제7849호 일부개정 2006.2.21.]
[법률 제11031호 일부개정 2011.8.4.]
[법률 제11736호 일부개정 2013.4.5.]
[법률 제12600호 일부개정 2014.5.20.]
[법률 제12844호 일부개정 2014.11.19.]
[법률 제12600호 일부개정 2014.5.20.]
[법률 제12960호 타법개정 2015.1.6.]
[법률 제13825호 일부개정 2016.1.27.]
[법률 제14839호 타법개정 2017.7.26.]
[법률 제15565호 일부개정 2018.4.17.]
[법률 제16036호 일부개정 2018.12.24.]
[법률 제17688호 일부개정 2020.12.22.]
[법률 제17689호 타법개정 2020.12.22.]
[법률 제18488호 일부개정 2021.10.19.]
[법률 제18807호 일부개정 2022.2.3.]

제1조【목적】① 이 법은 국민의 자유와 권리를 보호하고 사회공공의 질서를 유지하기 위한 경찰관(경찰공무원만 해당한다. 이하 같다)의 직무 수행에 필요한 사항을 규정함을 목적으로 한다. <개정 2020.12.22.>

② 이 법에 규정된 경찰관의 직권은 그 직무 수행에 필요한 최소한도에서 행사되어야 하며 남용되어서는 아니 된다.

[전문개정 2014. 5. 20.]

제2조【직무범위】경찰관은 다음 각 호의 직무를 수행한다. <개정 2018. 4. 17., 2020. 12.22.>

1. 국민의 생명·신체 및 재산의 보호
2. 범죄의 예방·진압 및 수사

2의2. 범죄피해자 보호

3. 경비, 주요 인사(人士) 경호 및 대간첩·대테러 작전 수행
4. 공공안녕에 대한 위험의 예방과 대응을 위한 정보의 수집·작성 및 배포
5. 교통 단속과 교통 위해(危害)의 방지
6. 외국 정부기관 및 국제기구와의 국제협력
7. 그 밖에 공공의 안녕과 질서 유지 [전문개정 2014.5.20.]

제3조【불심검문】① 경찰관은 다음 각 호의 어느 하나에 해당하는 사람을 정지시켜 질문할 수 있다.

1. 수상한 행동이나 그 밖의 주위 사정을 합리적으로 판단하여 볼 때 어떠한 죄를 범하였거나 범하려 하고 있다고 의심할 만한 상당한 이유가 있는 사람
2. 이미 행하여진 범죄나 행하여지려고 하는 범죄행위에 관한 사실을 안다고 인정되는 사람

② 경찰관은 제1항에 따라 같은 항 각 호의 사람을 정지시킨 장소에서 질문을 하는 것이 그 사람에게 불리하거나 교통에 방해가 된다고 인정될 때에는 질문을 하기 위하여 가까운 경찰서·지구대·파출소 또는 출장소(지방해양경찰관서를 포함하며, 이하 "경찰관서"라 한다)로 동행할 것을 요구할 수 있다. 이 경우 동행을 요구받은 사람은 그 요구를 거절할 수 있다. <개정 2014.11.19., 2017.7.26.>

③ 경찰관은 제1항 각 호의 어느 하나에 해당하는 사람에게 질문을 할 때에 그 사람이 흉기를 가지고 있는지를 조사할 수 있다.

④ 경찰관은 제1항이나 제2항에 따라 질문을 하거나 동행을 요구할 경우 자신의 신분을 표시하는 증표를 제시하면서 소속과 성명을 밝히고 질문이나 동행의 목적과 이유를 설명하여야 하며, 동행을 요구하는 경우에는 동행 장소를 밝혀야 한다.

⑤ 경찰관은 제2항에 따라 동행한 사람의 가족이나 친지 등에게 동행한 경찰관의 신분, 동행 장소, 동행 목적과 이유를 알리거나 본인으로 하여금 즉시 연락할 수 있는 기회를 주어야 하며, 변호인의 도움을 받을 권리가 있음을 알려야 한다.

⑥ 경찰관은 제2항에 따라 동행한 사람을 6시간을 초과하여 경찰관서에 머물게 할 수 없다.

⑦ 제1항부터 제3항까지의 규정에 따라 질문을 받거나 동행을 요구받은 사람은 형사소송에 관한 법률에 따르지 아니하고는 신체를 구속당하지 아니하며, 그 의사에 반하여 답변을 강요당하지 아니한다. [전문개정 2014.5.20.]

제4조【보호조치 등】 ① 경찰관은 수상한 행동이나 그 밖의 주위 사정을 합리적으로 판단해 볼 때 다음 각 호의 어느 하나에 해당하는 것이 명백하고 응급구호가 필요하다고 믿을 만한 상당한 이유가 있는 사람(이하 "구호대상자"라 한다)을 발견하였을 때에는 보건의료기관이나 공공구호기관에 긴급구호를 요청하거나 경찰관서에 보호하는 등 적절한 조치를 할 수 있다.

1. 정신착란을 일으키거나 술에 취하여 자신 또는 다른 사람의 생명·신체·재산에 위해를 끼칠 우려가 있는 사람
2. 자살을 시도하는 사람
3. 미아, 병자, 부상자 등으로서 적당한 보호자가 없으며 응급구호가 필요하다고 인정되는 사람. 다만, 본인이 구호를 거절하는 경우는 제외한다.

② 제1항에 따라 긴급구호를 요청받은 보건의료기관이나 공공구호기관은 정당한 이유 없이 긴급구호를 거절할 수 없다.

③ 경찰관은 제1항의 조치를 하는 경우에 구호대상자가 휴대하고 있는 무기·흉기 등 위험을 일으킬 수 있는 것으로 인정되는 물건을 경찰관서에 임시로 영치(領置)하여 놓을 수 있다.

④ 경찰관은 제1항의 조치를 하였을 때에는 지체 없이 구호대상자의 가족, 친지 또는 그 밖의 연고자에게 그 사실을 알려야 하며, 연고자가 발견되지 아니할 때에는 구호대상자를 적당한 공공보건의료기관이나 공공구호기관에 즉시 인계하여야 한다.

⑤ 경찰관은 제4항에 따라 구호대상자를 공공보건의료기관이나 공공구호기관에 인계하였을 때에는 즉시 그 사실을 소속 경찰서장이나 해양경찰서장에게 보고하여야 한다. <개정

2014.11.19., 2017.7.26.>

⑥ 제5항에 따라 보고를 받은 소속 경찰서장이나 해양경찰서장은 대통령령으로 정하는 바에 따라 구호대상자를 인계한 사실을 지체 없이 해당 공공보건의료기관 또는 공공구호기관의 장 및 그 감독행정청에 통보하여야 한다. <개정 2014.11.19., 2017.7.26.>

⑦ 제1항에 따라 구호대상자를 경찰관서에서 보호하는 기간은 24시간을 초과할 수 없고, 제3항에 따라 물건을 경찰관서에 임시로 영치하는 기간은 10일을 초과할 수 없다.
[전문개정 2014.5.20.]

제5조【위험 발생의 방지 등】① 경찰관은 사람의 생명 또는 신체에 위해를 끼치거나 재산에 중대한 손해를 끼칠 우려가 있는 천재(天災), 사변(事變), 인공구조물의 파손이나 붕괴, 교통사고, 위험물의 폭발, 위험한 동물 등의 출현, 극도의 혼잡, 그 밖의 위험한 사태가 있을 때에는 다음 각 호의 조치를 할 수 있다.

1. 그 장소에 모인 사람, 사물(事物)의 관리자, 그 밖의 관계인에게 필요한 경고를 하는
2. 매우 긴급한 경우에는 위해를 입을 우려가 있는 사람을 필요한 한도에서 억류하거나 피난시키는 것
3. 그 장소에 있는 사람, 사물의 관리자, 그 밖의 관계인에게 위해를 방지하기 위하여 필요하다고 인정되는 조치를 하게 하거나 직접 그 조치를 하는 것

② 경찰관서의 장은 대간첩 작전의 수행이나 소요(騷擾) 사태의 진압을 위하여 필요하다고 인정되는 상당한 이유가 있을 때에는 대간첩 작전지역이나 경찰관서・무기고 등 국가중요시설에 대한 접근 또는 통행을 제한하거나 금지할 수 있다.

③ 경찰관은 제1항의 조치를 하였을 때에는 지체 없이 그 사실을 소속 경찰관서의 장에게 보고하여야 한다.

④ 제2항의 조치를 하거나 제3항의 보고를 받은 경찰관서의 장은 관계 기관의 협조를 구하는 등 적절한 조치를 하여야 한다. [전문개정 2014.5.20.]

제6조【범죄의 예방과 제지】경찰관은 범죄행위가 목전(目前)에 행하여지려고 하고 있다고 인정될 때에는 이를 예방하기 위하여 관계인에게 필요한 경고를 하고, 그 행위로 인하여 사람의 생명・신체에 위해를 끼치거나 재산에 중대한 손해를 끼칠 우려가 있는 긴급한 경우에는 그 행위를 제지할 수 있다. [전문개정 2014.5.20.]

제7조【위험 방지를 위한 출입】① 경찰관은 제5조제1항・제2항 및 제6조에 따른 위험한

사태가 발생하여 사람의 생명·신체 또는 재산에 대한 위해가 임박한 때에 그 위해를 방지하거나 피해자를 구조하기 위하여 부득이하다고 인정하면 합리적으로 판단하여 필요한 한도에서 다른 사람의 토지·건물·배 또는 차에 출입할 수 있다.

② 흥행장(興行場), 여관, 음식점, 역, 그 밖에 많은 사람이 출입하는 장소의 관리자나 그에 준하는 관계인은 경찰관이 범죄나 사람의 생명·신체·재산에 대한 위해를 예방하기 위하여 해당 장소의 영업시간이나 해당 장소가 일반인에게 공개된 시간에 그 장소에 출입하겠다고 요구하면 정당한 이유 없이 그 요구를 거절할 수 없다.

③ 경찰관은 대간첩 작전 수행에 필요할 때에는 작전지역에서 제2항에 따른 장소를 검색할 수 있다.

④ 경찰관은 제1항부터 제3항까지의 규정에 따라 필요한 장소에 출입할 때에는 그 신분을 표시하는 증표를 제시하여야 하며, 함부로 관계인이 하는 정당한 업무를 방해해서는 아니 된다. [전문개정 2014.5.20.]

제8조【사실의 확인 등】① 경찰관서의 장은 직무 수행에 필요하다고 인정되는 상당한 이유가 있을 때에는 국가기관이나 공사(公私) 단체 등에 직무 수행에 관련된 사실을 조회할 수 있다. 다만, 긴급한 경우에는 소속 경찰관으로 하여금 현장에 나가 해당 기관 또는 단체의 장의 협조를 받아 그 사실을 확인하게 할 수 있다.

② 경찰관은 다음 각 호의 직무를 수행하기 위하여 필요하면 관계인에게 출석하여야 하는 사유·일시 및 장소를 명확히 적은 출석 요구서를 보내 경찰관서에 출석할 것을 요구할 수 있다.

1. 미아를 인수할 보호자 확인
2. 유실물을 인수할 권리자 확인
3. 사고로 인한 사상자(死傷者) 확인
4. 행정처분을 위한 교통사고 조사에 필요한 사실 확인

[전문개정 2014.5.20.]

제8조의2【정보의 수집 등】① 경찰관은 범죄·재난·공공갈등 등 공공안녕에 대한 위험의 예방과 대응을 위한 정보의 수집·작성·배포와 이에 수반되는 사실의 확인을 할 수 있다.

② 제1항에 따른 정보의 구체적인 범위와 처리 기준, 정보의 수집·작성·배포에 수반되는 사실의 확인 절차와 한계는 대통령령으로 정한다.

[본조신설 2020.12.22.]

[종전 제8조의2는 제8조의3으로 이동 <2020.12.22.>]

제8조의3【국제협력】경찰청장 또는 해양경찰청장은 이 법에 따른 경찰관의 직무수행을 위하여 외국 정부기관, 국제기구 등과 자료 교환, 국제협력 활동 등을 할 수 있다. <개정 2014.11.19., 2017.7.26.> [본조신설 2014.5.20.]

[제8조의2에서 이동 <2020.12.22.>]

제9조【유치장】법률에서 정한 절차에 따라 체포·구속된 사람 또는 신체의 자유를 제한하는 판결이나 처분을 받은 사람을 수용하기 위하여 경찰서와 해양경찰서에 유치장을 둔다. <개정 2014.11.19., 2017.7.26.> [전문개정 2014.5.20.]

제10조【경찰장비의 사용 등】① 경찰관은 직무수행 중 경찰장비를 사용할 수 있다. 다만, 사람의 생명이나 신체에 위해를 끼칠 수 있는 경찰장비(이하 이 조에서 "위해성 경찰장비"라 한다)를 사용할 때에는 필요한 안전교육과 안전검사를 받은 후 사용하여야 한다.

② 제1항 본문에서 "경찰장비"란 무기, 경찰장구(警察裝具), 최루제(催淚劑)와 그 발사장치, 살수차, 감식기구(鑑識機具), 해안 감시기구, 통신기기, 차량·선박·항공기 등 경찰이 직무를 수행할 때 필요한 장치와 기구를 말한다.

③ 경찰관은 경찰장비를 함부로 개조하거나 경찰장비에 임의의 장비를 부착하여 일반적인 사용법과 달리 사용함으로써 다른 사람의 생명·신체에 위해를 끼쳐서는 아니 된다.

④ 위해성 경찰장비는 필요한 최소한도에서 사용하여야 한다.

⑤ 경찰청장은 위해성 경찰장비를 새로 도입하려는 경우에는 대통령령으로 정하는 바에 따라 안전성 검사를 실시하여 그 안전성 검사의 결과보고서를 국회 소관 상임위원회에 제출하여야 한다. 이 경우 안전성 검사에는 외부 전문가를 참여시켜야 한다.

⑥ 위해성 경찰장비의 종류 및 그 사용기준, 안전교육·안전검사의 기준 등은 대통령령으로 정한다. [전문개정 2014.5.20.]

제10조의2【경찰장구의 사용】① 경찰관은 다음 각 호의 직무를 수행하기 위하여 필요하다고 인정되는 상당한 이유가 있을 때에는 그 사태를 합리적으로 판단하여 필요한 한도에서 경찰장구를 사용할 수 있다.

1. 현행범이나 사형·무기 또는 장기 3년 이상의 징역이나 금고에 해당하는 죄를 범한

범인의 체포 또는 도주 방지

2. 자신이나 다른 사람의 생명·신체의 방어 및 보호
3. 공무집행에 대한 항거(抗拒) 제지

② 제1항에서 "경찰장구"란 경찰관이 휴대하여 범인 검거와 범죄 진압 등의 직무 수행에 사용하는 수갑, 포승(捕繩), 경찰봉, 방패 등을 말한다. [전문개정 2014.5.20.]

제10조의3【분사기 등의 사용】경찰관은 다음 각 호의 직무를 수행하기 위하여 부득이한 경우에는 현장책임자가 판단하여 필요한 최소한의 범위에서 분사기(「총포·도검·화약류 등의 안전관리에 관한 법률」에 따른 분사기를 말하며, 그에 사용하는 최루 등의 작용제를 포함한다. 이하 같다) 또는 최루탄을 사용할 수 있다. <개정 2015.1.6.>

1. 범인의 체포 또는 범인의 도주 방지
2. 불법집회·시위로 인한 자신이나 다른 사람의 생명·신체와 재산 및 공공시설 안전에 대한 현저한 위해의 발생 억제

[전문개정 2014.5.20.]

제10조의4【무기의 사용】① 경찰관은 범인의 체포, 범인의 도주 방지, 자신이나 다른 사람의 생명·신체의 방어 및 보호, 공무집행에 대한 항거의 제지를 위하여 필요하다고 인정되는 상당한 이유가 있을 때에는 그 사태를 합리적으로 판단하여 필요한 한도에서 무기를 사용할 수 있다. 다만, 다음 각 호의 어느 하나에 해당할 때를 제외하고는 사람에게 위해를 끼쳐서는 아니 된다.

1. 「형법」에 규정된 정당방위와 긴급피난에 해당할 때
2. 다음 각 목의 어느 하나에 해당하는 때에 그 행위를 방지하거나 그 행위자를 체포하기 위하여 무기를 사용하지 아니하고는 다른 수단이 없다고 인정되는 상당한 이유가 있을 때
    가. 사형·무기 또는 장기 3년 이상의 징역이나 금고에 해당하는 죄를 범하거나 범하였다고 의심할 만한 충분한 이유가 있는 사람이 경찰관의 직무집행에 항거하거나 도주하려고 할 때
    나. 체포·구속영장과 압수·수색영장을 집행하는 과정에서 경찰관의 직무집행에 항거하거나 도주하려고 할 때
    다. 제3자가 가목 또는 나목에 해당하는 사람을 도주시키려고 경찰관에게 항거할 때

라. 범인이나 소요를 일으킨 사람이 무기·흉기 등 위험한 물건을 지니고 경찰관으로부터 3회 이상 물건을 버리라는 명령이나 항복하라는 명령을 받고도 따르지 아니하면서 계속 항거할 때

3. 대간첩 작전 수행 과정에서 무장간첩이 항복하라는 경찰관의 명령을 받고도 따르지 아니할 때

② 제1항에서 "무기"란 사람의 생명이나 신체에 위해를 끼칠 수 있도록 제작된 권총·소총·도검 등을 말한다.

③ 대간첩·대테러 작전 등 국가안전에 관련되는 작전을 수행할 때에는 개인화기(個人火器) 외에 공용화기(共用火器)를 사용할 수 있다.

[전문개정 2014.5.20.]

제11조【사용기록의 보관】제10조제2항에 따른 살수차, 제10조의3에 따른 분사기, 최루탄 또는 제10조의4에 따른 무기를 사용하는 경우 그 책임자는 사용 일시·장소·대상, 현장책임자, 종류, 수량 등을 기록하여 보관하여야 한다.

[전문개정 2014.5.20.]

제11조의2【손실보상】① 국가는 경찰관의 적법한 직무집행으로 인하여 다음 각 호의 어느 하나에 해당하는 손실을 입은 자에 대하여 정당한 보상을 하여야 한다. <개정 2018.12.24.>

1. 손실발생의 원인에 대하여 책임이 없는 자가 생명·신체 또는 재산상의 손실을 입은 경우(손실발생의 원인에 대하여 책임이 없는 자가 경찰관의 직무집행에 자발적으로 협조하거나 물건을 제공하여 생명·신체 또는 재산상의 손실을 입은 경우를 포함한다)
2. 손실발생의 원인에 대하여 책임이 있는 자가 자신의 책임에 상응하는 정도를 초과하는 생명·신체 또는 재산상의 손실을 입은 경우

② 제1항에 따른 보상을 청구할 수 있는 권리는 손실이 있음을 안 날부터 3년, 손실이 발생한 날부터 5년간 행사하지 아니하면 시효의 완성으로 소멸한다.

③ 제1항에 따른 손실보상신청 사건을 심의하기 위하여 손실보상심의위원회를 둔다.

④ 경찰청장 또는 시·도경찰청장은 제3항의 손실보상심의위원회의 심의·의결에 따라 보상금을 지급하고, 거짓 또는 부정한 방법으로 보상금을 받은 사람에 대하여는 해당 보상

금을 환수하여야 한다. <개정 2018.12.24., 2020.12.22.>

⑤ 보상금이 지급된 경우 손실보상심의위원회는 대통령령으로 정하는 바에 따라 국가경찰위원회에 심사자료와 결과를 보고하여야 한다. 이 경우 경찰위원회는 손실보상의 적법성 및 적정성 확인을 위하여 필요한 자료의 제출을 요구할 수 있다. <신설 2018.12.24., 2020.12.22.>

⑥ 경찰청장 또는 시·도경찰청장은 제4항에 따라 보상금을 반환하여야 할 사람이 대통령령으로 정한 기한까지 그 금액을 납부하지 아니한 때에는 국세 체납처분의 예에 따라 징수할 수 있다. <신설 2018.12.24., 2020.12.22.>

⑦ 제1항에 따른 손실보상의 기준, 보상금액, 지급 절차 및 방법, 제3항에 따른 손실보상심의위원회의 구성 및 운영, 제4항 및 제6항에 따른 환수절차, 그 밖에 손실보상에 관하여 필요한 사항은 대통령령으로 정한다. <신설 2018. 12. 24.>

[본조신설 2013. 4. 5.]

제11조의3 【범인검거 등 공로자 보상】 ① 경찰청장, 시·도경찰청장 또는 경찰서장은 다음 각 호의 어느 하나에 해당하는 사람에게 보상금을 지급할 수 있다. <개정 2020.12.22.>

1. 범인 또는 범인의 소재를 신고하여 검거하게 한 사람

2. 범인을 검거하여 경찰공무원에게 인도한 사람

3. 테러범죄의 예방활동에 현저한 공로가 있는 사람

4. 그 밖에 제1호부터 제3호까지의 규정에 준하는 사람으로서 대통령령으로 정하는 사람

② 경찰청장, 시·도경찰청장 및 경찰서장은 제1항에 따른 보상금 지급의 심사를 위하여 대통령령으로 정하는 바에 따라 각각 보상금심사위원회를 설치·운영하여야 한다. <개정 2020.12.22.>

③ 제2항에 따른 보상금심사위원회는 위원장 1명을 포함한 5명 이내의 위원으로 구성한다.

④ 제2항에 따른 보상금심사위원회의 위원은 소속 경찰공무원 중에서 경찰청장, 시·도경찰청장 또는 경찰서장이 임명한다. <개정 2020.12.22.>

⑤ 경찰청장, 시·도경찰청장 또는 경찰서장은 제2항에 따른 보상금심사위원회의 심사·의결에 따라 보상금을 지급하고, 거짓 또는 부정한 방법으로 보상금을 받은 사람에 대하여는 해당 보상금을 환수한다. <개정 2020.12.22.>

⑥ 경찰청장, 시·도경찰청장 또는 경찰서장은 제5항에 따라 보상금을 반환하여야 할 사람이 대통령령으로 정한 기한까지 그 금액을 납부하지 아니한 때에는 국세 체납처분의 예에 따라 징수할 수 있다. <개정 2018.12.24., 2020.12.22.>

⑦ 제1항에 따른 보상 대상, 보상금의 지급 기준 및 절차, 제2항 및 제3항에 따른 보상금심사위원회의 구성 및 심사사항, 제5항 및 제6항에 따른 환수절차, 그 밖에 보상금 지급에 관하여 필요한 사항은 대통령령으로 정한다. <신설 2018. 12. 24.>

[본조신설 2016. 1. 27.] [제목개정 2018. 12. 24.]

제11조의4【소송 지원】경찰청장과 해양경찰청장은 경찰관이 제2조 각 호에 따른 직무의 수행으로 인하여 민·형사상 책임과 관련된 소송을 수행할 경우 변호인 선임 등 소송 수행에 필요한 지원을 할 수 있다.

[본조신설 2021. 10. 19.]

제11조의5【직무 수행으로 인한 형의 감면】다음 각 호의 범죄가 행하여지려고 하거나 행하여지고 있어 타인의 생명·신체에 대한 위해 발생의 우려가 명백하고 긴급한 상황에서, 경찰관이 그 위해를 예방하거나 진압하기 위한 행위 또는 범인의 검거 과정에서 경찰관을 향한 직접적인 유형력 행사에 대응하는 행위를 하여 그로 인하여 타인에게 피해가 발생한 경우, 그 경찰관의 직무수행이 불가피한 것이고 필요한 최소한의 범위에서 이루어졌으며 해당 경찰관에게 고의 또는 중대한 과실이 없는 때에는 그 정상을 참작하여 형을 감경하거나 면제할 수 있다.

1. 「형법」 제2편제24장 살인의 죄, 제25장 상해와 폭행의 죄, 제32장 강간과 추행의 죄 중 강간에 관한 범죄, 제38장 절도와 강도의 죄 중 강도에 관한 범죄 및 이에 대하여 다른 법률에 따라 가중처벌하는 범죄
2. 「가정폭력범죄의 처벌 등에 관한 특례법」에 따른 가정폭력범죄, 「아동학대범죄의 처벌 등에 관한 특례법」에 따른 아동학대범죄

[본조신설 2022. 2. 3.]

제12조【벌칙】이 법에 규정된 경찰관의 의무를 위반하거나 직권을 남용하여 다른 사람에게 해를 끼친 사람은 1년 이하의 징역이나 금고에 처한다.

[전문개정 2014. 5. 20.]

제13조 삭제 <2014. 5. 20.>

경찰관 직무집행법

부 칙
<법률 제18807호, 2022. 2. 3.>

이 법은 공포한 날부터 시행한다.

경찰관 직무집행법 시행령

[대통령령 제 972호 제정 1955.1.5.]
[대통령령 제 1061호 일부개정 1955.7.7.]
[대통령령 제 5093호 전문개정 1970.6.19.]
[대통령령 제10346호 전문개정 1981.6.11.]
[대통령령 제12555호 일부개정 1988.12.19.]
[대통령령 제12641호 일부개정 1989.3.7.]
[대통령령 제15136호 일부개정 1996.8.8.]
[대통령령 제16601호 일부개정 1999.11.27.]
[대통령령 제19563호 일부개정 2006.6.29.]
[대통령령 제23488호 타법개정 2012.1.6.]
[대통령령 제25189호 일부개정 2014.2.18.]
[대통령령 제25751호 타법개정 2014.11.19.]
[대통령령 제27233호 일부개정 2016.6.21.]
[대통령령 제28215호 타법개정 2017.7.26.]
[대통령령 제29900호 일부개정 2019.6.25.]
[대통령령 제31349호 타법개정 2020.12.31.]
[대통령령 제31380호 일부개정 2021.1.5.]

제1조【목적】이 영은 경찰관직무집행법(이하 "법"이라 한다)의 시행에 관하여 필요한 사항을 규정함을 목적으로 한다.

제2조【임시영치】경찰공무원이 법 제4조제3항의 규정에 의하여 무기·흉기 등을 임시영치한 때에는 소속 국가경찰관서의 장(지방해양경찰관서의 장을 포함한다. 이하 같다)은 그 물건을 소지하였던 자에게 별지 제1호서식에 의한 임시영치증명서를 교부하여야 한다. <개정 1996.8.8., 2006.6.29., 2014.11.19., 2017.7.26., 2020.12.31.>

제3조【피구호자의 인계통보】법 제4조제6항의 규정에 의한 경찰서장 또는 해양경찰서장의 공중보건의료기관·공공구호기관의 장 및 그 감독행정청에 대한 통보는 별지 제2호서식에 의한다. <개정 1996.8.8., 2014.11.19., 2017.7.26.>

[전문개정 1989.3.7]

제4조 【대간첩작전지역등에 대한 접근등의 금지·제한】 국가경찰관서의 장은 법 제5조제2항의 규정에 의하여 대간첩작전지역등에 대한 접근 또는 통행을 제한하거나 금지한 때에는 보안상 부득이한 경우를 제외하고는 지체없이 그 기간·장소 기타 필요한 사항을 방송·벽보·경고판·전단살포등 적당한 방법으로 일반인에게 널리 알려야 한다. 이를 해제한 때에도 또한 같다. <개정 2006.6.29.>

제5조 【신분을 표시하는 증표】 법 제3조제4항 및 법 제7조제4항의 신분을 표시하는 증표는 경찰공무원의 공무원증으로 한다. <개정 1989.3.7., 2006.6.29., 2020.12.31.>

제6조 【출석요구서】 법 제8조제2항의 규정에 의한 출석요구서는 별지 제3호서식에 의한다.

제7조 【보고】 경찰공무원은 다음의 조치를 한 때에는 소속 국가경찰관서의 장에게 이를 보고하여야 한다. <개정 2006.6.29., 2020.12.31.>

1. 법 제3조제2항의 규정에 의한 동행요구를 한 때
2. 법 제4조제1항의 규정에 의한 긴급구호요청 또는 보호조치를 한 때
3. 법 제4조제3항의 규정에 의한 임시영치를 한 때
4. 법 제6조제1항의 규정에 의하여 범죄행위를 제지한 때
5. 삭제 <1989.3.7>
6. 법 제7조제2항 및 제3항의 규정에 의하여 다수인이 출입하는 장소에 대하여 출입 또는 검색을 한 때
7. 법 제8조제1항 단서의 규정에 의한 사실확인을 한 때
8. 삭제 <1999.11.27.>
9. 삭제 <1999.11.27.>

제8조 【민감정보 및 고유식별정보의 처리】 경찰공무원은 법 제2조에 따른 경찰관의 직무를 수행하기 위하여 불가피한 경우 「개인정보 보호법」 제23조에 따른 건강에 관한 정보, 같은 법 시행령 제18조제2호에 따른 범죄경력자료에 해당하는 정보, 같은 영 제19조에 따른 주민등록번호, 여권번호, 운전면허의 면허번호 또는 외국인등록번호가 포함된 자료를 처리할 수 있다. [본조신설 2012.1.6.]

제9조 【손실보상의 기준 및 보상금액】 ① 법 제11조의2제1항에 따라 손실보상을 할 때 물

건을 멸실·훼손한 경우에는 다음 각 호의 기준에 따라 보상한다.
1. 손실을 입은 물건을 수리할 수 있는 경우: 수리비에 상당하는 금액
2. 손실을 입은 물건을 수리할 수 없는 경우: 손실을 입은 당시의 해당 물건의 교환가액
3. 영업자가 손실을 입은 물건의 수리나 교환으로 인하여 영업을 계속할 수 없는 경우: 영업을 계속할 수 없는 기간 중 영업상 이익에 상당하는 금액

② 물건의 멸실·훼손으로 인한 손실 외의 재산상 손실에 대해서는 직무집행과 상당한 인과관계가 있는 범위에서 보상한다.

③ 법 제11조의2제1항에 따라 손실보상을 할 때 생명·신체상의 손실의 경우에는 별표의 기준에 따라 보상한다. <신설 2019.6.25.>

④ 법 제11조의2제1항에 따라 보상금을 지급받을 사람이 동일한 원인으로 다른 법령에 따라 보상금 등을 지급받은 경우 그 보상금 등에 상당하는 금액을 제외하고 보상금을 지급한다. <신설 2019.6.25.>

[본조신설 2014.2.18.]

[제목개정 2019.6.25.]

제10조【손실보상의 지급절차 및 방법】① 법 제11조의2에 따라 경찰관의 적법한 직무집행으로 인하여 발생한 손실을 보상받으려는 사람은 별지 제4호서식의 보상금 지급 청구서에 손실내용과 손실금액을 증명할 수 있는 서류를 첨부하여 손실보상청구 사건 발생지를 관할하는 국가경찰관서의 장에게 제출하여야 한다.

② 제1항에 따라 보상금 지급 청구서를 받은 국가경찰관서의 장은 해당 청구서를 제11조 제1항에 따른 손실보상청구 사건을 심의할 손실보상심의위원회가 설치된 경찰청, 해양경찰청, 시·도경찰청 및 지방해양경찰청의 장(이하 "경찰청장등"이라 한다)에게 보내야 한다. <개정 2014.11.19., 2017.7.26., 2020.12.31.>

③ 제2항에 따라 보상금 지급 청구서를 받은 경찰청장등은 손실보상심의위원회의 심의·의결에 따라 보상 여부 및 보상금액을 결정하되, 다음 각 호의 어느 하나에 해당하는 경우에는 그 청구를 각하(却下)하는 결정을 하여야 한다. <개정 2019.6.25.>

1. 청구인이 같은 청구 원인으로 보상신청을 하여 보상금 지급 여부에 대하여 결정을 받은 경우. 다만, 기각 결정을 받은 청구인이 손실을 증명할 수 있는 새로운 증거가 발견되었음을 소명(疎明)하는 경우는 제외한다.

2. 손실보상 청구가 요건과 절차를 갖추지 못한 경우. 다만, 그 잘못된 부분을 시정할 수 있는 경우는 제외한다.

④ 경찰청장등은 제3항에 따른 결정일부터 10일 이내에 다음 각 호의 구분에 따른 통지서에 결정 내용을 적어서 청구인에게 통지하여야 한다.

1. 보상금을 지급하기로 결정한 경우: 별지 제5호서식의 보상금 지급 청구 승인 통지서
2. 보상금 지급 청구를 각하하거나 보상금을 지급하지 아니하기로 결정한 경우: 별지 제6호서식의 보상금 지급 청구 기각·각하 통지서

⑤ 보상금은 다른 법률에 특별한 규정이 있는 경우를 제외하고는 현금으로 지급하여야 한다.

⑥ 보상금은 일시불로 지급하되, 예산 부족 등의 사유로 일시금으로 지급할 수 없는 특별한 사정이 있는 경우에는 청구인의 동의를 받아 분할하여 지급할 수 있다.

⑦ 보상금을 지급받은 사람은 보상금을 지급받은 원인과 동일한 원인으로 인한 부상이 악화되거나 새로 발견되어 다음 각 호의 어느 하나에 해당하는 경우에는 보상금의 추가 지급을 청구할 수 있다. 이 경우 보상금 지급 청구, 보상금액 결정, 보상금 지급 결정에 대한 통지, 보상금 지급 방법 등에 관하여는 제1항부터 제6항까지의 규정을 준용한다. <신설 2019.6.25.>

1. 별표 제2호에 따른 부상등급이 변경된 경우(부상등급 외의 부상에서 제1급부터 제8급까지의 등급으로 변경된 경우를 포함한다)
2. 별표 제2호에 따른 부상등급 외의 부상에 대해 부상등급의 변경은 없으나 보상금의 추가 지급이 필요한 경우

⑧ 제1항부터 제7항까지에서 규정한 사항 외에 손실보상의 청구 및 지급에 필요한 사항은 경찰청장 또는 해양경찰청장이 정한다. <개정 2014.11.19., 2017.7.26., 2019.6.25.>
[본조신설 2014.2.18.]

제11조【손실보상심의위원회의 설치 및 구성】① 법 제11조의2제3항에 따라 소속 경찰공무원의 직무집행으로 인하여 발생한 손실보상청구 사건을 심의하기 위하여 경찰청, 해양경찰청, 시·도경찰청 및 지방해양경찰청에 손실보상심의위원회(이하 "위원회"라 한다)를 설치한다. <개정 2014.11.19., 2017.7.26., 2020.12.31.>

② 위원회는 위원장 1명을 포함한 5명 이상 7명 이하의 위원으로 구성한다.

③ 위원회의 위원은 소속 경찰공무원과 다음 각 호의 어느 하나에 해당하는 사람 중에서

경찰청장등이 위촉하거나 임명한다. 이 경우 위원의 과반수 이상은 경찰공무원이 아닌 사람으로 하여야 한다.
1. 판사·검사 또는 변호사로 5년 이상 근무한 사람
2. 「고등교육법」 제2조에 따른 학교에서 법학 또는 행정학을 가르치는 부교수 이상으로 5년 이상 재직한 사람
3. 경찰 업무와 손실보상에 관하여 학식과 경험이 풍부한 사람
④ 위촉위원의 임기는 2년으로 한다.
⑤ 위원회의 사무를 처리하기 위하여 위원회에 간사 1명을 두되, 간사는 소속 경찰공무원 중에서 경찰청장등이 지명한다.
[본조신설 2014.2.18.]

제12조【위원장】① 위원장은 위원 중에서 호선(互選)한다.
② 위원장은 위원회를 대표하며, 위원회의 업무를 총괄한다.
③ 위원장이 부득이한 사유로 직무를 수행할 수 없는 때에는 위원장이 미리 지명한 위원이 그 직무를 대행한다.
[본조신설 2014.2.18.]

제13조【손실보상심의위원회의 운영】① 위원장은 위원회의 회의를 소집하고, 그 의장이 된다.
② 위원회의 회의는 재적위원 과반수의 출석으로 개의(開議)하고, 출석위원 과반수의 찬성으로 의결한다.
③ 위원회는 심의를 위하여 필요한 경우에는 관계 공무원이나 관계 기관에 사실조사나 자료의 제출 등을 요구할 수 있으며, 관계 전문가에게 필요한 정보의 제공이나 의견의 진술 등을 요청할 수 있다.
[본조신설 2014.2.18.]

제14조【위원의 제척·기피·회피】① 위원회의 위원이 다음 각 호의 어느 하나에 해당하는 경우에는 위원회의 심의·의결에서 제척(除斥)된다.
1. 위원 또는 그 배우자나 배우자였던 사람이 심의 안건의 청구인인 경우
2. 위원이 심의 안건의 청구인과 친족이거나 친족이었던 경우
3. 위원이 심의 안건에 대하여 증언, 진술, 자문, 용역 또는 감정을 한 경우
4. 위원이나 위원이 속한 법인이 심의 안건 청구인의 대리인이거나 대리인이었던 경우

5. 위원이 해당 심의 안건의 청구인인 법인의 임원인 경우

② 청구인은 위원에게 공정한 심의·의결을 기대하기 어려운 사정이 있는 경우에는 위원회에 기피 신청을 할 수 있고, 위원회는 의결로 이를 결정한다. 이 경우 기피 신청의 대상인 위원은 그 의결에 참여하지 못한다.

③ 위원이 제1항 각 호에 따른 제척 사유에 해당하는 경우에는 스스로 해당 안건의 심의·의결에서 회피(回避)하여야 한다.

[본조신설 2014.2.18.]

제15조【위원의 해촉】경찰청장등은 위원회의 위원이 다음 각 호의 어느 하나에 해당하는 경우에는 해당 위원을 해촉(解囑)할 수 있다.

1. 심신장애로 인하여 직무를 수행할 수 없게 된 경우
2. 직무태만, 품위손상이나 그 밖의 사유로 위원으로 적합하지 아니하다고 인정되는 경우
3. 제14조제1항 각 호의 어느 하나에 해당하는 데에도 불구하고 회피하지 아니한 경우
4. 제16조를 위반하여 직무상 알게 된 비밀을 누설한 경우

[본조신설 2014.2.18.]

제16조【비밀 누설의 금지】위원회의 회의에 참석한 사람은 직무상 알게 된 비밀을 누설해서는 아니 된다.

[본조신설 2014.2.18.]

제17조【위원회의 운영 등에 필요한 사항】제11조부터 제16조까지에서 규정한 사항 외에 위원회의 운영 등에 필요한 사항은 경찰청장 또는 해양경찰청장이 정한다. <개정 2014.11.19., 2017.7.26.>

[본조신설 2014. 2. 18.]

제17조의2【보상금의 환수절차】① 경찰청장 또는 시·도경찰청장은 법 제11조의2제4항에 따라 보상금을 환수하려는 경우에는 위원회의 심의·의결에 따라 환수 여부 및 환수금액을 결정하고, 거짓 또는 부정한 방법으로 보상금을 받은 사람에게 다음 각 호의 내용을 서면으로 통지해야 한다. <개정 2020.12.31.>

1. 환수사유
2. 환수금액
3. 납부기한
4. 납부기관

② 법 제11조의2제6항에서 "대통령령으로 정한 기한"이란 제1항에 따른 통지일부터 40일 이내의 범위에서 경찰청장 또는 시·도경찰청장이 정하는 기한을 말한다. <개정 2020.12.31.>

③ 제1항 및 제2항에서 규정한 사항 외에 보상금 환수절차에 관하여 필요한 사항은 경찰청장이 정한다.

[본조신설 2019.6.25.]

제17조의3【국가경찰위원회 보고 등】① 법 제11조의2제5항에 따라 위원회(경찰청 및 시·도경찰청에 설치된 위원회만 해당한다. 이하 이 조에서 같다)는 보상금 지급과 관련된 심사자료와 결과를 반기별로 경찰위원회에 보고해야 한다. <개정 2020.12.31.>

② 국가경찰위원회는 필요하다고 인정하는 때에는 수시로 보상금 지급과 관련된 심사자료와 결과에 대한 보고를 위원회에 요청할 수 있다. 이 경우 위원회는 그 요청에 따라야 한다. <개정 2020.12.31.>

[본조신설 2019.6.25.]

제18조【범인검거 등 공로자 보상금 지급 대상자】법 제11조의3제1항제4호에서 "대통령령으로 정하는 사람"이란 다음 각 호의 어느 하나에 해당하는 사람을 말한다.

1. 범인의 신원을 특정할 수 있는 정보를 제공한 사람
2. 범죄사실을 입증하는 증거물을 제출한 사람
3. 그 밖에 범인 검거와 관련하여 경찰 수사 활동에 협조한 사람 중 보상금 지급 대상자에 해당한다고 법 제11조의3제2항에 따른 보상금심사위원회가 인정하는 사람

[본조신설 2016.6.21.]

[제목개정 2019.6.25.]

제19조【보상금심사위원회의 구성 및 심사사항 등】① 법 제11조의3제2항에 따라 경찰청에 두는 보상금심사위원회의 위원장은 경찰청 소속 과장급 이상의 경찰공무원 중에서 경찰청장이 임명하는 사람으로 한다.

② 법 제11조의3제2항에 따라 시·도경찰청 및 경찰서에 두는 보상금심사위원회의 위원장에 관하여는 제1항을 준용한다. 이 경우 "경찰청"은 각각 "시·도경찰청" 또는 "경찰서"로, "경찰청장"은 각각 "시·도경찰청장" 또는 "경찰서장"으로 본다. <개정 2020.12.31.>

③ 법 제11조의3제2항에 따른 보상금심사위원회(이하 "보상금심사위원회"라 한다)는 다음 각 호의 사항을 심사·의결한다.

1. 보상금 지급 대상자에 해당하는 지 여부
2. 보상금 지급 금액
3. 보상금 환수 여부
4. 그 밖에 보상금 지급이나 환수에 필요한 사항
④ 보상금심사위원회의 회의는 재적위원 과반수의 찬성으로 의결한다.
[본조신설 2016.6.21.]

제20조【범인검거 등 공로자 보상금의 지급 기준】법 제11조의3제1항에 따른 보상금의 최고액은 5억원으로 하며, 구체적인 보상금 지급 기준은 경찰청장이 정하여 고시한다.
[본조신설 2016.6.21.]
[제목개정 2019.6.25.]

제21조【범인검거 등 공로자 보상금의 지급 절차 등】① 경찰청장, 시·도경찰청장 또는 경찰서장은 보상금 지급사유가 발생한 경우에는 직권으로 또는 보상금을 지급받으려는 사람의 신청에 따라 소속 보상금심사위원회의 심사·의결을 거쳐 보상금을 지급한다. <개정 2020.12.31.>
② 보상금심사위원회는 제20조에 따라 경찰청장이 정하여 고시한 보상금 지급 기준에 따라 보상 금액을 심사·의결한다. 이 경우 보상금심사위원회는 다음 각 호의 사항을 고려하여 보상금액을 결정할 수 있다.
1. 테러범죄 예방의 기여도
2. 범죄피해의 규모
3. 범인 신고 등 보상금 지급 대상 행위의 난이도
4. 보상금 지급 대상자가 다른 법령에 따라 보상금 등을 지급받을 수 있는지 여부
5. 그 밖에 범인검거와 관련한 제반 사정
③ 경찰청장, 시·도경찰청장 및 경찰서장은 소속 보상금심사위원회의 보상금 심사를 위하여 필요한 경우에는 보상금 지급 대상자와 관계 공무원 또는 기관에 사실조사나 자료의 제출 등을 요청할 수 있다. <개정 2020.12.31.>
[본조신설 2016.6.21.]
[제목개정 2019.6.25.]

제21조의2【범인검거 등 공로자 보상금의 환수절차】① 경찰청장, 시·도경찰청장 또는 경찰서장은 법 제11조의3제5항에 따라 보상금을 환수하려는 경우에는 보상금심사위원회

의 심사·의결에 따라 환수 여부 및 환수금액을 결정하고, 거짓 또는 부정한 방법으로 보상금을 받은 사람에게 다음 각 호의 내용을 서면으로 통지해야 한다. <개정 2020.12.31.>
1. 환수사유
2. 환수금액
3. 납부기한
4. 납부기관

② 법 제11조의3제6항에서 "대통령령으로 정한 기한"이란 제1항에 따른 통지일부터 40일 이내의 범위에서 경찰청장, 시·도경찰청장 또는 경찰서장이 정하는 기한을 말한다. <개정 2020.12.31.>
[본조신설 2019.6.25.]

제22조【범인검거 등 공로자 보상금의 지급 등에 필요한 사항】 제18조부터 제21조까지 및 제21조의2에서 규정한 사항 외에 보상금의 지급 등에 필요한 사항은 경찰청장이 정하여 고시한다. <개정 2019.6.25.>
[본조신설 2016.6.21.]
[제목개정 2019.6.25.]

부 칙

<대통령령 제31380호, 2021. 1. 5.>
(어려운 법령용어 정비를 위한 473개 법령의 일부개정에 관한 대통령령)

이 영은 공포한 날부터 시행한다. <단서 생략>

[별표] <신설 2019. 6. 25.>

<u>생명·신체상의 손실에 대한 보상의 기준</u>(제9조제3항 관련)

1. 사망자의 보상금액 기준

   「의사상자 등 예우 및 지원에 관한 법률 시행령」 제12조제1항에 따라 보건복지부장관이 결정하여 고시하는 금액을 보상한다.

2. 부상등급의 기준

   「의사상자 등 예우 및 지원에 관한 법률 시행령」 제2조 및 별표 1에 따른 부상범위 및 등급을 준용하되, 같은 영 별표 1에 따른 부상 등급 중 제1급부터 제8급까지의 등급에 해당하지 않는 신체상의 손실을 입은 경우에는 부상등급 외의 부상으로 본다.

3. 부상등급별 보상금액 기준

   「의사상자 등 예우 및 지원에 관한 법률 시행령」 제12조제2항 및 별표 2에 따른 의상자의 부상등급별 보상금을 준용하되, 제2호에 따른 부상등급 외의 부상에 대한 보상금액의 기준은 제4호와 같다.

4. 부상등급 외의 부상에 대한 보상금액 기준

   가. 부상등급 외의 부상에 대한 보상금액은 제1호에 따른 보상금의 100분의 5를 최고 한도로 하여 그 범위에서 진료비, 치료비, 수술비, 약제비, 입원비 등 실제로 지출된 의료비를 지급한다.

   나. 가목에도 불구하고 위원회가 최고 한도를 초과하여 보상이 필요하다고 인정하는 경우에는 가목에 따른 최고 한도를 초과하여 실제로 지출된 의료비를 지급할 수 있다.

[별지 제1호서식] <개정 2021.1.5.>

임 시 영 치 증 명 서 제 호				
영 치 인	① 성 명		② 생년월일	
	③ 주 소			
영 치 물	④ 품 명	⑤ 단 위	⑥ 수 량	⑦ 비 고
⑧ 임시영치기간	. . . 시 ~ . . . 시 (일간)			
⑨ 수령일시	. . . 시		⑩ 수령 장소	
위 물건을 경찰관직무집행법 제4조제3항의 규정에 의하여 임시 영치하오니 지정된 날짜에 이 증명서와 주민등록증 및 인장을 가지고 수령하시기 바랍니다. ○ ○ 경 찰 서 장 (○ ○ 지구대장 · 파출소장 · 출장소장) 귀하				

2106-34A
81. 5. 2. 승인

190㎜×268㎜
(인쇄용지(2급)60g/㎡)

※ 기입요령
⑧ 임시영치기간은 임시영치한 날로부터 수령한 날까지 10일을 초과할 수 없음.

경찰관 직무집행법 시행령

[별지 제2호서식] <개정 2017. 7.26.>

○ ○ 경 찰 서				
분류기호 및 문 서 번 호				
			시행일	. . .
수 신			발 신	(인)
제 목 피구호자 인계서 송부				
피구호자	① 성 명		② 생년월일	. . .
	③ 직 업		④ 주민등록번호	
	⑤ 주 소			
	⑥ 인상착의			
발견	⑦ 일 시		⑨ 당시개황	
	⑧ 장 소			
⑩ 인계일시			⑪ 인계장소	
⑫ 인 계 인	소속	계급		성명
⑬ 인 수 인	소속	직위		성명
경찰관직무집행법 제4조제6항의 규정에 의하여 피구호자인계서를 위와 같이 송부합니다.				

2106-32D
81. 5. 2. 승인

190mm × 268mm
(인쇄용지(2급)60g/㎡)

※ 기입요령
⑦ 피구호자의 인적사항이 확인되지 아니한 때에는 성별·신장·체격·착의 등 피보호자를 특정할 수 있는 사항을 기입.

[별지 제3호서식] <개정 2021.1.5.>

```
┌─────────────────────────────────────────────────────────┐
│                      우 편 엽 서                         │
│   ┌─────┐                              ┌──┬──┬──┐ ┌──┬──┐│
│   │ 우  │                              │  │  │  │-│  │  ││
│   │ 표  │                              └──┴──┴──┘ └──┴──┘│
│   └─────┘                                               │
│           (받을 분)                                      │
│           ① 성   명 _____             │
│           ② 주   소 _____             │
│                              ○  ○   경 찰 서 장         │
│   ┌──┬──┬──┐ ┌──┬──┐                                    │
│   │  │  │  │-│  │  │                                    │
│   └──┴──┴──┘ └──┴──┘                                    │
└─────────────────────────────────────────────────────────┘
```

2106-41A   95mm×150mm
81. 5. 2. 승인   (인쇄용지(특급)120g/㎡)

(이면)

③ 제 호	출 석 요 구 서
④ 출 석 일 시	. . . 시
⑤ 출 석 장 소	○○경찰서 ○○과 ○○계(실) (전화)
⑥ 출석요구사유	
⑦ 지 참 품	
⑧ 담 당 경 찰 관	계급 성명

　귀하에게 위 사항에 대한 사실을 확인하고자 하오니 이 출석요구서의 주민등록증 및 인장을 가지고 나와 주시기 바랍니다.
　　　　　　　　　　　　　　　　　　　　　　　.   .
⑨　　　　　　　　　　　　　　　　　　　○ ○ 경 찰 서 장

※ 작성요령
⑨ 경찰서장 또는 해양경찰서장의 직인을 날인함.

경찰관 직무집행법 시행령

[별지 제4호서식] <개정 2020.12.31.>

보상금 지급 청구서(○ 신규, ○ 추가)			
접수번호	접수일	처리일	처리기간
청구인 성 명		생년월일	. . .
청구인 주소		(전화번호 :	)
손실개요 손실 내용 및 신청이유				
손실개요 손실액 산출 기초				
손실개요 손실금액(청구금액)	금 원		

경찰관직무집행법 제11조의2 및 같은 법 시행령 제10조제1항에 따라 이와 같이 보상금의 지급을 청구합니다.

년 월 일

청구인   (서명 또는 인)

○ ○ 경 찰 서 장

(뒤쪽)

첨부 서류	손실 내용과 손실금액을 증명할 수 있는 서류	수수료 없음

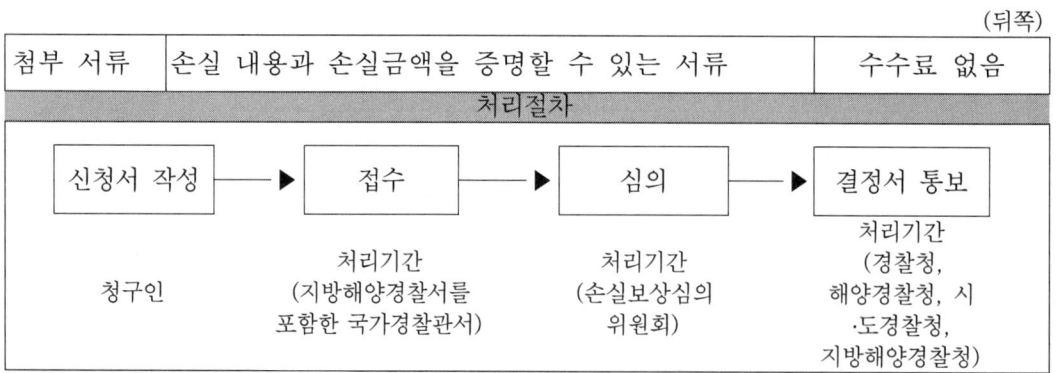

처리절차: 신청서 작성(청구인) ▶ 접수(처리기관: 지방해양경찰서를 포함한 국가경찰관서) ▶ 심의(처리기관: 손실보상심의위원회) ▶ 결정서 통보(처리기관: 경찰청, 해양경찰청, 시·도경찰청, 지방해양경찰청)

[별지 제5호서식] <개정 2019.6.25.>

보상금 지급 청구서(일부·전부) 승인 통지서

청구인	성 명		생년월일	
	주 소		(전화번호 :)	
보상 결정 사항	보상원인			
	보상금액 (청구금액)			
	보상방법			
	그 밖의 사항			

 경찰관직무집행법 제11조의2 및 같은 법 시행령 제10조제3항에 따라 귀하의 손실보상 청구에 대하여 위와 같이 보상하기로 결정하였음을 알려 드립니다.

년 월 일

문의 : (담당부서 및 담당자)
　　　(전화번호)

○ ○경찰청장　[직인]

210mm×297mm(일반용지60g/㎡(재활용품))

경찰관 직무집행법 시행령

별지 제6호서식] <개정 2019.7.25.>

보상금 지급 청구 기각·각하 통지서

청구인	성 명		생년월일	
	주 소		(전화번호 :)	

| 보상 결정 사항 | 결정 내용 |
| | 결정 이유 |

경찰관직무집행법 제11조의2 및 같은 법 시행령 제10조제3항에 따라 귀하의 손실보상 청구에 대하여 위와 같이 (기각·각하)하기로 결정하였음을 알려 드립니다.

년 월 일

문의 : (담당부서 및 담당자)
　　　(전화번호)

○○경찰청장　[직인]

210mm×297mm(일반용지60g/㎡(재활용품))

★도서에 관한 모든 것★
http://cafe.naver.com/expert7

청원경찰법(2022)

인 쇄 발 행	2022년 2월 15일 2022년 2월 20일
저 자	이완식 / 홍미숙 편저
발 행 인 발 행 처	㈜엑스퍼트월드 엑스퍼트
영업추진본부 출판 사업국 e - mail	(06765) 서울특별시 서초구 형촌길 85 (06765) 서울특별시 서초구 성촌1길 12 B103호 Tel : (02) 886-8203(代) Fax : (070) 8620-8204 expert7@naver.com
등 록 상 호 등 기	1979. 8. 13 제1-508호 1990. 8. 20 제71740호

판권
본사
소유

정가 23,000원
ISBN 978-89-525-0986-4

이 책의 무단 전재 또는 복제행위는 저작권법 제97조의5에 의거, 5년 이하의 징역 또는 5,000만원의 벌금에 처하거나 이를 병과 할 수 있습니다.